古典文獻研究輯刊

五 編

潘美月・杜潔祥 主編

第 5 冊

魏晉南北朝易學書考佚（上）

黃慶萱 著

國家圖書館出版品預行編目資料

魏晉南北朝易學書考佚（上）／黃慶萱著 — 初版 — 台北縣永
和市：花木蘭文化出版社，2007〔民 96〕

序 14 目 8+152 面；19×26 公分
（古典文獻研究輯刊 五編；第 5 冊）
ISBN：978-986-6831-45-4（全套精裝）
ISBN：978-986-6831-50-8（精裝）
1. 易經　2. 佚書書目　3. 研究考訂
121.17　　　　　　　　　　　　　　　96017435

ISBN - 978-986-6831-50-8

古典文獻研究輯刊
五　編　第五　冊　　　　ISBN：978-986-6831-50-8

魏晉南北朝易學書考佚（上）

作　　者　黃慶萱
主　　編　潘美月　杜潔祥
企劃出版　北京大學文化資源研究中心
出　　版　花木蘭文化出版社
發 行 所　花木蘭文化出版社
發 行 人　高小娟
聯絡地址　台北縣永和市中正路五九五號七樓之三
　　　　　電話：02-2923-1455／傳真：02-2923-1452
電子信箱　sut81518@ms59.hinet.net
初　　版　2007 年 9 月
定　　價　五編 30 冊（精裝）新台幣 46,500 元

作者簡介

黃慶萱，台灣師範大學國文研究所畢業，文學博士（1972）。歷任小學教師，中學國文教師，台灣師範大學國文系講師、副教授、教授。間曾訪問香港，出任浸會學院及中文大學客座高級講師。又曾訪問韓國，出任漢城外國語大學客座教授，高麗大學兼任教授，2000年，自台師大退休。著作有：《史記漢書儒林傳疏證》（1966）、《魏晉南北朝易學書考佚》（1975）、《修辭學》（1975）、《中國文學鑑賞舉隅》（1979）、《周易讀本》（1992）、《周易縱橫談》（1995）、《學林尋幽》（1995）、《與君細論文》（1999）等。

提　　要

　　魏晉南北朝易學著作之見於載籍者，凡一百四十九部。今存者僅王弼《周易注》暨《周易略例》、韓康伯《易繫辭傳注》、阮籍《通易論》三家四書而已，他皆亡佚。清人如張惠言、孫堂、馬國翰、黃奭，裒輯佚文，捃拾舊疏及類書所引以存周易古注之崖略。本論文博采諸家輯本，一一覆覈原著，得此時期易著佚文凡二十八家、二十八部。全文以時代為次，每家自成一章，每章又分三節。首述「撰人」。節錄正史紀傳並補以他書以述其年里、行跡、思想、著作。次作「考證」。分由異文之比較而探索其底本，由佚文之分析而綜察其內容，由論述之參稽而考證其思想，由史志之記載而詳審其情實。終錄「佚文」，又分二目。先采諸家佚文，其未輯者增之，漏輯者補之，誤輯者正之，贅輯者刪之，誤次者乙之；次為案語，則不事煩瑣之訓詁，而專就其同異而較之，務期辨其得失，理其派別。

　　本論文主要觀點有三：

　　一、易著底本：魏晉南北朝易著佚文，所用底本皆為費氏本。唯王肅《易注》多異文；董遇、干寶、桓玄偶採孟本以訂費本。蓋《費易》經鄭玄、王弼作注，已得獨尊矣。

　　二、諸家易象：干寶猶有互體、消息、卦氣、八宮世應遊歸、世卦起月、八卦休王、爻體、爻等、卦身、納甲、納支等例，為京氏學。伏曼容言旁通往來，姚規言互體，皆虞氏學。盧景裕亦言卦變、消息、互體，然其例至簡，不出鄭玄範圍。王肅、向秀、王廙限於本卦而言象，其餘各家皆不言象數。

　　三、諸家易義：王肅、干寶、沈麟士、劉瓛、伏曼容、褚仲都、盧景裕好以經解經。干寶、張譏並好以史證易。於先賢之說，大抵出入鄭、王，北朝宗鄭玄而兼習王弼注，南朝宗弼而兼採玄注。而與鄭王並異，自抒已見者，亦多有之。蓋師法破壞，勝見競出，為此時代學風一大特色。楊乂撰文，嘗以易為品物之原，刑禮之本；蕭衍著論，亦依易而言政理天象。是又以易道為人生宇宙之本體矣。

　　作者以為就佚文考察，魏晉南北朝之易學可知者如此云。

林　序

　　民國四十七年，平陽黃生慶萱，方肄業臺灣師範大學國文系二年級，從余習《昭明文選》，頗雄於詞章。四十九年，黃生又從余習中國哲學史，於《周易》、《學》、《庸》之義理，鑽研獨深。五十一年，黃生入師範大學國文研究所，更從余讀《說文》、《廣韻》，於文字聲韻考據之學，亦得其旨要。五十三年，余赴星洲講學，高郵高君仲華代余主持國文研究所所務，錄取黃生爲博士班研究生。黃生於是復從高君學易，於《周易》制作之源，暨漢易條例，皆有所聞。翌年，余自星洲返臺北，高君與余遂以《魏晉南北朝易學書考佚》爲題，命黃生撰作博士論文。民國六十一年七月，黃生論文既成，經學校考試及格，提請教育部成立黃慶萱博士學位評定委員會，於六十一年十月十二日舉行論文考試。考試委員屈萬里、毛子水、陳槃、戴君仁、熊公哲、程發軔及余七人，予以全票通過，而黃生遂爲中華民國國家文學博士。

　　余觀黃生之治學也，喜以最初資料，整理分析，作邏輯之推演，而求得其結論。於前人研究之成果，或肯定之，或駁斥之，而不爲所囿。故刱見特多。所作博士論文，既能廣蒐諸家佚文以探其易學內容；繼而作《漢語修辭格之研究》，亦能博探古今文學作品而究其修辭方法。黃生博士論文能邀賞於諸考試委員，修辭之作亦獲文壇佳評者，皆由是也。然余於黃生猶有厚望焉。蓋考佚者，於學爲考據也；修辭者，於學爲詞章也；義理之學，黃生既有聞於余矣，而今猶未有述作。黃生倘有意自易學歷史之考徵，轉作易學思想之闡釋乎？余當拭目以待之。

中華民國六十四年八月三十日瑞安　林尹撰

高　序

　　昔蘄春黃君以經學授余，《易》宗王弼，《書》宗孔氏，《詩》宗毛、鄭，《禮》宗鄭玄，《春秋》宗左氏，而兼及唐人所修之《五經正義》，蓋沿餘杭章君所傳之舊法，而未敢輕變者也。余治經，則不喜爲一二家所囿，泛涉漢、宋諸儒之說，而尤好清儒之書，往往博綜羣言，而斷以己意，偶有述作，就正於師，師輒溫辭嘉勉，未嘗以不守師法而責之。比以經學授諸門人，始則循師法以奠其初基，繼則陳眾說以廣其聞見，終則啓慧心以導其創獲，不以墨守爲賢，一唯崇眞是尙。諸門人受余之教，亦各有所成就：賴君炎元專精於《詩》，李君雲光、周君一田專精於《禮》，許君錟輝、陳君品卿專精於《書》，王君熙元專精於《春秋》，而胡君自逢及黃君慶萱則專精於《易》，均各以所學，獲得國家之文學博士學位，斐然能自見於世，殊可慰已！今幼獅文化事業公司以黃君慶萱之博士論文付諸剞劂，即將蕆事，慶萱問序於余。余既歷序諸博士之論文，於慶萱之求自無可辭。

　　慶萱天資高朗，而又敏於學問，故能卓然有以自立。曩者從余學易，余但爲道《周易》制作之源及其大義之所在，於易學之流變僅及漢易之條例而止；魏晉以後，則未之言也。慶萱踵余所述，更進而探研魏晉南北朝之易學。考是期易學著作之見於載籍者，凡一百四十九部，今存者僅王弼《周易注》、韓康伯《易繫辭傳注》及阮籍《通易論》三書而已。清人輯其遺佚。乃得見其匡略。如張惠言《易義別錄》、孫堂《漢魏二十一家易注》、馬國翰《玉函山房輯佚書》、黃奭《漢學堂叢書》等，相繼輯集，所得甚夥；然諸家之所未輯、漏輯、誤輯、贅輯及誤次者，亦觸目皆是。慶萱採及諸家之書，其未輯者增之，漏輯者補之，誤輯者正之，贅輯者刪之，誤次者乙之；於是始得集其大成，而遠邁乎前哲。

　　顧慶萱未嘗以此自足也，又於所輯各條之下，別加案語：本諸經傳而辨其得失，較之他注而理其派別；又由異文之比觀而探索其底本，由佚文之分析而綜察其內容，由論述之參稽而考證其思想，由史志之記載而詳審其情實；言必有據，理不虛發，故其所得更非諸家之所能企及。都其所輯，凡二十八家，家各爲傳，敍其年里、行迹、志趣、著述、亦足爲知人論世之資。至是，乃知魏晉南北朝說易者皆以費氏爲底本，唯王肅多異文，董遇、干寶、桓玄偶採孟氏以訂費，蓋《費易》經鄭玄、王弼作注，已得獨尊矣。其言象數也，干寶猶有互體、消息、卦氣、八宮、世應、遊歸、世卦起月、八卦休王、爻體、爻等、納甲、納支……等例，爲「京氏學」；伏曼容言旁通，往來，姚規言互體，皆「虞氏學」；盧景裕亦言卦

變、消息、互體，然其例至簡，不出鄭氏範圍；王肅、向秀、王廙則限於本卦而言象。其言義理也，王肅、干寶、沈麟士、劉瓛、伏曼容、褚仲都、盧景裕好以經解經，干寶、張譏更好以史證易。於先儒之說，大抵出入於鄭、王，北朝宗鄭而兼習王，南朝宗王而兼採鄭。其與鄭、王並異，而自抒己見者，亦多有之；如楊乂撰文，嘗以易爲品物之原，刑禮之本；蕭衍著論，亦依易而言政理、天象；並認易道爲人生、宇宙之本體，亦有發前人之所未發者。蓋師法破壞，勝義競出，正爲此時學風之特色，慶萱揭而出之，此則益非輯佚諸家之所能知矣。

　　慶萱之初爲此文，余曾示以南針；嗣余有星洲之役，未能始終其事；督教而成之，則同門景伊林君之力也。然自搜求資料，草擬綱目，探研事實，撰寫文字，以至完篇，則皆慶萱之自力爲之。讀者於此，亦可以覘慶萱之學力。夫《周易》之書本作於憂患之世，魏晉南北朝諸易家又生於憂患之時，其所以治易殆必有所爲焉，乃以時湮代久，而其說泯滅，此學者之深憾大痛而不能瞑目於九泉者也。今慶萱亦處於憂患之運會，獨能奮筆抒思，發潛德之幽光，抉微索隱，揚先聖之至道；其用心蓋亦必有所在，非徒以博學能文震驚世俗而已也！讀者儻能於此更有所體會，則慶萱此文爲不虛作矣！余既述慶萱學易之經過、輯佚之創獲、及其遠勝於前賢者，以爲世告，因更陳此義，以作喤引，儻能於憂患之世有所補益，則亦余之大幸也已！是爲序。

中華民國六十四年八月三十日高郵高明敬撰

自　序

　　易道之原，由於陰陽相二之理，以━表陽，以━━表陰。積三爻乃有八卦；重八卦乃有六十四卦〔註1〕。先民用爲占筮，以通神明之德，以類萬物之情。殷周之際，世多憂患，於是卦爻辭作焉〔註2〕。孔子晚而學易，以爲寡過之書〔註3〕。儒者遂奉之爲經典。《十翼》之傳，先後述作〔註4〕。此易所以由占筮而晉於學術也。西漢中葉，術數災異之說盛行，孟喜京房，用以說易，於是「象數易」又興。東漢易家，推衍其說；及至虞翻，煩瑣臻極。魏時王弼作《周易注》，乃盡掃象數，以義理說易。歷魏晉南北朝至唐，「義理易」由孔穎達《周易正義》集其大成；「象數易」由李鼎祚《周易集解》作一總結。此古易學發展之大略也。茲編承高師仲華、林師景伊之命，特取魏晉南北朝易學佚文，考證論述者，蓋欲細說此一時期易學之潛流。撰作綱領，凡有四焉。

〔註1〕本師瑞安林先生《中國學術思想大綱》：「若夫易道之原，則實由于陰陽相二之理。『天地絪蘊，萬物化醇，男女構精，萬物化生。』故近取諸身，遠取諸物，推而及於天地萬類之變化，其作始之簡，決不如後世所述之玄奧也。」

〔註2〕《周易》之作，出於憂患意識，其與佛之大悲心，耶教之博愛，同屬「宇宙之悲情」。

〔註3〕《論語・述而》：「子曰：加我數年，五十以學易，可以無大過矣。」《釋文》：「易。如字，魯讀易爲亦，今從古。」考《周易・繫辭・傳上》：「乾以易知」，《釋文》：「易以豉反，訖章末同。鄭、荀、董並音亦。」又「六爻之義易以貢」，《釋文》：「以豉反，韓音亦，謂變易。」蓋「易」古音有二。《廣韻》：去聲寘韻以豉切者爲難易簡易；入聲昔韻音亦者爲變易。是也。《釋文》於《論語》錄「魯讀易爲亦」，於《周易》錄「易音亦謂變易」，皆存異音以明異義，非謂易之字有異文也。或以訓詁術語「讀如」爲「擬其音」，「讀爲」爲「易其字」。此說殆本於段玉裁。段氏想當然耳，並無確證。李雲光作《三禮鄭氏學發凡》，自段氏《周禮漢讀考》中摘出反證七十條，以證明「段氏強古人之文以就己意。讀如讀爲實無別也，讀爲亦但注其音而已！」「讀爲」既爲「注其音」而非「易其字」，故根據「魯論讀易爲亦」而擅改《論語》「五十以學易，可以無大過矣」爲「五十以學，亦可以無大過矣」，前提不能成立。而由此錯誤之前提所得之推論，於邏輯均屬「乞貸論證」矣。又《論語・爲政篇》記孔子自述云：「吾十有五而志於學，三十而立，四十而不惑，五十而知天命。」亦知孔子十五志學，五十學易知命。

〔註4〕《十翼》雖不必爲孔子作，然必爲儒家之學。本師高郵高先生《周易研究講稿》：「《文言》、《繫辭》皆有『子曰』字，必孔門弟子據其師說而作。《彖傳》、《象傳》，其文辭樸拙，似較《文言》、《繫辭》爲早。而又因《卦爻辭》而爲說，疑孔子爲之，或孔子前其他傳易者爲之。《說卦》、《雜卦》、《序卦》，就其內容言之，其爲後人所附益，蓋無疑也。然至遲亦不出於西漢。」

一、蒐集佚文

魏晉南北朝易學著作凡一百一十九家,一百四十九部(詳附錄之一)。而迄今尚存者,阮籍《通易論》、王弼《周易注》、《周易略例》、韓康伯《繫辭注》,四書而已。清人學重考證,輯佚之作,既盛且精。張惠言《易義別錄》、孫堂《漢魏二十一家《易》注》、馬國翰《玉函山房輯佚書》、黃奭《漢學堂叢書》,攈拾舊疏類書所引。《周易》古注,乃存崖略。茲編博采諸家所輯,一一校之原著,益以諸家未見之書,於南北朝易著得佚文凡二十八家。輯佚之例,略如下述:

甲、增諸家所未輯

諸家輯佚所資,《經典釋文》、《周易正義》、《周易集解》、《三國志裴注》、《文選李注》、《初學記》、《藝文類聚》、《太平御覽》諸書。而釋慧琳《一切經音義》載於《大藏經》中,諸家皆未之見。茲篇據慧琳音義,所輯頗增於前。如劉瓛《周易乾坤義疏》暨《繫辭義疏》,張惠言所輯計十五條,孫堂所輯計十三條,馬國翰所輯計十六條,黃奭所輯計十八條。而茲篇所輯,達二十五條,所增皆得自慧琳音義。

乙、補諸家之漏輯

輯佚之業,後出轉精。馬、黃二家,集其大成。然猶偶有所遺。如《釋文》於《子夏易傳》引張璠云:「或馯臂子弓所作,薛虞記,虞不詳何許人」。爲張璠《集解》序文。諸家皆漏,是其一例。至於《周易‧爻辭‧象傳》,上下字句,或同有異文。諸家之輯,每存其上而遺其下,如「資斧」一辭,張軌作「齊斧」,諸家皆僅輯《旅》九四爻辭「得其齊斧」一條,不知《旅》九四《象傳》,《巽》上九爻辭及《象傳》之「資斧」,張軌並作「齊斧」也。又如《上繫》「擬之而後言,議之而後動。」議字桓玄等作「儀」,諸家輯之;而下文「擬議以成其變化」;桓玄亦當作「儀」,諸家皆漏輯。若此之類,皆補輯之。

丙、正諸家之誤輯

宋本之善,眾所熟知;諸家輯佚,每依宋本,良有以也。然亦有迷信宋本反致誤者。如《坎初六》「入手坎窞」,宋本《釋文》:「窞,徒坎反,《說文》云:坎中更有坎。王肅又作徒感反,云:窞,坎底也。《字林》云:坎中小坎。一日:旁入。」張、孫、馬、黃輯王肅《易注》,皆依宋本作「徒感反」(通志堂本亦作徒感反)。考「徒感反」與「徒坎反」爲一音(感坎爲疊韻)。若王肅果「又作徒感反」,則無需別出其反切。阮元刻十三經本所附《釋文》作「陵感反」,《晁氏易》引《釋文》亦作「陵感反」,《類篇》引《釋文》作「盧敢反」(盧陵皆爲來母字)。

揆諸從召得聲之字如藍、籃、艦、檻、鬑（皆讀魯甘切）、醢、濫（皆讀盧瞰切。）、擥、孏（皆讀盧敢切。自藍以下諸字皆由監聲，監由蛤省聲，蛤從臽得聲也）。並屬「來」母字，則肅以窞讀「陵感反」者亦不背文字衍聲之例。唯《廣韻》窞字有「徒感切」而無「陵感切」之音，淺人遂據以妄改，故宋本乃有「徒感反」之又切。於是四家所輯，佞宋而致誤矣。至於爲晚出諸書所惑致謬者，更所在多有，聊舉一例以明之。《說卦》「震爲敷」，《釋文》：「敷，王肅音孚。干云：花之通名，鋪爲花貌，謂之藪。」戴侗《六書故》卷三十三（馬輯誤作三十六）。據《釋文》說敷之字義而脫去「干云」二字。馬國翰、孫堂、黃奭於是並以「敷，華之通名，鋪爲花貌謂之藪。」爲王肅注而輯之。不知爲干寶語也。茲篇於諸家所輯誤之大者，皆於佚文下一一正之。

丁、乙諸家之誤次

注書之例，凡重出之語，當前注而後略。諸家所輯，於此例或從或否。如：「介於石」爲《豫》六二爻辭，「无祗悔」爲《復》初九爻辭，而《下繫》均引之。王廙「介」作「砎」，音古黠反；「祗」音支。張惠言、黃奭以爲《下繫》注，馬國翰以爲《豫復爻辭》注。以例推之，馬氏是也。然諸家遵例未嚴。如：「定天下之吉凶，成天下之亹亹」一語，《上下繫》皆有之，而張、孫、馬、黃四家，並誤次王肅注：「亹亹，勉也。」於《下繫》。若此之類，悉加乙正，以符注例。

戊、刪諸家之贅輯

輯佚之貴，貴在存眞；炫多濫取，則爲大忌。馬、黃二家，采擇未嚴。馬氏所輯，每攔孔穎達《正義》作佚文。如：《屯·象傳》「雷雨之動滿盈」，《正義》引周氏褚氏云：「釋亨也，萬物盈滿則亨通也。」周褚之文止此。而馬輯下更有「皆剛柔始交之所爲者，雷雨之動，亦陰陽始交也。萬物盈滿亦陰陽而致之，故云皆剛柔始交之所爲也。」此數句乃孔氏釋王弼《注》「皆剛柔始交之所爲」者，非周褚語也。黃奭所輯，則喜由宋元《易》注取材。不知魏晉南北朝《易》注，宋代多亡。宋元人所引，多自《正義》、《集解》轉錄。如：《序卦》「需者，飲食之道也。」《集解》引干寶曰：「需，坤之遊魂也，雲升在天，而雨未降，翱翔東西，須（須當依窺餘引訂作需）之象也。」宋鄭剛中《周易窺餘》轉引以注需《象傳》「雲上于天需」，曰：「干寶曰：雲升在天，雨未降，翱翔東西，需之象也。」二條內容相同。本是一條。而黃奭植《集解》引於《序卦》下，植《窺餘》引於《象傳》下。而不知其贅。茲篇於馬氏誤攔《正義》語及黃奭所贅輯，皆刪去，並逐條說明刪去之文字及理由。至於諸家皆未輯，而其文可疑者，亦不輯之。如《太

平御覽》卷九十八引孫盛《晉陽秋》曰「太康三年，建業有寇，餘姚人任振以《周易》筮之，曰寇已滅矣。後三十八年揚州當有天子。」此必非孫盛語。考孫盛嘗以占筮爲「仲尼所棄」，此條則言易筮之驗，立意矛盾。此必非孫盛語之證一。《御覽》引孫盛下文有「恭王妃夏氏通小吏牛欽而生元帝」語。孫盛晉人，何忍誣其中興之主若此之甚，豈獨不懼國法耶〔註5〕！此必非孫盛語之證二。《太平御覽》出多人之手，所引有非逕據原文，而由前人類書轉錄者。此引孫盛《晉陽秋》文，亦見於《藝文類聚》卷九十八，而彼題《晉中興書》，乃劉宋何法盛撰。《御覽》蓋因內有「盛案」之語，故誤以爲孫盛《晉陽秋》文。此必非孫盛語之證三。馬國翰等或因未見此條而未輯；茲篇則雖見此條而不輯。蓋懼資料不確導致推論錯誤也。

二、比較分析

凡「符號」之抽象層次愈高，則其涵義愈廣。《易》以六十四卦三百八十四爻籠罩萬物萬事，故卦爻之涵義，自極淵博。而卦辭爻辭、《彖》、《象》、《文言》，所以釋卦爻者，復語多蘊藉。唯其如此，讀《易》者意念活動之範疇愈爲深廣，而得騁其神思焉。《易》義多歧，其故在此。茲篇既集佚文，乃依經傳，櫛次其條。下加案語，則不事煩瑣之訓詁；而專就其同異而較之，務期辨其得失，理其派別。茲分述於後。

甲、較諸經傳而辨其得失

諸家注《易》，或崇義理，或崇象數。其是非得失，論者多矣。茲篇盡去成見，一以經傳爲斷。不問義理象數，凡合於經傳者，爲是爲得；凡背於經傳者，爲非爲失。如：《上繫》：「聖人以此洗心。」洗字，京荀虞董張蜀才並作「先」。蓋以「先心」爲「預知未來」之義，揆諸《繫辭》「是故聖人以通天下之志，以定天下之業，以斷天下之疑。」「神以知來，知以藏往。」之語，殆是。劉瓛從王肅、韓康伯字作「洗」。而釋義不從韓康伯洗濯之說而訓「盡也。」（《尚書·酒誥》：「自洗腆。」《釋文》：「洗，馬云：盡也。」）則洗心者猶言盡心也。考《易·繫辭》傳：「一陰一陽之謂道；繼之者善也；成之者性也。」以性可成道而爲善。故《說卦》云：「窮理盡性以至於命。」窮理盡性，即此洗心之謂。《中庸》：「唯天下至誠爲能盡其性。」《孟子·盡心》：「盡其心者，知其性也。」其意並同。劉瓛此注，合於《周易》經傳且頗獲儒家思想之精義，亦以爲是。若韓康伯以「洗心」爲「洗

〔註5〕孫盛嘗爲避簡文帝鄭太后名「阿春」諱，故所作《晉史》名《晉陽秋》而不名《晉春秋》。

濯萬物之心」，增「萬物」字以訓；朱熹以「洗心」爲「洗濯自家之心」，聖人皦然清潔，何勞洗濯耶！並以爲非。又如：《渙》六四：「渙有丘」盧景裕注云：「互體有艮，艮爲山丘。」蓋以渙卦☴☵坎下巽上，三四五爻互艮故也。考爻象多有取之互體者，如《泰》六五「帝乙歸妹」，謂泰☷☰之二三四爻互兌，三四五爻互震，兌下震上，即歸妹也〔註6〕，《左傳》莊二十二年載陳侯之筮，遇觀之否，曰：「風爲天於土上，山也。」亦以互體立說。盧言互體，限於二至四，三至五，合於經傳，即以爲是。若虞翻既以二至四，三至五互三畫之卦各一；復以一至五、二至上，互六畫之卦二；更以初至四、二至五、三至上，各互六畫之卦一；又有本不成體，而據其半象以爲互體者，則一卦可化爲數卦。揆之經傳，實爲無據，即以爲非。

乙、較諸他注而理其派別

東漢之世，師法已壞，魏晉以降，家法又亡。研經之士，出入多家，異義紛起。苟非逐條比較，焉能理其派別？茲篇於佚文下首必羅列各家注釋，以資比較。如：《渙》初六：「用拯馬壯吉。」前人之注凡有六家，約之則有二說。子夏「拯」字作「抍」，蓋訓上舉也。馬融、王肅、陸德明字作「拯」，馬云舉也；肅云拔也；陸云拯救之拯。其義皆承子夏《易傳》，此一說也。伏曼容拯訓濟，朱熹云「濟渙」，即用伏義，此二說也。於是王肅、伏曼容二家之說，脈絡井然；淵源影響，皆可知矣。然僅較結論，猶嫌粗率。必細案其觀點，始得眞相。如《臨》卦辭：「至于八月」。鄭玄、虞翻、何妥皆以爲未月；王弼、孔穎達、李鼎祚皆以爲申月；荀爽、褚仲都皆以爲酉月。此就其結論而粗分之，不得云其師承家法即如此也。蓋荀爽之說，祖於孟喜卦氣。鄭玄、虞翻並以遯當周之八月；王弼、孔穎達並以否爲八月，皆用十二消息卦之說。實與卦氣說同祖孟喜，而屬象數也。唯何妥以十二地支爲序，謂建子至未爲八月；褚仲都以夏曆爲序，謂夏正月至八月；始盡掃卦氣消息，自創新解。於是知荀爽爲一派，鄭玄、虞翻爲一派，王弼、孔穎達爲一派，何妥爲一派，褚仲都爲一派也。至於單條佚文，仍不足論定其師法。必綜合全部佚文，參考有關資料，始能判斷。當於下節「綜合考證」述之。

三、綜合考證

基於《易》義多歧之事實，茲篇於蒐集佚文之後，每條加以「案語」，以爲分析比較，前節所述是也；繼之則作「考證」，所以綜合前所分析比較之得也。就思

〔註6〕俞樾嘗即其明白可據者著於篇，成《周易互體徵》一卷。可參閱。

維程序言之：分析者，乃將全體解剖爲各因素，爲一「發現」之歷程；綜合者，乃將各因素復組合爲一總體，爲一「說明」之歷程。而此綜合所得之新總體，已不復爲原始迷濛直覺之全體矣（略從吳錫圉先生《哲學思想之方法》文中語）。綜合之例，則有下列四者：

甲、由異文之比較，探索其《易》注底本

異文之比較，每能考知其所據之底本，試先以王肅《周易注》爲例。其異文凡七十三條八十三字。歸納如下：一、不同諸家，獨存異文者凡二十三字，另加較諸家增出者十九字，凡四十二字。倘非王肅於孟、費之本外，另得施讎、梁丘賀、高相之本，則必肅自行改字，二者必居其一。二、與馬、鄭本相較：同馬者十五字，同鄭者十八字，其中「矢壺昧戕趑輮」六字與馬鄭並同。異馬者三字，異鄭者十字，遠較相同之字爲少。則肅本必有取於馬鄭本。三、與孟京本比較：同孟者八字，異者七字；同京者五字，異者亦五字，則孟京本於肅關係至疏。四、與虞翻本比較：同虞者十字，異者反得二十字。五、與王弼、韓康伯本相較：同肅者十一字，異肅者七十二字。則肅本與虞本，弼本與肅本，文字大異。前人每以肅背鄭，弼從肅，就《周易》底本言，決非事實。更以干寶爲例，其《易注》異文，同孟者四字；異孟者七字。同京者一字；異京者五字。同鄭者四字；異鄭者八字。同弼者十六字，異弼者九字。故知干寶《易注》，雖多採京房象數之學，然其底本，則用王弼本，而偶以孟鄭本訂弼本，不從京房本。其他各家，異文較少，不足以論定底本者，則從略焉。

乙、由佚文之分析，綜合其《易》注內容

以單條佚文演繹推斷，每易產生錯誤之結論，必歸納綜合之，方可見其全貌。試以王肅《注》爲例。張惠言《易義別錄》小序云：「肅著書務排鄭氏，其託于賈馬以抑鄭而已。故于《易義》，馬鄭不同者則從馬；馬與鄭同，則并背馬。」今綜觀肅《注》：其義同馬同鄭者皆十四條，則「托馬抑鄭」之說誣矣；異馬同鄭，異鄭同馬者皆四條，則「馬鄭不同者從馬之說」非矣；與馬鄭並同者十一條，則「馬與鄭同則并背馬」之說不可信矣。張氏治《易》，言象數而鄙人事，於馬鄭肅弼皆肆其詆毀；且爲《三國志》「肅善賈馬之學而不好鄭氏」一語所誤，故其說鹵莽滅裂似此。再以盧景裕《周易注》爲例。盧氏之注《周易》，有採消息之說者，如剝卦䷖《注》云：「此本乾卦，羣陰剝陽，故名爲剝也。」有採卦變之說者，如噬嗑卦䷔《注》云：「此本否卦，乾之九五分降坤初，坤之初六分升乾五。」節卦䷽《注》云：「此本泰卦，分乾九三上升坤五，分坤六五下處乾三。」有採互體之說者，如

賁卦䷕《注》云：「有坎之水以自潤。」是互賁䷿之二三四爻爲坎；渙卦䷺《注》云：「互體有艮，艮爲山丘。」是互渙䷅之三四五爻爲艮也。然則盧氏之以消息、卦變、互體說《易》，似同乎荀爽、虞翻、蜀才諸家以象數說《易》矣。馬國翰且以爲「其說易爻用升降，與蜀才略相似，大抵宗荀氏之學者」矣。細綜合其注而考之則又不然。何以言之？盧氏之注《易》，非不得已不以象數爲釋。如注《需》九五《象傳》「酒食貞吉以中正也」，曰：「沈湎則凶，中正則吉。」不採荀氏升降說。注《訟》卦辭，則由《象傳》「險而健訟」推出「險而健者恆好爭訟」，不採荀爽、虞翻、蜀才卦變說；注《既濟》六四，亦純依字義說之，不採虞翻卦變互體說，皆足以證。且盧氏之說消息，僅剝注一見，實本《象傳》；之說卦變，則限於三陰三陽之卦，皆卦變正例；之說互體，或由二至四爻互一體，或由三至五爻互一體，經傳固有其例：由是觀之，其與荀爽、虞翻務於穿鑿、輾轉相益，以致矛盾齟齬者，旨趣大異。若以盧氏偶採消息、卦變、互體之說而列爲荀虞象數一派，則程頤謂剝：「羣陰消剝於陽故爲剝」，用消息說；王弼謂渙：「二以剛來而不窮於險，四以柔得位乎外而與上同。」用卦變說；王弼、程頤亦可列爲荀、虞象數一派矣！果可乎？蓋盧氏言象，不出鄭玄範圍。其注《易》，以義爲重，多引經注經。尤堪玩味者，頗有意近王弼，而伊川《易傳》，多與盧注暗合。是盧氏亦傳鄭王之學者也。苟非綜合全部佚文考察之，焉能得其眞相哉！

丙、由相關之材料，考證其易學思想

　　魏晉南北朝《易》注佚文，除於王肅得二百餘條，於干寶得一百二十餘條，於董遇、王廙、劉瓛、褚仲都、周弘正、張譏、盧景裕各得二十餘條，於向秀得十餘條。其餘各家、皆數條而已。純由佚文考察，殊難獲其易學思想之全貌。故茲篇除蒐集佚文外，凡諸有關之材料，亦頗採用。如孫盛《易象妙于見形論》，今存佚文僅一條而已。然《三國志》裴松之注、《弘明集》、《廣弘明集》、《周易正義》頗引孫盛之言，其中亦有與《易》有關者。如《周易正義》云「孫盛以爲夏禹重卦」，可作研究《易》卦淵源之參考。《魏志·鍾會傳注》引孫盛評王弼《易注》，可知盛於弼「援老」、「掃象」二端，皆有微詞。《魏志·毛玠傳注》引孫盛「《易》稱明折庶獄」，《魏志·司馬朗傳注》引孫盛「《易》稱顏氏之子」皆稱《易》以說人事義理者。《吳志·趙達傳注》引孫盛語，則可知盛以《易》占爲仲尼所棄；君子志大，所重者爲《易》變及《易》理。《廣弘明集》卷五有孫盛《老聃非大賢論》及《老子疑問反訊》，大抵多引《易》以斥《老子》，蓋純然儒者言也。於是孫盛之《易》學可得而言矣。又如蕭衍《易》著，所存佚文僅四條，且其中三條皆《易》音。然自《陳書·周弘正傳》所載《梁武帝詔答》，則其《易》學遠祧梁丘，近宗

王弼，師承家法，可以略知。由其《淨業賦》及《天象論》所引《易》文，則知其依人事而說《易》義，理至深長；據《易》經而言天象，亦多精義。由其〈注解大品經序〉、〈出古育王塔下佛舍利詔〉，知其好援引《周易》以證明佛法。於是蕭衍之《易》學，可得而言矣。凡此，皆由佚文以外有關材料綜合所得也。

丁、由史志之記載、審察其易學著述

著作之成書，眞僞、及流傳，關係學術流變至鉅。前人因其愛惡，每生偏頗。有欲遂其私見，至不惜竄改史實，誣衊先賢者。以王肅爲例。皮錫瑞《經學歷史》卷五〈經學中衰時代〉曰：「肅以晉武帝爲其外孫，其學行於晉初。《尚書》、《詩》、《論語》、《三禮》、《左氏解》，及撰定父朗所作《易傳》，皆列學官。」一似王肅於晉武帝時尚健在，憑其國戚地位強列其經學於學官者然。並以「經學中衰」責諸王肅。其實肅卒於魏高貴鄉公甘霖元年（西元256年），下距晉武帝篡魏（西元265年2月8日）相隔十年。據《魏書・齊王紀》：「正始六年十二月辛亥（西元246年1月5日），詔故司徒王朗所作《易傳》，令學者得以課試。」則肅撰定其父王朗之《易傳》於魏正始六年即列於學官，其時曹爽執政。三年之後（齊王嘉平元年正月甲午，西元249年2月5日），方有司馬懿殺曹爽而奪權事。皮氏謂肅以晉武帝爲其外孫，晉初其《易傳》列於學官。後之通人，多爲瞽惑。設非核以史傳，焉能發蒙露覆，雪王肅之沈冤哉！又有崇其鄉賢，至強以他人著述，歸之其人者。以干寶爲例。《隋志》載其著作有：《周易注》十卷，《周易爻義》一卷，《周易宗塗》四卷。又有《周易問難》二卷，王氏撰；《周易玄品》二卷，不著撰人。後二書，皆非干寶撰也。元海鹽屠曾輯干氏《易注》，明樊維城刻入《鹽邑志林》中。項皐謨跋云：「干令升寶《周易注》十卷、《周易宗塗》十卷、《爻義》一卷、《問難》二卷，《玄品》二卷。」崇其邑先賢，不惜以《問難》、《玄品》屬干寶。清朱彝尊《經義考》、馬國翰〈輯佚書小序〉皆爲項氏所欺，而沿其謬。茲篇一本《隋志》，唯以《周易注》、《周易爻義》、《周易宗塗》三書爲干寶作。至若王肅注亡於宋，而姚振宗《隋志考證》誤以宋時肅注未亡。又如南朝顧歡、劉瓛、褚仲都、周弘正、張譏說易兼採鄭玄，北朝劉昞、盧景裕說易有近王弼《注》者。於是知《北史・儒林傳》：「大抵南北所爲章句，好尚互有不同。江左《周易》則王輔嗣；河洛《周易》則鄭康成。」之不可盡信。若此之類，皆於各家「考證」節詳之，茲不一一。

四、述其撰者

茲篇既輯魏晉南北朝二十八家易注佚文，比較分析，綜合考證；每家之前，

例有「撰人」一節，所以述其撰者年里行迹思想著作也。大抵節錄正史紀傳；補以史注、《世說新語》（及注及人名譜）、《法苑珠林》、《洛陽伽藍記》、《湖錄金石考》、《十六國春秋》、《文心雕龍》、《史通》、《太平御覽》、《困學紀聞》、《容齋隨筆》諸書所記。正史無傳者，則據《隋志》、《釋文序錄》、《冊府元龜》等，略敘里爵而已。偶有考訂辯正，皆已隨文發之，此不贅述。

綜觀魏晉南北朝易注佚文，所用底本皆爲費氏本。唯王肅易注多異文；董遇、干寶、桓玄偶採《孟本》以訂費本。蓋《費易》經鄭玄、王弼作注，已得獨尊矣。於易象也：干寶猶有互體、消息、卦氣、八宮世應遊歸、世卦起月、八卦休王、爻體、爻等、卦身、納甲、納支（及納支應時納支應情）等例爲京氏學。伏曼容言旁通往來，姚規言互體，皆虞氏學。盧景裕亦言卦變、消息、互體，然其例至簡，不出鄭玄範圍。王肅、向秀、王廙限於本卦而言象，其餘各家皆不言象數。於《易》義也：王肅、干寶、沈麟士、劉瓛、伏曼容、褚仲都、盧景裕好以經解經。干寶、張譏並好以史證易。於先賢之說，大抵出入鄭、王，北朝宗鄭玄而兼習王弼注，南朝宗王弼而兼採鄭玄注。而與鄭王並異，自抒己見者，亦多有之。蓋師法破壞，勝見競出，爲此時代學風一大特色。楊乂撰文，嘗以易爲品物之原，刑禮之本；蕭衍著論，亦依易而言政理天象。是又以易道爲人生宇宙之本體矣。就佚文考察，魏晉南北朝之易學可知者如此。

壬子（1972）六月黃慶萱序於臺北師大

第一章　魏・董遇:《周易章句》

第一節　撰　人

　　董遇、字季直，弘農華陰（今陝西省華陰縣）人。性質訥而好學。漢獻帝興平中（西元 194、195 年），董卓餘黨擾關中，乃與兄季中依將軍段煨。采稆負販，而常挾持經書，投閒習讀。其兄笑之，而遇不改。及獻帝建安五年（西元 200 年），王綱小設，郡舉孝廉，稍遷黃門侍郎。是時曹操執政，遇旦夕侍講宮中，爲天子所愛信。建安二十三年，漢太醫令吉本與少府耿紀、司直韋晃等攻曹操，事敗被殺。遇雖不與謀，猶被錄詣鄴，轉爲冗散。後從曹操西征，道由孟津，過弘農王（後漢少帝劉辯，爲董卓所廢，封弘農王，旋被殺）冢。曹操疑，欲謁，顧問左右，左右莫對。遇乃越第進曰：「《春秋》之義，國君即位未踰年而卒，未成爲君。弘農王即祚既淺，又爲暴臣所制，降在藩國，不應謁。」曹操乃過。曹丕篡漢（西元 220 年），遇出爲郡守。魏明帝時（西元 227 年～239 年），入爲侍中，大司農。數年，病亡。《三國志》以之附《王肅傳》（裴注引魏略儒宗傳述其生平頗詳，爲此文之所本）。

　　初，遇善治《老子》，爲《老子》作訓注。又善《左氏傳》，嘗依賈逵《春秋左氏經傳朱墨列》，更爲作《朱墨別巽》（隋志有春秋左氏傳三十卷，董遇章句。姚振宗三國藝文志云：「隋志有賈逵春秋左氏經傳朱墨列一卷。遇此作蓋本之賈氏。」）人有從學者，遇不肯教而云：「必當先讀百徧。」言讀書百徧，而義自見。從學者云：「苦渴無日。」遇言當以三餘。或問三餘之意。遇言：「冬者歲之餘，夜者日之餘，陰雨者時之餘也。」由是諸生少從遇學，無傳其《朱墨》者。遇又有《周易章句》，詳考證節。

第二節　考　證

　　董遇易學之作,《經典釋文》題爲「章句」,而《隋書‧經籍志》題爲「注」;其卷數,《釋文》云:「十二卷,《七志》,《七錄》,云十卷。」而《隋志》云十卷;又其書《釋文》不言亡而《隋志》云「亡」:《釋文》與《隋志》所言書名、卷數、存佚俱異者,蓋《隋志》作者未目驗董書,誤以爲已亡,故漫稱曰「注」;《釋文》於董書既多稱引,則親見其書,所題「章句」之名必不誤。且董遇於《春秋左氏傳》有「章句」,爲《隋志》所著錄,則《周易》亦名「章句」之旁證也。茲斷其書名爲《周易章句》焉。其卷數,陸氏言王儉《七志》、阮孝緒《七錄》並云十卷,而猶題「十二卷」者,此十二卷必陸氏據以稱引者之實際卷數。馬國翰《輯本‧序》云:「後之卷數反增於前,以篇有分合故也。」或然。其書除陸氏《釋文》有所稱引外,孔穎達《周易正義》亦引其二節。兩《唐志》著錄其書,則唐時猶存,《隋志》云亡,非也。《宋志》不錄董遇之作,《太平御覽》亦未引用,蓋宋時眞亡矣。

　　輯其佚文者,凡張惠言(《易義別錄》,皇清經解本)、馬國翰(《玉函山房輯佚書》。同治十年辛未濟南皇華館書局補刻本)、孫堂(《二十一家易注》,映雪草堂本)、黃奭(《黃氏逸書考》,江都朱長圻據甘泉黃氏原版補刊本)四家,皆自《正義》輯得二條,於《釋文》輯得二十餘條。唯張氏漏輯《釋文》〈賁〉六四「皤音槃,馬作橫行曰皤。」爲異耳。茲所輯者,與馬、孫、黃三家同。

　　茲觀其佚文,以文字之異者居多。如《乾‧文言》「君子體仁」,董作「君子體信」;《坤‧文言》「其嫌於陽」,董作「其兼於陽」;《泰》初九「拔茅茹以其彙」之彙,董作「夤」;《謙大象》「君子以裒多益寡」之裒,董作「捊」;《噬嗑》九四「噬乾胏」之胏,董作「脯」;《剝》上九「君子得輿」,董作「君子德車」;《既濟》六二「婦喪其茀」之茀,董作「髢」;《繫辭傳》「聖人以此洗心」之「洗」,董作「先」;又「夫《坤》隤然示人簡矣」之隤,董作「妥」;又「象也者像也」下像字,董作「象」;《說卦》「妙萬物而爲言者也」之妙,董作「眇」;又「爲乾卦」,董作「爲幹卦」、凡一十三條。此一十三條中,同《子夏易傳》者一:脯。同孟喜者一:象。同京房者四:信、德、先、象。同虞翻者五:兼、德、車、先、象。同陸績者二:兼、妥。同姚信者二:孚、象。同蜀才者二:捊、先。同鄭玄者三:夤、捊、幹。同荀爽者五:信、兼、捊、脯、先。同王肅者一:眇。同張璠者一:先。以上除《子夏易傳》爲《韓易》外,孟、京、虞、陸、姚、蜀才皆屬孟氏《易》;鄭、荀、肅、張皆屬費氏《易》。歸納之,則董《易》之異文從《易》孟氏者四:

德、車、妥、象。從《易》費氏者五：矞、捋、脯、眇、幹。與《易》孟氏費氏皆同者三：信、兼、先。與《易》孟氏費氏俱異者一：髡。考《釋文》所錄《周易》異文無慮四百四十餘條，其中屬孟費師法不同者近百條，董遇從孟者僅四條，則其底本大體從費氏者可知。唯於《孟易》亦有所採取耳。

董遇《周易章句》關於注音者三條。《繫辭傳》「乾以易知」之易音亦，同鄭、荀，入聲，蓋取變易之義也。與《釋文》以豉反去聲作簡易解者異。《賁》六四「賁如皤如」之皤音「槃」，則假借爲般，與《釋文》白波反作老人兒解者異。《說卦》「水火不相射」之射音「亦」，同虞、陸、姚、王肅，蓋假借爲斁而訓厭；與《釋文》食亦反作噴射解者異。皆音以義異而異者也。

董遇《周易章句》之釋義，多從馬、鄭、荀爽之說。如《謙象》「君子以捋多益寡」，董云：「捋，取也。」從鄭、荀。《賁》六四「賁如皤如」，董云：「皤音槃，馬作橫行曰皤。」與鄭玄「進退未定」義近。又「白馬翰如」，董云：「翰，馬舉頭高仰也。」從馬、荀「高也」之義。《夬》九三「莧陸夬夬」，董以莧陸爲二草名，同荀爽、宋衷。《說卦》「眇萬物爲言者也」，董云：「眇，成也。」從鄭玄「共成萬物」之義。《繫辭傳上》「乾以易知」之易音亦，蓋訓變易，從鄭、荀。計從馬、鄭、荀爽者六條。亦有從虞翻之義者，如：《繫辭傳》「辯吉凶者存乎辭」董云：「辯，別也。」《說卦》「水火不相射」，董云：「射，厭也。」皆從虞翻，凡二條。至於別出新義者，偶亦有之，如《屯・象傳》「天造草昧」，董氏不取鄭、荀、虞草創冥昧之解，而以草昧爲微物。宋儒如蘇軾、程、朱皆不用「草創冥昧」之解，或董有以發之。《泰》初九「拔茅茹以其彚」，董氏不取劉向、荀爽、虞翻作「彙」訓「類」之說，而以爲作「矞」訓「出」。《无妄》六二「不菑畬」，董云：「菑，反草也；悉耨曰畬。」與馬、鄭、虞就年代言之者異，然就其所指之事實則一也。《繫辭傳》「大衍之數五十，其用四十有九」，董云：「天地之數五十有五者，其六以六亦畫之數，故減之而用四十九。」與京房、馬融、荀爽、鄭玄所言並異。後姚信同其說。凡四條。至於《繫辭傳》「鼓之以雷霆」，董云：「鼓，動也」，此爲常訓，不足論其家法也。然則就釋義言，董遇亦多從馬、鄭、荀爽也。

觀遇嘗教人讀書百遍，其義自見；又爲苦無暇日者教以三餘之義，知其人之劬學。惜乎其《周易章句》見於《正義》所引僅二節；《釋文》引者，復限於其體例而僅錄異文異音異義。皆寥寥數字。是以不得窺其全貌。以上分就其異文、字音、釋義而以爲其學本費氏而近馬、鄭者，亦大略言之耳。

第三節　佚　文

周易上經

▤▤ 乾下
乾上　**乾**

文言曰：君子體信，足以長人。（體信，弼本作體仁。釋文：「體仁，如字。京房、荀爽、董遇本作體信。」張惠言、馬國翰、孫堂、黃奭並輯之。）

案：此董遇本同於京、荀之例也。宋翔鳳《周易考異》：「孟、京、荀三家本多同，知荀氏古文即本孟京。信字古文作𠇑，從言省，與仁字形近。」蓋以𠇑仁形似而誤。考《文言》首云：「元者善之長也、亨者嘉之會也；利者義之和也；貞者事之幹也。」繼言：「君子體仁足以長人，嘉會足以合禮，利物足以和義，貞固足以幹事。」上下四句意各相承。《集解》引何妥《講疏》云：「貞，信也。君子貞正可以委任於事。故《論語》曰：敬事而信。故幹事而配信也。」其言甚是。下文「貞固足以幹事」所言既爲「信」；此「體仁」不得又爲「體信」者明矣。故以字作「體仁」者爲是。孟荀董作「體信」者非也。

▤▤ 坤下
坤上　**坤**

文言曰：陰疑於陽必戰，為其兼於无陽也。（嗛，弼本作嫌。釋文：「嫌，鄭作謙，荀虞陸董作嗛」。阮元校勘記：「閩監本同，宋本嗛作兼，盧本謙改嫌。」張、馬、孫、黃並輯之。）

案：此句頗多異文。《集解》本作「陰疑於陽必戰，爲其兼于陽也。」《集解》引孟喜曰：「陰乃上薄，疑似于陽，必與陽戰。」又引《九家易》曰：「陰陽合居故曰兼。」此一說也。《釋文》謂「疑，荀虞姚信蜀才作凝。」惠棟《周易述》據之，以正文當作「陰凝於陽必戰，爲其兼于陽也。」《注》云：「初始凝陽，至十月而與乾接；陰陽合居故曰兼陽，《爾雅》曰：『十月爲陽。』」此二說也。鄭玄本作「陰凝於陽必戰，爲其慊於无陽也。」（疑字鄭當作凝，《釋文》未錄，此據宋翔鳳《周易考異》說改。慊或作溓，又誤作謙）《詩·采薇·疏》引鄭玄《易注》：「慊讀如群公溓之溓。」宋翔鳳《周易考異》云：「《說文》：『溓，薄冰也。』溓與凝義亦相成。」此三說也。王弼本作「陰疑於陽

必戰，爲其嫌於无陽也。」《注》：「辯之不早，疑盛乃動，故必戰。爲其嫌於非陽而戰。」此四說也。董遇本於「疑」字，究作「疑」，或作「凝」？於「无陽」字，究有「无」，或無「无」？《釋文》所引未備，已不得審知。於「嫌」字，閩監本《釋文》引荀虞陸董作「嗛」；宋本《釋文》引作「兼」。考《說文》「嗛，口有所銜也。」假借作謙。《子夏易傳》、《漢書‧藝文志》於謙卦字並作嗛，是其證。嗛字此二義於《坤‧文言》皆不可通，則宋本作「兼」者是。又董遇本字作「兼」既與荀虞陸績合，則上文「疑」或從荀虞作「凝」；下文「无陽」或亦僅作「陽」字。

䷂ 震下
坎上　**屯**

象曰：天造草昧。

《章句》：草昧，微物。（釋文：「董云：草昧，微物。」四家皆輯之。）

案：鄭玄、荀爽、虞翻、王弼等皆以草創冥昧爲釋，董遇獨言微物，與諸家皆異。《文選》任彥昇〈天監三年策秀才文〉注引《周易鄭玄注》：「草，草創也；昧，昧爽也。」《周易集解》引荀爽曰：「造物於冥昧之中也。」又引虞翻曰：「草，草創物也；坤冥爲昧。」王弼《周易注》：「造物之始，始於冥昧，故曰草昧也。」是諸儒不以草昧爲微物。然「草」若爲「草創」「造物」之義，則與上文「天造」之「造」重復。董遇不以草創昧冥爲釋，而獨訓微物者，意在斯乎？宋儒如蘇軾作《易傳》，曰：「草略茫昧。」程頤作《易傳》曰：「草，草亂无倫序；昧，冥昧不明。」朱熹作《本義》曰：「草，雜亂；昧，晦冥也。」亦並不採「草創」之說。

䷊ 乾下
坤上　**泰**

初九，拔茅茹以其彙，征吉。（彙弼本作彙，見釋文，詳章句）

《章句》：彙，出也。（釋文：「彙音胃，類也。李丁鬼反。傅氏注云：彙古偉字，美也。古文作𠃊。董作彚，出也；鄭云勤也。」四家皆輯。）

案：董遇字作「彚」，從鄭玄；與劉向、荀爽、虞翻、王弼並異。訓出，則其特見也。考《漢書‧劉向傳》載向上封事云：「賢人在上位則引其類而聚之於朝；《易》曰：『飛龍在天，大人聚也。』在下位則思與其類俱進；《易》曰：『拔

茅茹以其彙，征吉。』是劉向引《易》字作「彙」而訓「類」也。《集解》於《泰》卦引虞翻：「彙，類也。」於《否》卦初六「拔茅茹以其彙」引荀爽曰：「拔茅茹取其相連；彙者，類也。」王弼《周易注》云：「以其類征吉。」是荀虞王弼字作彙訓類，與劉向同也。董遇字作「夤」而訓「出」者，《周易考異》云：「董遇作夤者，以隸相近而改讀也。《爾雅‧釋詁》：『寅，進也。』夤寅音同，故可通用。《說文》：『出，進也。』義亦相成。」所言甚是。鄭玄訓「勤」，《周易考異》以「彙彗」音近，引《爾雅‧釋詁》：「篲，勤也。」以爲鄭義本此。胡自逢學長《周易鄭氏學》以「彙謂」假借，亦引《爾雅‧釋詁》：「謂，勤也。」以爲鄭義如此。至於傅氏以彙爲古偉字訓美，另詳傅氏《周易注》章云。

☷ 艮下
坤下 **謙**

象曰：地中有山，謙，君子以捊多益寡，稱物平施。（捊弼本作裒，見釋文，詳章句。）

《章句》：捊，取也。（釋文：「裒，蒲侯反，鄭荀董蜀才：作捊，云取也。字書作抱。廣雅云抱減。」四家皆輯。）

案：董遇字作「捊」而訓「取」者，從鄭荀也；《集解》引虞翻云：「捊，取也。」是虞翻作捊訓取，與鄭荀董遇同。虞注下文云「故以裒多益寡」字作裒者，宋翔鳳《周易考異》以「此李鼎祚所改」也。考《說文》有「捊」，引取也；重文作「抱」，段玉裁注云：「裒者捊之俗。」則作「捊」爲本字，訓「取」爲本義。然俗作「裒」者，淵源亦甚早。《漢書‧食貨‧志贊》引《易》已作「裒」字，師古注：「裒，取也。」義亦無異也。《爾雅‧釋詁》載「裒」字，則云「聚也」。王弼《周易注》作「裒」曰：「多者用謙以爲裒。」是以裒爲聚，非復取多以助寡之義，大謬。《東坡易傳》、《伊川易傳》皆不從弼注而依鄭荀虞董蜀才之古義。

☲ 震下
離上 **噬嗑**

九四噬乾胏。（胏，弼本作肺。詳見下引釋文。）

《章句》：胏音甫。（釋文：「肺，緇美反，馬云：有骨謂之胏，鄭云：簀也。字林云：脅食所遺也，一曰胏也。子夏作脯，徐音甫，荀董同。」四家皆輯。）

案：「脯」字，《孟易》作「胏」，訓「食所遺」。《說文》：「胏，食所遺也。從肉仕聲。《易》曰：噬乾胏。胏，揚雄說胏從宋。」段玉裁注：「《說文字林》作胏，訓爲食所遺，蓋孟本孟說與！」馬融、鄭玄、陸績字作「肺」，蓋從揚雄；馬云：「有骨謂之肺。」《集解》引陸績云：「肉有骨謂之肺。」其義與《說文》「食所遺」亦相成。鄭玄訓簣，則假肺爲胏。子夏字作「脯」，荀爽、董遇及王肅從之。馬宗霍《說文解字引經考》卷一〈引易考〉：「許引作胏者爲古文；今《易》作肺者，從揚雄說，別體也；子夏作脯者，蓋以詁訓字易經。」是。

離下
艮上　**賁**

六四，賁如皤如。

《章句》：皤音槃，馬作足橫行曰皤。（釋文：「皤，白波反。說文云，老人皃。董音槃，云馬作足橫行曰皤。鄭陸作蟠〔阮元校勘記云：「補宋本蟠作燔，閩本作膰，監本盧本作蹯。」〕，音煩，荀作波。」張氏未輯，他三家輯之。）

案：董遇皤音槃，蓋以皤借爲般旋之般。《說文》：「般，辟也。象舟之旋。」故董氏以「作足橫行」釋之。考《禮記‧檀弓正義》引鄭玄《易注》曰：「進退未定，故皤如也。」董義實與鄭同。顧炎武以其字當作「蹯」，《易音》云：「案此句與下翰如爲韻，當以鄭陸爲是。蔡邕〈述行賦〉：『乘馬蹯而不進兮，心鬱悒而憤思。』即此字。」自王弼以「或飾或素」注「賁如皤如」，於是程朱皆以素白釋皤矣。

白馬翰如。

《章句》：翰，馬舉頭高印也。（釋文：「翰，戶旦反，董黃云：馬舉頭高印也。馬荀云：高也。鄭云：白也。亦作寒案反。」四家皆輯之。）

案：董氏蓋從馬融、荀爽「翰，高也。」之義。《易‧中孚》上九「翰音登于天」，《集解》引虞翻曰：「翰，高也。」《詩‧小雅‧小宛》：「翰飛戾天」，《傳》亦曰：「翰，高也。」常訓。

坤下
艮上　**剝**

上九：君子德車。（德車，弼本作得輿。釋文：「得輿，音餘，京作德輿，董作德車。」四家皆輯。）

案：字作「德車」者，孟氏《易》也。《釋文》引京房字作「德輿」；《集解》引虞
　　翻云：「乾爲君子爲德；坤爲車爲民。乾在坤，故以德爲車。」是虞翻本作「德
　　車」。京虞皆傳《孟易》。清惠棟作《周易述》，據此訂經文爲「德車」。

☲☰ 震下 乾上 **无妄**

六二，不耕穫，不菑畬

《章句》：菑，反草也；悉耨曰畬。（釋文：「菑，側其反，馬云：田一歲也。
董云：反草也。畬，音餘，馬曰：田三歲也，董云：悉耨曰畬。說文云：二歲治
田也。字林弋恕反。」四家皆輯。）

案：田一歲曰菑，始反草也；二歲爲畬，漸和柔也；三歲爲新田，謂已成田而尚
　　新也。董遇就其施作言之，《說文》、《爾雅》、馬融、鄭玄、虞翻則皆就其年
　　代言之，其實同也。《詩‧大雅‧皇矣》「其菑其殪」，《釋文》引《韓詩》云：
　　「菑，反草也。」爲董遇之言所本。《爾雅‧釋地》：「田一歲曰菑，二歲曰新
　　田，三歲曰畬。」郭璞注：「今江東呼初耕地反草爲菑。」孫炎曰：「菑，始
　　災殺其草木也。」孫炎、郭璞釋義亦與董遇同。《說文》以「菑」爲「不耕田」；
　　以「畬」爲「二歲治田也」。馬融以：「菑，田一歲也；畬，田三歲也。」鄭
　　玄《禮記‧坊記》注：「言必先種之，乃得穫；若先菑乃得畬也。安有無事而
　　取利者乎？田一歲曰菑，二歲曰畬，三歲曰新田。」（本說文）《集解》引虞
　　翻曰：「田在初一歲曰菑；在二三歲曰畬。」是皆言其年代之證也。

周易下經

☱☰ 乾下 兌上 **夬**

九五，莧陸夬夬。

《章句》：莧，人莧也；陸，商陸也（正義引董遇云。四家皆輯）前人以莧
陸、當陸爲二草。陸之爲葉，差堅於莧，莧根小，陸根大。（趙汝楳周
易輯聞卷五引董遇云。張惠言未輯，他三家輯之。）

案：莧陸，荀爽、宋衷並以爲二草；子夏、馬融、王肅、王弼並以爲一草；孟喜
　　獨以爲獸名；虞翻蜀才以爲和睦之義。董遇之說，與荀宋並近。《集解》引荀

爽曰：「莧謂五，陸謂三，兩爻決上，故曰夬夬也。莧者，葉柔而根堅且赤，以言陰在上六也。陸亦取葉柔根堅也，去陰遠，故曰陸，言差堅於莧。莧根小，陸根大。五體兌，柔居上，莧也；三體乾，剛在下，根深，故謂之陸也。」董氏唯摘其言莧陸形態之言，而去其言爻象者。《釋文》引宋衷曰：「莧、莧莢也；陸，當陸也。」亦以為二草也。子夏、馬融、鄭玄、王肅之說並見《正義》，孔穎達引以證成王弼之義者也。另見王肅章，茲不贅述。孟喜之說見《路史注》：「莧陸，獸名，夬有兌，兌為羊也。」《集解》引虞翻曰：「莧，說也；莧陸，和睦也。」《釋文》引蜀才：「作睦。睦，親也，通也。」是虞翻、蜀才以為和睦之義也。

離下
坎上　**既濟**

六二，婦喪其髢。（弼本作茀。釋文：「茀，方拂反，首飾也。馬同。干云：馬髴也。鄭云：車蔽也。子夏作髢。荀作紱。董作髢。」四家皆輯之。）

案：髢字，《釋文》引子夏作髢。晁說之《古周易音訓》曰：「孟、一行、虞亦作髢，云鬄髮也。」《集解》引虞翻曰：「髢髮謂鬄髮也，一名婦人之首飾。髢或作茀，俗說以髢為婦人蔽膝之茀，非也。」王肅字亦作髢，以為首飾，則同虞翻「一名婦人之首飾」之說也。其字或作茀，馬融、鄭玄、王弼、干寶皆如此作。惟馬融、王弼以為首飾；鄭玄以為車蔽；干寶以為馬茀；釋義又不同耳。荀爽作紱，則市之俗體。「髢」字異文，大略如上。考諸家釋義，多以為「首飾」，則其字當作「鬄」。《說文》：「鬄，髮也，從髟易聲。髢，鬄或從也聲。」桂馥《義證》：「古者或剔賤者刑者之髮以被婦人之紒為飾，或名髢鬄。」即今所謂「假髮」也。董遇用其重文作「髢」，於上引諸家中最安。子夏、孟喜、一行、虞翻、王肅作「髢」，《說文》為「若似也」，蓋「髣髢」字；馬融、鄭玄、王弼、干寶作「茀」，《說文》為「道多艸不可行」；荀爽作「紱」，為「市」之俗字：並非。若無董遇字作「髢」之記載，此條經文殊難得其確詁矣。

繫辭傳上
鼓之以雷霆

《章句》：鼓，鼓動也。（釋文：「虞陸董皆云：鼓，鼓動也。」四家皆輯。）

案：此董從虞陸之例也。鼓本爲名詞；引申爲動詞，擊鼓也；古戰事擊鼓而進，鳴金而退；舞踊亦以鼓爲節奏，故又有「鼓動」「鼓舞」義。《周易‧孚》九三「或鼓或罷」，《上繫》「鼓之舞之以盡神」；又「鼓天下之動者存乎辭」，皆言鼓動鼓舞也。

乾以易知。

《章句》：易音亦，（釋文：「易，以豉反，註章末同，鄭荀董並音亦。」四家皆輯。）

案：此董遇從鄭玄、荀爽之例，與《釋文》讀去聲者異。《廣韻》載「易」字有二音：去聲寘韻以豉切者爲難易、簡易；入聲昔韻羊益切音亦者爲變易，又始也，奪也，轉也，亦水名，亦州名，又姓。

辯吉凶者存乎辭。

《章句》：辯，別也，彼列反。（釋文：「辯，如字，京云：明也。虞董姚顧蜀才並云別也，音彼列反。」四家皆輯。）

案：董遇辯字音義皆從虞翻，蓋以辯別音同義通。姚信、顧歡、蜀才並同。《廣韻》上聲獮韻符蹇切有辯，訓別也，理也，慧也，《說文》治也。《廣韻》入聲薛韻彼列切有別，爲分別也。則音有上入之異而義可通。辯字京房云明也，爲王弼注：「所以明吉凶。」《正義》：「謂辯明卦之與爻之吉凶。」《釋文》：「如字。」之所本。

大衍之數五十，其用四十有九。

《章句》：天地之數五十有五者，其六以象六畫之數，故減之而用四十九。（正義引姚信董遇云。漢上易叢說引董遇云無「減之」之「之」字。四家皆輯。）

案：董遇此說與諸儒異。其說非是。考大衍之數二句，王弼所言最爲簡明，曰：「演天地之數所賴者五十也，其用四十有九，則其一不用也。」韓康伯《繫辭注》引而從之，顧歡《注》亦從其說（說見顧歡章），是也。至於《正義》所引京房云：「五十者，謂十日、十二辰、二十八宿也，凡五十；其一不用者；天之生氣將欲以虛來實，故用四十九焉。」引馬融云：「《易》有太極，謂北辰也。太極生兩儀，兩儀生日月，日月生四時，四時生五行，五行生十二月，十二月生二十四氣，北辰居位不動，其餘四十九轉運而用也。」引荀爽云：「卦各有六爻，六八四十八，加乾坤二用，凡有五十，乾初九潛龍勿

用，故用四十九也。」引鄭玄云：「天地之數五十有五，以五行氣通，凡五行減五，大衍又減一，故四十九也。」引姚信董遇云：「天地之數五十有五者，其六以象六畫之數，故減之而用四十九。」特證明其「義有多家」而已，非以其說爲是也。若董遇云「天地之數五十有五」（同鄭玄），此與「大衍之數五十」何涉？不得以之作「大衍之數」之章句也。

聖人以此先心。（先心韓本作洗心。釋文：「洗，劉瓛悉殄反，盡也。王肅韓悉禮反。京荀虞董張蜀才作先，石經同。」四家皆輯。）

案：《釋文》謂京房、荀爽、虞翻及漢《熹平石經》皆作「先」，是古《易》原作「先心」，董遇蓋據古本。《集解》引虞翻曰：「乾神知來，坤知藏往，來謂出見，往謂藏密也。」惠棟《周易述》曰：「乾神知來，坤知藏往，來謂先心，往謂藏密也。」是先心者，預知未來之謂也。王肅、韓康伯改爲「洗心」，韓康伯以爲「洗濯萬物之心」，朱熹以爲「洗濯自家之心」，朱駿聲遂以「先心」之「先」假借爲「洗」，而不知「先」爲本字，「洗」爲假借矣。

繫辭傳下

夫坤妥然示人簡矣。（妥，韓本作隤。釋文：「隤，人回反。馬韓云：柔貌也。孟作退，陸董姚作妥。」四家皆輯之。）

案：妥字，馬融、韓康伯並作「隤」，訓「柔貌」；孟喜作「退」，惠棟從之，以爲「陰動而退」。考《說文》「隤，下隊也。」「退，卻也，一曰行遲也。」與「示人簡矣」意不甚密合，疑皆非也。陸績、董遇、姚信並作「妥」，《說文》無妥字，段玉裁據《說文》偏旁用之（如桵綏），故增補之云：「妥，安也，從爪女，妥與安同意。」考金文甲文皆有「妥」字，甲文作𡭖（前：五、十九、一）𡱇（菁：十、十四），金文作𡱇（蔡姞敦）𡱇（子妥鼎）𡱇（鄭井叔鐘）。段氏補之，是也。經籍妥多訓安，《詩·小雅·楚茨》「以妥以侑」，《傳》：「妥，安坐也。」《儀禮·少牢饋食禮》「祝主人皆拜妥尸」，《注》：「拜之使安坐也。」《爾雅·釋詁》：「妥，安坐也。」又：「妥，安止也。」段氏以其義爲「安」，實爲有徵。孔廣居《說文疑疑》引《六書故》曰：「妥，安也，從覆手撫女，安之意也。」段氏說妥字從爪女，亦是。然則陸董姚字作妥者，蓋取「安」意。《繫辭傳》謂坤安然示人簡矣，與上文乾確然示人易矣，義亦相對。《集解》引虞翻云：「隤，安。」亦訓「安」，然字作「隤」；隤無「安」義而妥方有「安」義，疑虞本亦作「妥」，李鼎祚妄改之。

象也者，象也。（下象字，韓本作像。釋文：「眾本並云：像，擬也。孟京虞董姚還作象。」四家皆輯。）

案：《韓非子·解老篇》言：「人希見生象也，而得死象之骨，案其圖以想其生也，故諸人之所以意想者皆謂之象也。」是想象、意象、象似字本皆作象。《說文》云：「象，長鼻牙，南越大獸。」又云：「像，象也。」以象為獸名，像為像似。然許書凡「象形」皆不作「像形」，猶用其初文。《周易》凡爻象字亦皆作「象」。《繫辭傳》之作在許慎之前，其依《周易》用初文象字明矣。董遇從孟喜、京房、虞翻作「象」，唐《石經》同，是也。後人或以為不當用「象」字以訓「象」，乃改下象字為「像」。不知《詩·大序》有「風，風也」，《易·序卦》亦有「蒙者，蒙也」「比者，比也」，經籍固不乏同字為訓也。

說卦水火不相射。

《章句》：射、音亦，厭也。（釋文：「射，食亦反，虞陸董姚王肅音亦，云厭也。」四家皆輯之。）

案：射字音亦訓厭，蓋假借為斁，另詳王肅章，不贅。董遇音義，每與虞翻、陸績、姚信同。

神也者，眇萬物而為言者也。（眇，韓本作妙；董作眇，詳下。）

《章句》：眇，成也。（釋文：「妙，如字。王肅作眇，音妙。董云：眇，成也。」四家皆輯之。）

案：眇妙古今字，《說文》有眇而無妙。段玉裁《注》：「《史記》『戶說以眇論』（萱按：〈貨殖列傳〉），即妙論也；《周易》『眇萬物而為言』，陸機賦『眇眾慮而為言』，皆今之妙字也。」是也。李富孫《易經異文釋》更詳之云：「《漢元帝·紀贊》『窮極幼眇』，師古曰：『幼眇讀曰要妙。』〈律曆志〉、〈藝文志〉注曰：『眇讀曰妙。』〈九歌〉云：『美要眇之宜修。』〈鄭固碑〉：『清眇冠乎群彥。』古無妙字，皆即以眇為妙也。」董遇王肅字作眇，蓋古字也。眇字訓成者，考《漢上易傳》引鄭玄曰：「共成萬物，物不可得而分，故言謂之神。」鄭以「共成萬物」釋「眇萬物」，是眇為成意。董遇釋義，殆本鄭玄。

離……為幹卦。（幹、韓本作乾。釋文：「乾，古丹反。鄭云：乾當為幹，陽在外，能幹正也。董作幹。」四家皆輯。）

案：《離》爲乾卦者，乾爲乾燥之乾，非《乾》、《坤》之乾。《集解》云：「火日煇
　　燥物，故爲乾卦。」鄭玄以《離》卦即《離》卦，不得又爲《乾》卦，故云
　　「乾當爲幹」，言「當爲」者，正其誤也，乾幹形似，其音又近，故易致誤。
　　董遇本字作幹，從鄭玄也。考《周禮‧籩人注》：「鮑者，於糗室中糗幹之。」
　　又：「鱐者，析幹之。」陸德明《經典釋文》：「幹音乾，又作乾。」《列子‧
　　黃帝篇》：「猶木葉幹殼。」殷敬順《列子釋文》：「幹音乾。」（惠棟周易述、
　　李富孫周易異文釋、孫堂二十一家易注、黃奭逸書考展轉相襲，皆誤以爲「張
　　湛注」，茲據楊伯峻列子集釋訂爲釋文）《史記‧田敬仲世家》：「弓膠昔幹。」
　　裴駰《集解》引徐廣曰：「幹一作乾。」是古籍幹乾通用者多矣。《說文》：「乾，
　　上出也。從乙；乙，物之達也，倝聲。」而無幹字。戴侗《六書故》卷二引
　　唐本《說文》曰：「幹溼之幹也。」以幹爲乾溼本字。

第二章 魏・王肅：《周易注》

第一節　撰　人

　　王肅，字子雍，東海郯（今山東郯城西南）人。漢獻帝興平二年（西元195年）生。魏司徒蘭陵侯王朗（三國志王朗王肅合傳）之胤子也。魏文帝黃初（西元220～226年）中，爲散騎黃門侍郎。魏明帝太和三年（西元229年），爲散騎常侍。青龍（西元233～236年）中，以常侍領秘書監（洪飴孫三國職官表曰：秘書監一人，六百石，第三品，初屬少府，及王肅爲監，乃不復屬），兼崇文館祭酒（崇文館，青龍四年置），魏王芳正始元年（西元240年）出爲廣平太守，公車徵還，拜議郎。頃之，爲侍中，遷太常。時大將軍曹爽專權，任用何晏、鄧颺等。肅與太尉蔣濟、司農桓範論及時政、肅正色曰：「此輩即弘恭、石顯之屬，復稱說邪！」爽聞之，戒何晏等曰：「當共慎之，公卿已比諸君前世惡人矣。」坐宗廟事，免。嘉平初（西元249～253年。嘉平元年，司馬懿殺曹爽等），爲光祿勳（案三國志本傳未著其年，此據三國職官表也），徙爲河南尹。嘉平六年，持節兼太常，奉法駕迎高貴鄉公于元城。是歲白氣經天，大將軍司馬師問肅其故，肅答曰：「此蚩尤之旗也，東南其有亂乎？君若修己以安百姓，則天下樂安者歸德，唱亂者先亡矣！」明年春，鎮東將軍毋丘儉，揚州刺史文欽反。司馬師謂肅曰：「霍光感夏侯勝之言，始重儒學之士，良有以也。」後遷中領軍，加散騎常侍。甘露元年（西元256年），肅卒，年六十二。門生縗絰者以百數。《三國志・魏書》有〈王肅傳〉（爲本文所據）。

　　肅少承家學（三國志魏書王朗傳謂朗著易傳、春秋傳、周官傳、奏議、論、記云），年十八（漢獻帝建安十七年），復從宋忠讀《太玄》（宋忠，或作宋衷，

事蹟見三國志劉表傳注引英雄記。《隋書‧經籍志》：梁有漢荊州五業從事宋忠注周易十卷，亡。揚子太玄經九卷，宋衷注），而更爲之解（隋志：梁有揚子太玄經七卷王肅注，亡）。肅善賈逵、馬融之學，而不好鄭玄（賈馬皆古文學，爲鄭學所自出。然鄭雜採古今，未盡依賈馬。以易爲例，高郵高師仲華先生於鄭玄學案嘗曰：「鄭君初從第五元先受京氏易，又從馬融受費氏易，故其學出入於兩家。大體以乾坤十二爻論消息，以人道政事議卦爻，多本於馬氏；言卦氣，明災異，則本於京氏。」而肅於京氏之卦氣災異之說一概不採，悉用人道政事說易，而還賈馬之舊。其詳見考證及佚文）。采會同異，爲《尚書》（隋志：尚書十一卷，王肅注，尚書駁議五卷，王肅撰。梁有尚書義問三卷，鄭玄，王肅及晉五經博士孔晁撰、亡）、《詩》（隋志：毛詩二十卷，王肅注。梁有毛詩二十卷，鄭玄、王肅合注，亡。毛詩義駁八卷，王肅撰。毛詩奏事一卷，王肅撰。梁有毛詩問難二卷，王肅撰，亡）、《論語》（隋志：梁有王肅注論語十卷，亡。梁有論語釋駁三卷，王肅撰，亡）、《三禮》（隋志：周官禮十二卷，王肅注。儀禮十七卷、王肅注。喪服經傳一卷，王肅注。喪服要記一卷，王肅注。禮記三十卷，王肅注。梁有禮記王肅音二卷，亡。梁有明堂議三卷，王肅撰，亡）、《左氏》（隋志：春秋左氏傳三十卷，王肅注。春秋外傳章句一卷，王肅撰，梁二十一卷）、《孝經》解（隋志：孝經一卷，王肅解）。及撰定父朗所作《易傳》（隋志：周易十卷、魏衛將軍王肅注。詳考證），皆列於學官（三國志魏書齊王紀：正始元年十二月辛亥，詔故司徒王朗所作易傳，令學者得以課試。是王朗易傳列於學官也。又高貴鄉公紀，載帝幸太學，命講尚書。帝問曰：「鄭玄云：稽古同天，言堯同于天也。王肅云：堯順考古道而行之，二義不同，何者爲是？」博士庾峻對曰：「賈馬及肅，皆以爲順考古道，以洪範言之，肅義爲長。」是太學所講尚書爲賈馬鄭肅之注也。又帝於太學所講之禮，爲小戴記。王國維魏石經考云：蓋亦鄭玄王肅注也）。其所論駁朝廷典制郊祀宗廟喪紀輕重凡百餘篇（隋志子部儒家類、王子正論十卷，王肅撰。嚴可均全三國文輯得一卷，三十五篇）。又集《聖證論》以譏短鄭玄（隋志經部五經總義類：聖證論十二卷，王肅撰）。或謂：孔安國《尚書傳》、《論語注》、《孝經注》、《孔子家語》、《孔叢子》，皆肅僞作（見皮錫瑞經學歷史。案：孔子家語一書，魏博士馬昭已疑「王肅所增加」，見孔穎達禮記樂記疏引。王柏更直言「乃王肅自取左傳、國語、荀、孟、二戴記割裂織成之。」見四庫總目提要引。孔叢子一書，洪邁容齋隨筆已以「略無楚漢間氣骨」，近人顧實指其爲「王肅依託」，見張心澂僞書通考引。孔安國尚書傳，閻若璩古文尚書疏證及惠棟古文尚書考皆指爲梅賾僞造，丁晏作尚書餘論，始追指王肅。孔安國論語注，沈濤

作論語孔注辨僞，丁晏作論語孔注證僞，均指爲王肅僞造。孔安國孝經注，丁
晏作孝經徵文，亦指爲王肅僞造）云。

　　王肅之行事，後人或出微辭。皮錫瑞《經學歷史》曰：「兩漢經學極盛，而
前漢末出一劉歆，後漢末生一王肅，爲經學之大蠹。歆，楚元王之後，其父向，
極言劉氏王氏不並立。歆黨王莽篡漢，於漢爲不忠，於父爲不孝。肅父朗，漢
會稽太守，爲孫策虜，復歸曹操，爲魏三公。肅女適司馬昭，黨司馬氏篡魏，
但早死不見篡事耳。二人黨附篡逆，何足以知聖經！」劉歆於經學，其功過不
在此文討論之列；王肅之黨司馬，則嫌疑有四：肅女適司馬昭，生晉武帝炎，
一也。曹爽專權，任用何晏、鄧颺等，肅比之爲前世惡人，二也。司馬師廢齊
王芳，立高貴鄉公，由肅法駕迎之，三也。又師時以經術問肅，蓋頗相得，四
也。茲覆案史事，一一論之。第一：司馬氏之奪權，始於齊王芳嘉平元年正月
甲午（西元 249 年 2 月 5 日）司馬懿之殺曹爽；前此雖魏明帝猶以後事相托，
不得知其後人竟篡魏也。而肅女適司馬昭時爲魏明帝太和五年（晉書后妃傳：
晉武帝泰始四年，文明王皇后崩，年五十二。則肅女王元姬卒於西元 268 年，
生於西元 217 年。后妃傳又曰：既笄歸於文帝，考女十五及笄，肅女年十五適
昭，則西元 231 年也），在司馬懿殺爽之前十八年，肅安知十八年後有司馬懿奪
權事而拒此婚姻邪？第二：《三國志・曹爽傳》謂「晏等專政，共分割洛陽野王
典農部桑田數百頃，及壞湯沐地以爲產業。承勢竊取官物，因緣求欲，州郡有
司，望風莫敢忤旨。」肅正色斥何晏，鄧颺爲弘恭、石顯，不亦宜乎？而肅竟
以此免，其骾直亦可風世，豈得謂其黨於司馬哉！第三：司馬師之廢齊王芳，
初欲立彭城王曹據；而太后不允，命立高貴鄉公曹髦（蓋據爲太后之叔而髦爲
太后之姪故。事詳三國志裴注所引魏略）。肅時爲太常，奉法駕迎高貴鄉公，乃
其職務中事，謂其忠於太后之命則可；謂其黨於司馬師則謬矣！第四、王肅以
經術見重於司馬師，則誠是矣。觀其規司馬師曰：「修己以安百姓。」此先賢內
聖外王之教。司馬師方之以「霍光感夏侯勝」。夏侯勝爲昌邑王傳，於霍光爲異
黨。司馬師以霍光自況，而比肅爲夏侯勝，則其重肅者爲經術，非爲同黨者甚
明。綜此觀之，謂肅黨附篡逆，誣矣。皮氏專崇今文，囿於門戶，故於劉歆、
鄭玄、王肅，皆肆其詆毀，不足採信也。《三國志・王肅傳》多載肅之奏議，每
以諫征戰、省徭役、輕刑罰、勤稼穡爲言，又上疏厚葬漢之獻帝，遵舊禮爲大
臣發哀，及薦果宗廟等。大儒長風，猶可想見。

第二節　考　證

　　《三國志・魏書・王肅傳》謂肅「撰定父朗所作《易傳》」，是其書初名爲《易傳》，王朗、王肅父子前後撰定。又〈齊王紀〉：「正始六年十二月辛亥（萱按：即西元 246 年 1 月 5 日），詔故司徒王朗所作《易傳》，令學者得以課試。」則《易傳》於魏時已爲學官授《易》之教材。〈肅傳〉亦云《易傳》「列於學官」，是也。南北朝時，其書兼行南北（北史儒林傳：鄭玄易大行於河北，王肅易亦間行焉。考南朝明僧紹、周弘正，張譏等，說易有用王肅說者，則肅易非僅行於北方也）。隋唐之時肅書尚存。《隋書・經籍志》：「《周易》十卷，魏衛將軍王肅注。」《唐書・經籍志》《周易》十卷王肅注」，《唐書・藝文志》「《周易》王肅注十卷」。蓋其時書名稱《周易注》，題「王肅注」，爲十卷本。《釋文・敘錄》：「《周易》王肅注十卷」，是陸德明所見亦十卷本，與《隋唐志》同。《釋文・敘錄》又云：「爲《易音》者三人。」下注云：「王肅已見前。」則王肅十卷之注，當含《易音》。胡一桂《周易啓蒙翼傳》中篇：「王肅注《周易》十卷，《崇文總目》乃十一卷，題王肅傳。云後人纂陸德明《釋文》所取者附益之，非肅本書。」（錢侗崇文總目輯釋未輯此條）蓋宋時肅注已佚，故有此十一卷之輯本。姚振宗《三國藝文志》自《經義考》引胡一桂言，下加案語云：「案此所云，則後人輯肅所作《周易音》一卷，附於書後，故十一卷也。」以肅書十卷未佚，而益之以《周易音輯本》一卷。非也。蓋《釋文》所錄王肅《易傳》，音注兼備。姚振宗何據而知纂「《釋文》所取者」僅《易音》耶？且宋儒王應麟《困學紀聞》亦明言：「王肅注《易》十卷，今不傳。」矣，安得十卷未佚之書可據附？又元修《宋史》，《藝文志》一篇係合《館閣書目》、《崇文書目》、《秘書總目》、《中興館閣書目》及《續書目》而成；非實目驗其書然後登錄。故《宋史・藝文志》所云「《周易》王肅傳十一卷」，自《崇文總目》轉錄，不足以證宋時其書尚存。《太平御覽》引王肅《易注》，乃承襲《初學記》；朱子《周易本義》每言王肅本，則據《釋文》所引：皆未睹王肅原注。姚氏精於史志，其《快閣師石山房叢書》所收史志七種，爲目錄學之絕作，此偶忽致誤耳。

　　王肅《周易注》雖佚，然《經典釋文》、《周易正義》、《周易集解》、《文選李注》每稱引之。又《孔子家語注》、《史記集解》、《北堂書鈔》、《尚書正義》、《禮記正義》、《舊唐書》、《漢上易傳》、《周易會通》亦偶有引用。輯其佚文者，《崇文總目》已著錄《周易王肅傳》輯本十一卷（胡一桂引，詳已見前），今亦失傳。清人所輯，凡有四家。張惠言《易義別錄》有《周易王子雍氏》一卷；馬國翰《玉函山房輯佚書》有《周易王氏注》上下二卷，《周易王氏音》一卷；孫堂《漢魏二

十一家易注》有《王肅周易注》一卷;黃奭《逸書考》有《王肅易注》一卷;皆略相同。茲刪其重複,併爲一章;偶有新輯,亦依序附之;皆於佚文節每條之下注明出處。凡二百餘條。

　　茲就王肅《周易注》之異文、注音、釋義,分別論之。

一、《周易注》之異文

　　王肅《周易注》,多存異文,與孟喜、京房、馬融、鄭玄、荀爽、虞翻、王弼,每有出入,表之於下:

篇　章	原　句	孟	京	馬	鄭	荀	虞	肅	弼	備　註
乾文言	其唯聖人乎					聖		愚	聖	王肅後結仍作聖人。
屯六三	即鹿无虞						鹿	麓	鹿	
需大象	雲上於天							雲在天上	雲上於天	
需九三	致寇至				戎	寇	戎	戎	寇	
訟上九	或錫之鞶帶						鞶	槃	鞶	
師九二象	承天寵也							龍	寵	
比六三	比之匪人						人	人凶	人	
同人大象	類族辨物						辯	辯	辨	
隨象傳	而天下隨時						時	之	時	晁氏易:「陸績作天下隨之。」
隨象傳	隨時之義							之時	時之	
隨大象	嚮晦入宴息							鄉	嚮	
蠱大象	振民育德						育	毓	育	
觀卦辭	觀盥而不薦							不觀	不	
噬嗑九四	噬乾胏	脔			脯			脯	胏	
賁初九象	義弗乘也			不				不	弗	
復初九	无祇悔	禔	禔				禔	禔	祇	
離象傳	麗乎土	地					土	地	土	
離六五象	離王公也				麗			麗	離	
離上九象	以正邦也									王肅本此下更有「獲匪其醜,大有功也。」

篇　章	原　句	孟	京	馬	鄭	荀	虞	肅	弼	備　註
遯九三象	有疾憊也					備		毊	憊	
大壯九三	羸其角			纍			纍	縲	羸	
大壯上六	不詳也				祥			祥	詳	
晉六五	失得勿恤	矢		矢	矢	矢	矢	矢	失	
明夷六二	夷于左股			般				般	股	
睽六三	其人天且劓	劓						臲	劓	
睽上九	後說之弧		壺	壺	壺			壺	弧	
益六三	告公用圭							桓圭	圭	
夬九三	壯于頄				頯			頯	頄	
夬九四	其行次且	越且			越且			趑趄	次且	
姤大象	施命誥四方				詰		誥	詰	詰	
姤初六	繫于金柅	欙					柅	抳	柅	子夏作鑈。
萃卦辭	萃亨			萃	萃		萃	萃亨	萃亨	陸績亦无亨字。
升卦辭	君子以順德							順	順	張譏順作慎。
困九四	來徐徐			徐			徐	余	徐	子夏翟玄作荼。
困九五	劓刖		劓劊			臲卼	劓劊	臲卼	劓刖	
艮六二	不拯其隨	承	承	承				承	拯	陸績亦作承。
艮九三	厲熏心	熏	熏	熏		熏	閽	熏	薰	
漸象傳	女歸吉也							利貞	也	
漸大象	善俗							風俗	俗	
豐六二	豐其蔀			蔀	菩			蔀	蔀	薛虞作菩。
豐九三	日中見沬			昧	昧		沬	昧	沬	子夏薛虞作昧。
豐上六象	天際祥也	祥			祥			祥	翔	
豐上六象	自藏也			牂	牂		藏	牂	藏	
既濟六二	婦喪其茀			茀	茀	綅	髴	髴	茀	子夏作髴，董遇作髢。
既濟六四	繻有衣袽				襦		襦	襦	襦	子夏作襦。
既濟六四	繻有衣袽	絮	絮				袽	袽	袽	子夏作袽。
繫辭上傳	繫辭上									王肅作繫辭上傳。
繫辭上傳	八卦相盪			蕩				蕩	盪	

篇章	原句	孟	京	馬	鄭	荀	虞	肅	弼	備註
繫辭上傳	乾知大始							泰	大	
繫辭上傳	成位乎其中			易成				易成	成	馬王肅上有易字。
繫辭上傳	範圍天地			犯違	範圍			犯違	範圍	
繫辭上傳	君子之道鮮矣			尠	尠			尠	鮮	
繫辭上傳	野容誨淫				野		野	野	冶	陸績姚信作野。
繫辭上傳	錯綜其數					其	群	其		
繫辭上傳	開物成務							闓	開	
繫辭上傳	洗心		先			先	先	洗	洗	董遇蜀才張璠作先；劉瓛作洗。
繫辭上傳	洛出書							雒	洛	
繫辭下傳	繫辭下									王肅作繫辭下傳
繫辭下傳	守位曰人						人	仁	人	
繫辭下傳	无祇悔	禔	禔				禔	禔	祇	為復初九爻辭。
繫辭下傳	德之辯也				辯			辯	辨	閩監毛阮本韓本作辨，石經岳本作辯。
說卦傳	說卦									王肅作說卦傳。
說卦傳	妙萬物							眇	妙	董遇作眇。
說卦傳	莫熯乎火	暵						熯	熯	
說卦傳	水火不相逮				相			相	相	宋衷陸績王廙亦无不字，陸德明作不相逮。
說卦傳	震為旉				專		專	旉	旉	
說卦傳	巽為香臭							香臭	臭	
說卦傳	坎為矯輮			柔	輮	輮	橈	輮	輮	陸績亦作輮，宋衷王廙作揉。
說卦傳	坎為亟心					極		亟	亟	
說卦傳	艮為黔喙	黔		黔	黚			黔	黔	
序卦傳	序卦									王肅作序卦傳。
雜卦傳	雜卦									王肅作雜卦傳。
雜卦傳	蠱則飭也				飭			飭	飭	

	家　別	同肅字數	異肅字數	差　數
	孟　喜	8	7	＋1
	京　房	5	5	0
	馬　融	15	3	＋12
統　　計	鄭　玄	18	10	＋8
	荀　爽	5	7	－2
	虞　翻	10	20	－10
	王　弼 韓康伯	11	72	－61

　　綜計上表，王肅《周易注》獨存異文，不同諸家者凡二十三字，加以較諸家增出者十九字，凡四十二字。倘非王肅於孟費之本外，另得施讎梁丘賀高相之本，則必肅自行改字，二者必居其一。與諸家之本相較：同馬者十五字，同鄭者十八字，其中「矢壼昧戕馳輮」六字與馬鄭並同，則肅本與馬鄭本尚近。肅本同孟者八字，異孟者七字，同京者五字、異京者五字，則孟京本於肅關係至疏。王肅同虞者十字，異虞者二十字；王弼韓康伯本同肅者十一字，異肅者七十二字。則虞本，肅本、王韓本文字大異。前人每以肅背鄭，弼從肅，就《周易》底本言，決非事實。

二、《周易注》之注音

　　漢魏之際，去聲猶未形成（段玉裁、高本漢、王了一先生皆倡是説，詳見佚文有關諸條之案語），王肅《易音》之異於他家者，即以涉及去聲者居多。或他家音去而王肅不然。如：《乾・文言》「上下无常」之「上」字，《釋文》如字為去聲，王肅上音時掌反，為上聲。《泰》初九「拔其茹」之「茹」，《釋文》汝據反，去聲，王肅音如，平聲。《同人・大象》「君子以類族辯物」之「辯」，《釋文》如字，去聲；王肅卜免反，上聲。《隨・大象》「君子以鄉晦入宴息」之「宴」，徐邈烏練反，去聲，王肅烏顯反，上聲。《觀・象傳》「大觀在上」之「觀」，釋文官喚反，去聲；王肅音官，平聲。《賁》，《釋文》彼僞反，徐邈甫寄反，並去聲；王肅符文反，平聲。《剝》六二「剝牀以辨」之「辨」，《釋文》音辦，去聲；王肅否勉反，上聲。《大過》及《小過》之「過」，《釋文》古臥反，去聲；王肅音戈，平聲。《咸》九五「咸其晦」，《釋文》又音每，去聲；王肅又音灰，平聲。《萃》初六「若號」之「號」，《釋文》戶報反，去聲；馬融、鄭玄、王肅戶羔反，平聲。《井・大象》「君

子以勞民勸相」之「相」，《釋文》息亮反，去聲，王肅如字，平聲。《井》九二「井谷射鮒」之「射」，徐邈食夜反，去聲；王肅音亦，入聲，《釋文》食亦反，亦入聲。「甕敝漏」之「敝」，《釋文》婢世反，去聲；王肅扶滅反，入聲。《豐》九三「日中見昧」之「昧」，徐邈武蓋反，又亡對反，皆去聲，王肅音妹，入聲。《上繫》「鼓之以雷霆」之「霆」，徐邈又音定，去聲，王肅音庭，平聲。《說卦》「燥萬物者莫熯乎火」之「熯」，徐邈音漢，去聲，王肅呼但反，上聲。凡十六條。或王肅音去而他家不然，基實非肅果讀去聲，以肅所用反切下字當時非去而後世爲去故耳。如：《睽・象傳》「其志不同行」之「行」，釋文如字，平聲，王肅逞孟反，去聲。實則孟字古音讀如「芒」（段玉裁説，見説文解字孟篆下段注），亦平聲也。其他如《解》六三「負且乘」之「乘」，《釋文》如字，平聲；王肅繩證反，去聲。《井》九五「井洌寒泉食」之「洌」，《釋文》音列，入聲；王肅音例，去聲。《中孚》九二「我有好爵」之「好」，《釋文》如字，上聲；王肅呼報反，去聲。《上繫》「掛一而象三」之「掛」，《釋文》卦買反，上聲；王肅音卦，去聲。「乾坤其《易》之緼」之「緼」，《釋文》紆粉反，徐邈於憤反，皆上聲；王肅又於問反，去聲。《下繫》「一體天地之撰」之「撰」，《釋文》仕勉反，上聲；王肅士眷反，去聲。《說卦》「坎爲矯輮」之「輮」，王肅奴又反，又如又反，並去聲；《釋文》如九反，入聲。「坎爲亟心」之「亟」，《釋文》紀力反，入聲，王肅去記反，去聲。亦多類此，凡九條。二者共二十五條。

又其時四聲之別未嚴，故王肅《易》音聲調或與他家相異。如：《豫》九四「朋盍簪」之「簪」，徐邈側林反，平聲；王肅又祖感反，上聲。《坎》六三「險且枕」之「枕」，徐邈舒林反，平聲；王肅針甚反，上聲。《上繫》「八卦相蕩」之「蕩」，《廣韻》有吐郎切（平聲唐韻）、徒朗切（上聲蕩韻）、他浪切（去聲宕韻）三音，其義並不因聲調之異而異；王肅唐黨反，上聲。《下繫》「噫」字，《釋文》於其反，平聲；王肅於力反，入聲。《說卦》「橈萬物者莫疾乎風」之「橈」，徐邈乃飽反，上聲；王肅乃教反，去聲；又呼勞反，平聲。凡五條。

我國歷史悠久，方員廣大。故於語音，南北古今，不免多歧。或聲變而猶疊韻，或韻變而猶雙聲；或聲韻皆小有變異。於是王肅《易》音，有與他家聲同而韻異者。如：《離》九三「大耋之嗟」之「嗟」，王肅又遭哥反，與《釋文》如字（廣韻子邪切）聲同（皆精紐），而韻有歌、麻之異。《離》九四「突如其來如」之「突」，王肅唐屑反，與《釋文》徒忽反聲同（皆定紐），而韻有屑、沒之異。《蹇》，王肅紀偃反，與《釋文》紀免反聲同（皆見紐），而韻有獮、阮之異。《萃》上六「齎咨涕洟」之「齎」，王肅將嚏反，與徐邈將池反聲同（皆精紐），而韻有齊、

支之異。《困》九五「臲卼」之「臲」，王肅妍喆反，與《釋文》五結反聲同（皆疑紐），而韻有薛、屑之異。《說卦》「艮爲黔喙之屬」之「黔」，王肅其嚴反，與徐邈音禽（巨金反）、《釋文》其廉反聲同（皆群紐，古歸匣），而韻有嚴、侵、鹽之異。凡六條。又有與他家聲異而韻同者。如：《坎》初六「入于坎窞」之「窞」，王肅又陵感反，與《釋文》徒坎反同屬感韻，而聲有來、定之異。《離》九三「大耋之嗟」之「耋」，王肅又他結反，與《釋文》田節反同屬屑韻，而聲有透、定之異。《咸》九五「咸其脢」，王肅又音灰，與《釋文》武林反同屬灰韻、而聲有曉、明之異。《睽》、王肅間圭（廣韻古攜切），與《釋文》苦圭切同屬齊韻，而聲有見、溪之異。《井》「汔至亦未繘井」之「汔」，王肅其乞反，與徐邈許訖反同屬迄韻，聲則有群（古歸匣）、曉之異。《既濟》六四「繻有衣袽」之「繻」，王肅從鄭玄音須（廣韻相俞切），與《釋文》而朱反同屬虞韻，而聲有心、日之異。《上繫》「闔戶謂之乾」之「闔」，王肅甫亦反，與《釋文》婢亦反同屬昔韻，而聲有非、並之異。《下繫》「德之辯也」之「辯」，王肅卜免反，與《釋文》如字（廣韻符蹇切）同屬獮韻，而聲有幫、奉之異。凡八條。又有聲韻皆小異者。如：《豐》六二「豐其蔀」，王肅普苟反，滂紐上聲厚韻，與《釋文》音蒲戶反之部，並紐上聲姥韻者聲韻皆近，一條。三者共十五條。

然王肅《易》音與他家同者，亦復不少。如：同人九三「伏戎于莽」之「莽」，王肅冥黨反，音與《釋文》莫蕩反同。《大有》九二「大車以載」之「車」，王肅剛除反，音與《說文間隱》市支反同。《萃》六二「利用禴」之「禴」，王肅羊略反，與馬融及《釋文》並同。《井》九二「井谷射鮒」及《說卦》「水火不相射」之「射」，王肅音亦，即《廣韻》羊益切之音，喻紐入聲昔韻；《釋文》食亦反，神紐昔韻。喻神古皆歸定，其聲實同也。《既濟》六四「繻有衣袽」之「袽」，王肅音如，即《廣韻》人諸切之音，日紐平聲魚韻，《釋文》女居反，即《廣韻》女余切之音，娘紐平聲魚韻。娘日古歸泥，其聲實同也。《上繫》「野容誨淫」之「野」，王肅音也，與《廣韻》羊者切之音合。《廣韻》又有承與切音墅者，則古音也。《說卦》「震爲專」之「專」，王肅音孚，與《廣韻》虞韻芳無切之音合。「坎爲矯輮」之「輮」。王肅又女九反，與《釋文》如九反之音合。凡九條。

至於字異音異，如：《隨·大象》「君子以嚮晦入宴息」之「嚮」，王肅作鄉而云音同嚮，鄉嚮古今字。《上繫》「夫《易》開物成務」之「開」，王肅作闓而云音同開。開闓古今字。《說卦》「妙萬物」之「妙」，王肅作眇，音妙，眇妙古今字。如此者凡三條。又如：《大壯》九三「羸其角」之「羸」，王肅音螺，《釋文》字作「蠃」，律悲反，又力追反。《睽》六三「其人天且劓」之「劓」，魚一反，《釋文》

作「劙」，魚器反。《夬》九三「壯于頄」之「頄」，求龜反，王肅從鄭玄作頯，音龜。《姤・大象》「后以施命誥四方」之「誥」，李軌古報反。王肅從鄭玄作詰，起一反。《困》九五「臲卼」之「臲」，王肅姸喆反，王弼本作「劓刖」，徐邈劓音魚器反。以上或爲假借，或爲字誤，凡五條。加古今字共八條。皆已於上段論王肅《易》之異文中有所考述。

又有義異音異，屬後世所謂「破音」者。如：《乾・大象》「大人造也」之「造」，王肅七到反，訓就也至也，與鄭玄徂早反，訓爲者異。《師・大象》「君子以容民畜衆」之「畜」，王肅許六反，訓養；與《釋文》敕六反，訓聚者異。《師》初六「否臧凶」之「否」，王肅方有反，同馬融、鄭玄，蓋訓不，與王弼及《釋文》音鄙訓惡者異，《遯》六二「莫之勝說」之「說」，王肅如字；徐邈吐活反，則讀爲「脫」字；又始銳反，則讀爲「蛻」字。《遯》九四「小人否」之「否」，王肅備鄙反，訓塞。同鄭玄。與《釋文》音鄙訓惡，徐邈方有反（當訓不）者並異。《大壯》六五「喪羊于易」及《旅》上九「喪牛于易」之「易」，王肅音亦，疆場之義；與《釋文》以豉反訓難易之易者異。《姤》初六「羸豕孚蹢躅」之「羸」，王肅劣隨反，《釋文》同，而鄭玄力追反，蓋讀爲纍；陸績則讀爲累。《升》六四「王用亨于岐山」之「亨」，王肅許兩反，同馬、鄭、陸績。馬云祭也；鄭云獻也。與《釋文》許庚反訓通者異。《中孚》六三「或鼓或罷」之「罷」，王肅音皮，爲倦止之義，與徐邈扶彼反，遣有罪之義，及《釋文》如字，休止之義並異。《上繫》「聖人以此洗心」之「洗」，王肅、韓康伯悉禮反，蓋洗浴之洗，與劉瓛悉殄反訓盡者異。《上繫》「神武而不殺」之「殺」，王肅所戒反，同馬、鄭，蓋以爲衰殺之殺；與陸績、韓康伯如字異。《下繫》「易之爲書也不可遠」之「遠」，王肅袁萬反，與馬融、韓康伯同，蓋訓離也，與張譏讀如字者異。凡十三條。下段論王肅《易》之釋義，於此十三條當再分別考述。

綜上所述王肅《周易》音，凡七十五條。其中屬於四聲之異者三十條。包括他家音去，王肅不然者十六條；王肅音去，他家不然者九條；計涉及去聲者有二十五條，佔王肅《易》音三分之一。此現象決不能以方音解釋之，殆其時猶無去聲所致。至於其他四聲之異而未涉及去聲者僅五條，亦足以了解去聲之異多於其他三聲五倍者，非偶然也。王肅《易》音聲韻異於他家者凡十五條。包括聲同韻異者六條；韻同聲異者八條；聲韻皆小異者一條。王肅易音聲韻同於他家者九條。以上五十四條皆純屬字音之異，與字形字義無關者也。至於因字形有異而致音異者八條；又字義有異而致音異者十三條，則分別於上文論其異文，及下文論其《易》義詳述之，此不復贅。

三、《周易注》之釋義

此復可析爲三事而分述之。三事者：《周易注》釋義之態度；《周易注》釋義之淵源；《周易注》釋義之影響是也。

（一）《周易注》釋義之態度

一曰：依於經傳；二曰：棄象言理；三曰：必須言象者，以本卦之象爲限。嘗試論之於後。

1. 依於經傳

王肅之注《周易》，頗能依於《周易》經傳，故所言有據，無違聖人爲《易》之旨。此《漢書・儒林傳》所言費氏「以《彖》《象》《繫辭傳》十篇之言解說上下經」之師法也。如：其釋《乾》上九「亢龍有悔」，曰：「窮高曰亢，知進忘退；故悔也。」依於《文言》。其釋《坤》卦辭「西南得朋東北喪朋」，曰：「西南陰類故得朋，東北陽類故喪朋。」一本《說卦》，而盡棄荀爽卦氣，虞翻納甲之說。其釋《坤》六五《小象》「文在中也」，曰：「《坤》爲文，五在中，故曰：文在中也。」本於《說卦》，依於爻例。其釋「賁」，謂：「有文飾」，本於《彖傳》「柔來而文剛」之意。又釋《賁・大象》：「山下有火，賁。」曰：「《離》下《艮》上，《離》爲火，《艮》爲山。《賁》，飾。」本於《說卦》。其釋《坎・彖傳》「王公設險以守其國，險之時用大矣哉。」曰：「守險以德，據險以時，成功大矣。」即依《坎》卦辭「習《坎》，有孚」，《彖傳》「行險而不失信」，《象傳》「君子以常德行習教事」及《彖傳》「險之時用」而點出「德」「時」二事。其釋《離》九五「麗王公也」，曰：「麗王者之後爲公。」乃據爻辭「上九王用出征」語推出。其釋《咸・彖傳》，曰：「山澤以氣通，男女以禮感。男而下女，初婚之所以爲禮也。通義正，取女之所以爲吉也。」蓋依《文言》「同氣相求」，《說卦》「山澤通氣」，及《周禮・春官・大宗伯》所言而云然。與《荀子・大略》及鄭玄《易注》意並近。其釋《家人・彖傳》，曰：「凡男女所以各得其正者，由家人有嚴君也。家人有嚴君，故父子夫婦各得其正。家家咸正而天下之治大矣。」即約《彖傳》之旨而云然。其釋《睽・彖傳》「天地睽而其事同也」，曰：「高卑雖異，同育萬物。」本《繫辭傳》、《序卦》、《頤》、《咸》之《彖傳》。其釋《損》上九爻辭，曰：「處損之極，損極則益，故曰弗損。」本《序卦》「損之不已必益」義；又曰：「益之非无咎也，爲下所益，故无咎。」本《象傳》「損下益上其道上行」義。其釋《震》卦辭與《彖傳》，曰：「在有靈而尊者莫若于天；有靈而貴者莫若于王。」曰：「是以天子當《乾》。」本於《說卦》「乾爲天

爲君」者也。又釋《震》曰：「處則諸侯執其政，出則長子掌其祀。」本《說卦》「《震》爲長子。」及《震‧象傳》「出可以守宗廟社稷以爲祭主。」者也。其釋《歸妹‧象傳》，曰：「男女交而後人民蕃；天地交然後萬物興。故《歸妹》以及天地交之義也。」此本於《泰》、《咸》、《姤》諸卦《象傳》，以人類生命之來源爲根據，而類推天地萬物之來源，乃《周易》之宇宙論也。又注云：「以征則有不正之凶；以處則有乘剛之逆也，故无所利矣。」亦本《象傳》之意而更詳之。其釋《中孚》，曰：「三四在內，二五得中，《兌》說而《巽》順，故孚也。」依《說卦》、《序卦》、《象傳》。其釋《未濟》「小狐汔濟」，曰：「《坎》爲水，爲險，爲隱伏。物之在險，穴居隱伏，往來水閒者，狐也。」本《說卦》而推闡之。其釋《上繫》「六爻之動三極之道也」，曰：「陰陽剛柔仁義爲三極。」本《說卦》「是以立天之道曰陰與陽；立地之道曰剛與柔；立人之道曰仁與義。兼三才而兩之，故《易》六畫而成卦。」而言也。其釋《上繫》「齊小大者存乎卦」，曰：「齊猶正也。陽卦大，陰卦小，卦列則小大分，故曰齊小大者存乎卦也。」於《繫辭傳》、《說卦》蓋有徵。其釋《上繫》「憂悔吝者存乎介」之「介」爲纖介；與上文「悔吝者，言乎其不疵也」意合。其釋《上繫》「震无咎者存乎悔」，曰：「震，動也。」本《序卦》。其釋《下繫》「知者觀其《彖辭》」曰：「彖舉象之要也。」本乎《上繫》「彖者，言乎象者也。」其釋《序卦》：「屯者，物之始生也。」引《象傳》：「《屯》，剛柔始交而難生。」而更推論之曰：「故爲物始生也。」凡此皆依《周易》經傳而釋其義者也。

2. 棄象言理

西漢中葉，孟喜京房，好言象數。《漢書‧儒林傳》謂孟喜「得《易》家候陰陽災變書」，又云：「蜀人趙賓好小數書，後爲《易》，飾《易》文……云受孟喜。」又云：「京房受《易》梁人焦延壽……焦延壽獨得隱士之說，託之孟氏。」所謂「陰陽災變」「小數書」「隱士之說」，殆象數也。《漢書‧儒林傳》固已言孟喜之詐；當時《易》家亦皆以趙賓之飾《易》文爲「非古法」；劉向校書以「唯京氏爲異」。然附會之風既開，象數之說轉盛。鄭玄、荀爽習費氏《易》，猶不能免；虞翻世傳《孟易》，乃變本加厲。於是互體、卦變、納甲之說，一時極盛。王肅際此之時獨能棄象言理，與時代逆流相抗，下開王弼以義理說《易》之風氣，亦足以傲視儒林矣。如：《乾‧文言》「水流溼火就燥」，王肅以「水之性潤物而退下，火之性炎盛而升上。」釋之：一掃荀爽「陽動之《坤》而爲《坎》」「陰動之《乾》而成《離》」暨虞翻「《離》上而《坎》下」之說。《乾‧文言》「雲從龍風從虎」，王肅以「龍舉而景雲屬；虎嘯而谷風興。」釋之，其義本《淮南子‧

天文篇》；一掃荀爽「《乾》二之《坤》五」「《坤》五之《乾》二」暨虞翻「《乾》爲龍」「《坤》爲虎」之說。《乾·文言》「六爻發揮」，王肅注：「揮，散也。」與陸績「《坤》來入《乾》」說大異其趣。《訟卦解》及《象傳》「終凶」，王肅以「以《訟》成功者終必凶也。」不取虞翻「二失位終止不變，則入于淵，故終凶也。」之說。《訟》九五《小象》「《訟》元吉以中正也」，王肅注：「以中正之德齊乖爭之俗，元吉也。」以人事說之。《渙》九五「《渙》汗其大號」，王肅注云：「王者出令，不可復返，喻如汗出不還。」與劉向：「言號令如汗，汗出而不反者也。」及《九家易》「若汗之出身不還反也。」皆以人事爲喻。然《九家》又有「此本《否》卦」云云，爲卦變說，肅所不取。《說卦》「《震》一索而得男」，肅注云：「索，求也。」與荀爽「適往」之義進而言「來往」「升降」者異。此皆棄象數言義理之例證。肅注又有字義從前人而不取其言象之辭者。如《屯》六三「即麓无虞」，肅注：「麓，山足。」即本虞翻「山足稱鹿」之義，而棄其「《震》爲麋鹿」之說。《師·大象》「容民畜眾」之「畜」，肅訓「養」，本虞翻「畜養也」之義；而棄其「五變執言時有頤養象」之說。《蠱》初六「有子考无咎」，王肅於有子考絕句，同馬融、虞翻；亦不採虞翻卦變互體之說。《噬嗑》上九「何校滅耳」之「何」，王肅訓荷擔，與鄭玄、荀爽同；而不採二氏體《坎》爲耳之說。《賁》初九「《賁》其趾舍車而起」，肅注：「在下故稱趾，既舍其車，又飾其趾，是徒步也。」略同虞翻「應在《震》，《震》爲足，故賁其趾也。」「應在《艮》，《艮》爲舍，《坎》爲車。徒，步行也。位在下，故舍車而徒。」之意；特不取其體《震》體《坎》之說。《頤》上九「由《頤》厲吉」，王肅從馬融謂「厲危」，與虞翻「失位危厲」義同；唯虞翻「體《剝》」「以《坤》自輔」「之五得正成《坎》」之說，肅則不採。《明夷》「文王以之」「箕子以之」之「以」，王肅訓用，同虞翻；唯不採虞翻所言二三四爻體《坎》，三四五爻體《震》之說。《歸妹》九四「《歸妹》愆期」，王肅云：「愆，過也。」字義與許慎、馬融、虞翻並同；至於翻謂「二變三」「《坎》月《離》日」之說，肅皆不從。《說卦》「水火不相射」，虞翻、陸績、董遇、姚信、王肅音亦，云厭也；然虞翻用「納甲」釋之，肅則無取。用前人字義而不取前人象數，非關「門戶」，取其可從者而棄其不可從之說耳。

3. 必須言象者，以本卦之象為限

王肅雖不取互體、卦變、納甲諸說，於本卦之外，多牽卦象；然本卦之象，位應之說，則王肅所不諱言。此《繫辭傳》所云「聖人設卦觀象」之意也。如：《噬嗑》九四「噬乾胏得金矢」，王肅注：「四體《離》，陰卦，骨之象；骨有乾肉，胏之象。」由卦體爻象引申而得。復云：「金矢所以獲野禽，故食之反得金

矢。」蓋釋「得金矢」之故。末云：「君子於味必思其毒，於利必備其難。」則由爻象而悟人生至理也。《賁》六五「《賁》於丘園束帛戔戔」，王肅注：「失位無應，隱處丘園。」言位言應，皆與《彖》《象》合。其下復注云：「蓋蒙閣之人，道德彌明，必有束帛之聘也。」則由爻象爻辭而推人事之理也。《剝》六四「剝牀以膚凶」，王肅注云：「在下而安人者，牀也；在上而處牀者，人也。《坤》以象牀；《艮》以象人。牀剝盡以及人身，爲敗滋深，害莫甚焉。故曰：『剝牀以膚凶』也。」此由《剝》卦《坤》下《艮》上，六四居上卦之下，有《坤》剝盡而及《艮》之象，故王肅之言如此也。《頤》六二：「顛頤拂經于丘，頤征！凶。」肅注云：「二宜應五，反下養初，豈非顛頤，違常於五也。故曰拂經于丘矣。拂經雖阻，常理養下，故謂養賢。上既无應，征必凶矣，故曰征凶。」此以爻位及相應說爲重心，旁參《說卦》、《彖》、《象》者也。《離・象》：「明兩作，《離》；大人以繼明照于四方。」王肅注：「兩《離》相續，繼明之義也。」蓋就《離》本卦而言象，與《說卦》「《離》爲火爲日」，《象傳》「日月麗乎天」說合。較虞翻化《離》一卦爲《乾》、《坤》、《震》、《兌》、《離》、《坎》六卦而言其象者迥異。《遯》九三《小象》：「係遯之厲，有疾憊也；畜臣妾吉，不可大事也。」王肅注云：「三下係於二而獲遯，故曰係遯。病此係執而獲危懼，故曰有疾憊也。比于六二畜臣妾之象，足以畜其臣妾，不可施爲大事也。」此由爻象而釋《象傳》也。《損》上九爻辭：「利有攸往，得臣，无家。」肅注云：「據五應三，三陰上附，外內相應，上下交接，正之吉也。故利有攸往矣。剛陽居上，群下共臣，故曰得臣矣。」皆據爻象之例而云然。《注》又云：「得臣則萬方一軌，故无家也。」則推闡之所得也。虞翻此處注，由《損》而《益》，而《家人》，而《既濟》，輾轉演變，肅皆不採。《萃》六二「引吉无咎」，肅注：「六二與九五相應，俱履貞正，引由迎也，爲吉所迎，何咎之有？」言位言應，推及人事。與虞翻以互體，卦變爲說異。《中孚・象傳》：「利涉大川乘木舟虛也。」王肅注：「《中孚》之象，外實內虛，有似可乘虛木之舟也。」肅之言象，依《易傳》而就本卦之象言之，不用卦變互體之說。《小過・象傳》「上逆而下順」，肅注：「四五失位，故曰上逆；二三得正，故曰下順。」是其言位唯及二、三、四、五；不及初、上。王弼《周易略例》辯爻位，肅實早發之。《既濟》六二：「婦喪其髢，勿逐，七日得。」王肅注：「體柔應五，履順承剛，婦人之義也。髢，首飾。《坎》爲盜，《離》爲婦，喪其髢，鄰于盜也。勿逐自得，履中道也。二五相應，故七日得也。」據《說卦》及《象傳》而言象，簡明而無附會之弊。

（二）《周易注》釋義之淵源

一曰：源於費氏；二曰源於孟氏，三曰：自創新義。

1. 源於費氏

東漢末年，馬融、鄭玄、荀爽，皆傳費氏《易》。王肅《周易注》有同馬者，有同鄭者，有與馬鄭皆同者，有異馬而同鄭者，有同馬而異鄭者。要皆淵源費氏，大同而小異也。如：《屯》六二「乘馬班如」，肅注：「班如，盤桓不進也。」即同馬融「班旋不進」之義。《蠱》初六「有子考无咎」，王肅依馬融於「有子考」絕句。《賁》六五「束帛戔戔」，王肅云：「戔戔，委積之貌。」即本馬融「委積貌」之義。《頤》上九「由頤厲吉」，王肅云：「厲，危。」亦同馬融。《大壯》九三「君子用罔」，罔，馬融、王肅並訓无。與虞翻用卦變說，謂九二已變爲《離》，《離》爲罔罟說異。《晉》六五「矢得勿恤」，馬融、王肅並云：「《離》爲矢。」《艮》九三「厲熏心」，王肅注：「熏灼其心」與馬融同。《漸》六二「飲食衎衎」，肅以爲「寬饒之貌」，即本馬融「饒衍」之義。《歸妹》九四「《歸妹》愆期」，馬融王肅並云：「愆，過也。」《渙》初六「用拯馬壯吉」，肅云：「拯，拔也。」與馬融「舉也」義近。《下繫》「《易》之爲書也不可遠」，馬融王肅遠字並音袁萬反，蓋同訓爲「離」。《下繫》「噫亦要存亡吉凶」，王肅以噫爲辭，馬融同。《說卦》「昔者聖人之作《易》」，馬融、王肅並以「伏犧得河圖而作《易》」。《說卦》「參天兩地而倚數」，馬融、王肅皆云：「天數五、地數五、五位相得，而各有合。」凡此皆同馬融者也。又如：《豫》六三「盱豫」之「盱」，鄭玄云「誇也」，王肅云「大也」；張惠言《易義別錄》：「大亦誇意。」《賁》卦，鄭玄云：「《賁》，變也，文飾之貌。」又《詩・白駒》「賁然來思」，鄭玄箋：「《易卦》曰：『山下有火，賁。』《賁》，黃白色。」王肅《周易注》云：「《賁》，有文飾，黃白色。」殆本鄭玄。《遯》九四「君子吉小人否」，鄭玄、王肅並以否爲「塞也」，後世則多訓惡訓不。《大壯》六五「喪羊于易」，鄭玄云：「易音亦。」王肅云：「易音亦，畔也。」《大壯》上六小象「不祥也」，鄭玄、王肅並云：「祥，善也。」《蹇・象傳》「往得中也」，《解・象傳》「乃得中也」，王肅注：「中，適也。」爲合適之義，與鄭玄以「中」爲「和」，爲和諧之義者合。《姤・象傳》「勿用取女不可與長也」，鄭玄云：「一女當五男，苟相遇耳，非禮之正，故謂之姤，女壯如是，壯健以淫，故不可娶。」王肅云：「女不可娶，以其不下，不可與長久也。」約取鄭義。與虞翻「陰息剝陽以柔變剛」義異。《姤》卦大象「后以施命詰四方」，詰，鄭玄起一反，止也，王肅同。《井》九二：「井谷射鮒」，射，鄭玄王肅皆音亦，云厭也。鮒，王肅以爲小魚，鄭玄云

魚之至小，義亦同。《震》卦辭及《象傳》，王肅注云：「有聲而威者，莫若于雷；有政而嚴者，莫若于侯。」又云：「諸侯用《震》。」本鄭玄「雷發聲聞于百里，古者諸侯之象。」之言；肅注又云：「地不過一同，雷不過百里，政行百里，則匕鬯亦不喪。祭祀，國家大事；不喪，宗廟安矣。」亦本鄭玄「諸侯出教令能警戒其國內，則守其宗廟社稷，爲之祭主，不亡匕與鬯也。人君於祭之禮，匕牲體薦鬯而已，其餘不親也。升牢於俎，君匕之，臣載之，鬯秬酒芬芳條鬯，因名焉。」之言。《渙》九五：「渙汗其大號」，鄭玄王肅皆訓號爲令。《下繫》：「上古結繩而治」，，肅云：「結繩識其政事。」與鄭玄「爲約；事大，大其繩；事小，小其繩。」意略同。《序卦》「豫以喜必有隨」，王肅注：「歡豫人必有隨。」本鄭玄「喜樂而出，人則隨從，《孟子》曰：『吾君不游，吾何以休？吾君不豫，吾何以助？』此之謂也。」以上皆同鄭玄者也。又如：《師》初六《師》以出律否臧凶」之否，肅從馬融鄭玄音方有反，蓋皆訓不。《噬嗑》上九《小象》「聰不明也」，肅注：「言其聰之不明。」從馬融「耳無所聞」之義；與鄭玄「目不明耳不聰」義亦無大殊。《无妄》，馬鄭王肅皆云：「妄猶望，謂无所希望也。」《咸》九五「咸其脢」，馬融云：「脢，背也。」鄭玄云：「脢，脊肉也。」王肅云：「脢在背而夾脊。」皆指背脊之肉也。《夬》九五「莧陸夬夬」，馬鄭王肅皆云：「莧陸一名商陸。」《升》六四「王用亨于岐山」，馬融、鄭玄、陸績、王肅「亨」並音許兩反。馬云祭也。鄭云獻也。馬鄭陸王義蓋同。《豐》上九《小象》「自戕也」，馬王肅云殘也，鄭云傷也。殘傷意同。《上繫》：「在天成象，在地成形。」馬王皆云：「象者、日月星。」鄭云：「日月星辰也。」意同。肅注又云：「在地成形者，山川群物也。」依馬云「植物動物」與鄭云「艸木鳥獸」而含義尤周延。《上繫》「神武而不殺」之「殺」，馬、鄭、王肅、干寶並音所戒反，同取衰殺之義。《下繫》「後世聖人易之以書契」，班固、馬融、鄭玄、王肅諸儒，皆以文籍初自五帝，三皇未有文字。凡此王肅皆與馬鄭並同者也。又如：《大壯》之「壯」，王肅云「盛也」；與鄭玄「氣力浸強之名」義同，而與馬融、虞翻「壯、傷也。」義異。《震》六三「《震》蘇蘇」，王肅云：「蘇蘇，躁動貌。」與鄭玄「不安兒」義同；與馬融「尸祿素餐」義異。《旅》初六《旅》瑣瑣」，王肅云：「瑣瑣，細小貌。」一與鄭玄「小小也」、陸績「小」義並同；與馬融「疲弊貌」，虞翻「最弊之貌」義異。《下繫》「則居可知矣」之「居」，鄭玄王肅皆以爲「辭也」；與馬融訓「處」者異。凡此皆異馬而同鄭者也。又如：王肅以周公作爻辭與馬融、陸績同，與鄭玄主文王者異。《萃》六二「字乃利用禴」之「禴」，馬融、王肅並以爲殷春祭名，與鄭玄云夏祭名異。《明夷》六二「夷于左股」，馬王股訓旋，謂日隨天左旋，與鄭玄字作「睇于左股」，言「辰得巽氣爲

股」,以爻辰立說者異。《既濟》六二「婦喪其髴」,馬王並以髴爲首飾,與鄭玄云車蔽也異義。凡此皆同馬異鄭者也。王肅注《易》有淵源於馬融、鄭玄者,於此可見一斑矣。又:《訟》九二《小象》「自下訟上患至掇也」之「掇」,肅注:「掇,若手拾物然。」同荀爽「如拾掇小物」之義,荀爽亦傳費《易》者也。《上繫》「河出圖」,王肅以河圖爲八卦,與劉歆、《尚書・僞孔傳》同,劉歆爲古文家,孔傳亦爲古文。疑其說與費《易》較近,並附錄於此。

2. 源於孟氏

兩漢經學,有今文、有古文;經有數家,家有數說。以《易經》言,有施讎、孟喜、梁丘賀、京房,爲今文家;有費直,爲古文家。而施氏有張禹、彭宣之學;孟氏有白光、翟牧之學;梁丘氏有士孫張、鄧彭祖、衡咸之學。門戶既盛,學者或莫知所從。及鄭玄「括囊大典,綱羅眾家;刪裁繁蕪,刊改漏失」;自是學者略知所歸。(引號內爲范曄後漢書卷六十五鄭玄傳論中語)。鄭氏注經,皆兼采今古文。其《易》學也,先始通京氏《易》;復師事馬融、傳費氏易(詳後漢書鄭玄傳)。王肅繼鄭玄之後,亦兼通今古文。故肅撰《周易注》,既多宗費氏,具見上節所述;復有同孟氏者,茲舉例證之。《乾》九二「利見大人」,王肅言大人爲聖人在位之目,本於《乾鑿度》,與孟、京《易》說同,與鄭玄所言九二利見九五之大人義亦近。《乾》九五《小象》「大人造也」之「造」,王肅訓就也至也,義同陸績、姚信;異於鄭玄、荀爽。《坎》初六《習坎》入于坎窞」之窞,王肅以爲「坎底」,與《說文》「坎中小坎」義同。《離》九三「大耋之嗟」,王肅云:「八十曰耋。」與《詩》毛傳、《說文》同,《萃・大象》「君子以除戎器」,王肅謂「除猶脩治」,與陸績、姚信同,虞翻訓修,義亦不異。《上繫》「錯綜其數」,王肅以「綜,理事也。」同虞翻「綜,理也。」之訓。考許慎、虞翻、陸績、姚信皆傳孟氏《易》,則以上王肅注同於許、虞、陸、姚者,爲孟氏之說也。

3. 自創新義

西漢經學尊師法(馬宗霍中國經學史第六篇兩漢之經學言之極詳,茲不贅述);東漢經學重兼通。唯其尊師法,故墨守古義,不得臆說;唯其重兼通,故出入眾家,勇於創新。王肅承東漢學術之餘緒,其注《周易》,亦頗有自立新解,異於諸家者。如《蒙》上九「擊蒙」,王肅云:「擊,治也。」其義與虞翻、王弼作「擊去」解者異。《大有》九四「匪其彭」,王肅云:「彭、壯也。」其義與王弼以旁釋彭,作旁邊解,以及與虞翻字作尫作跛解者並異。《咸》九四「憧憧往來」,王肅云:「憧憧,往來不絕貌。」其義與馬融云「行貌」,許慎云「意不定」,劉表

云「意未定」並異。《遯》六二「莫之勝說」，王肅云：「說，如字，解說也。」與虞翻、王弼以「說」爲「脫」之借字者異。《姤》初六「羸豕孚蹢躅」，王肅羸音力追反，蓋羸瘦義。與鄭玄讀若虆，陸績讀爲累並異。《上繫》「是故《易》有太極是生兩儀」句，王肅云：「此章首獨言是故者，總衆章之意。」是肅以此句爲《上繫》最末一章之章首，與今所知諸家《上繫》分章迥異。《上繫》「成天下之亹亹者」，王肅以「亹亹，勉也。」傳注常訓也。與虞翻字作「娓娓」，鄭玄荀爽劉瓛以「亹亹」爲「微末」義異。《上繫》「聖人以此洗心」肅字作洗，蓋洗濯之義。與京、荀、虞、董遇、張璠蜀才作先者異。《序卦》「受之以大過」，肅注：「過莫大於不養。」是以「過失」釋「過」，與鄭玄、王弼、韓康伯以「過越」釋「過」者異。凡此皆王肅之創見也。至於王肅注中有僅釋字義，與師承家法無甚關係者，如：《解》九四「解而拇」，肅謂拇爲手大指，義與說文合，與陸績云足指，荀爽字作母者並異。《夬》九四「其行趑趄」，肅謂：「趑趄，行止之礙也。」與《新序》引《易》、《說文》、《文選注》引《廣雅》義並同。《姤》初六「繫于金柅」，王肅以：柅，織績之器，婦人所用。與《子夏易傳》、《說文》、虞翻釋義略同，與馬融、蜀才、王弼謂制動之器異。《困》九五「劓刖」、荀爽、陸績、王肅字並作「臲甈」，云「不安貌」，許愼作「槷魁」，訓「不安也」，字異義同。鄭玄作「倪伍」，聲亦近。《漸》初六「鴻漸于干」，王肅以：「干，山間澗水。」同荀爽。與鄭玄、陸績、翟玄訓岸者異。《旅》，《釋文》云：「王肅等以爲軍旅。」考王弼云「羈旅」，姚信「客旅」，未悉以爲軍旅者，肅外又何人也。以上各條，家法已不可考矣。附錄於此。

綜觀上述王肅《易注》字義：同費者凡四十三條。包含同馬者十四條，同鄭者亦十四條，與馬鄭並同者十一條，異馬同鄭者四條，異鄭同馬者亦四條，另同荀者一條，用古文家說者一條。同孟者凡七條。自創新解者凡九條。另僅釋字義，無關師法者六條。則知王肅《易注》，大抵宗費，從馬鄭之說。張惠言《易義別錄》謂王肅《易注》「訓詁大義出于馬鄭者十七」，是也。然張氏又以「肅著書務排鄭氏，其託于賈馬，以抑鄭而已。故于《易》義，馬鄭不同者則從馬；馬與鄭同，則并背馬。」今試觀肅義同馬同鄭者皆十四條，則「托馬抑鄭」之說誣矣；異馬同鄭，異鄭同馬者皆四條，則「馬鄭不同者從馬之說」非矣；與馬鄭並同者十一條，則「馬與鄭同則并背馬」之說不可信矣。張氏治《易》，言象數而鄙人事，於馬鄭肅弼皆肆其詆毀；且爲《三國志》「肅善賈馬之學而不好鄭氏」一語所誤，故其說鹵莽滅裂似此。凡治學先於心中存一成見，然後覓例以證之；或篤信前人所說，不由事實之歸納統計分析之：其不致誤者幾希！書此以爲自勉。

（三）《周易注》釋義之影響

一曰：限於本卦而言象數，卦外牽卦，有所不取；開王弼掃象之先聲。二曰：依據人事而言義理；解釋字義，務求簡明，爲王程孔朱之所宗。

1. 限於本卦而言象數，卦外牽卦，有所不取；開王弼掃象之先聲

王肅治《易》，不取互體、卦變諸說。此已於王肅《周易注》釋義之態度一節中論之。及後王弼治《易》，亦以「僞說滋漫，難可紀矣。互體不足，遂及卦變；變又不足，推致五行。一失其原，巧愈彌甚。」（見周易略例）直斥互體、卦變爲僞說。是以虞翻等言互體卦變者，弼《周易注》概不採納，而專說之義理（其例不勝舉，皆可由王弼周易注與李鼎祚周易集解比較而得之），與王肅注《易》態度實同也。而弼注《周易》，有言本卦之象者，亦多同於肅。如《剝》六四「剝牀以膚」，肅注云：「《坤》以象牀，《艮》以象人，牀剝盡以及人身，爲敗滋深，害莫甚焉。」弼注云：「剝道浸長，牀既剝盡，以及人身，小人遂盛，物將失身，豈惟削正，靡所不凶。」又如：《遯》九三：「係遯有疾厲，畜臣妾吉。」肅注云：「三上係於二而獲遯，故曰係遯。病此係執而獲危懼，故曰有疾厲也。此於六二畜臣妾之象，足以畜其臣妾，不可施爲大事也。」弼注云：「在內近二，以陽附陰，宜遯而係，故曰係遯。遯之爲義，宜遠小人。以陽附陰，係於所在。不能遠害，亦已厲矣。宜其屈辱而危厲也。係於所在，畜臣妾可也。施於大事，凶之道也。」再如：《損》上九：「弗損，益之，无咎，貞吉，利有攸往。得臣，无家。」肅注云：「處損之極，損極則益，故曰：不損，益之。非无咎也，爲下所益，故无咎。據五應三，三陰上附，外內相應，上下交接，正吉也。故利有攸往矣。剛陽居上，群下共臣，故曰得臣矣。得臣則萬方一軌，故无家也。」弼注云：「處損之終，上无所奉，損終反益。剛德不損，乃反益之，而不憂於咎，用正而吉，不制於柔，剛德遂長，故曰：弗損，益之，无咎，貞吉，利有攸往也。居上乘柔，處損之極，尚夫剛德，爲物所歸，故曰得臣。得臣則天下爲一，故无家也。」復如：《歸妹·象傳》：「征凶，位不當也；无攸利，柔乘剛也。」肅注云：「以征則有不正之凶，以處則有乘剛之逆也，故无所利矣。」弼注云：「以征則有不正之凶，以處則有乘剛之逆。」皆就本卦之象而言之，大意略同，是其例證也。又「應」「位」之說，肅不諱言，「應」者，謂初與四，二與五，三與上陰陽相應也。尤以二五相應爲重。如：《萃》六二「引吉无咎」，肅注云：「六二與九五相應。」《既濟》六二「婦喪其髢」，肅注云：「體柔應五。」皆二五陰陽相應之例。又如《損》上九「弗損益之」，肅云：「據五應三。」謂上九與六三相應也。反之，初與四，

二與五，三與上或俱陰或俱陽，皆曰无應。《賁》六五「賁于丘園」，肅注云：「失位无應。」謂《賁》六五與六二皆陰也。《頤》六二：「顛頤，拂經于丘。」肅注云：「二宜應五，反下養初。」謂《頤》六二與六五无應也。此肅言應言无應之例也。及王弼撰《周易注》，於《臨》初九注云：「四履正位而己應焉。」謂初九與六四陰陽相應。《比》六二注云：「繫應在五。」《既濟》六二注云：「而應乎五。」謂六二與九五相應。《訟》六三注云：「繫應在上。」謂六三與上九陰陽相應也。反之亦曰无應，《頤》六二弼注云：「无應于上。」亦謂《頤》二五皆陰而无應也。由上諸例觀之，弼之言應，蓋同於肅也。「位」者爻之所居也。凡陽居三、五，陰居二、四、曰當位，亦曰得位、正位、位正當。否則曰不當位，亦曰失位、非其位、未得位。此《象傳》、《彖傳》之爻例也。王肅已明經例，故《小過》《彖傳》：「上逆而下順也。」肅注云「四五失位，故曰上逆；二三得正，故曰下順也。」其言位唯及二三四五各爻，不及初爻上爻。及後王弼撰《周易略例》，云：「象无初上得位失位之文；又《繫辭傳》但論三五二四同功異位，亦不及初上。」肅實亦先弼發之。王肅於象數，有取者，有不取者，予弼之影響如是。

2. 依據人事而言義理；解釋字義，務求簡明，為王程孔朱之所宗

　　王肅注《易》，又喜以人事說明義理。如：《噬嗑》九四「噬乾胏得金矢」，肅注云：「君子于味必思其毒，于利必備其難。」《賁》六五「賁于丘園，束帛戔戔。」肅注云：「蓋象衡門之人，道德彌明，必有束帛之聘。」《坎‧象傳》「王公設險以守其邦」，肅注云：「守險以德，據險以時，成功大矣。」《咸‧彖傳》，肅注曰：「山澤以氣通，男女以禮感。男而下女，初婚之所以為禮也；通義正，取女之所以為吉也。」《家人‧彖傳》，肅注曰：「凡男女所以各得其正者，由家人有嚴君也。家人有嚴君，故父子夫婦各得其正。家家咸正而天下之治大定矣。」《姤‧彖傳》，肅注曰：「女不可取；以其不正，不可與長久也。」《震‧彖傳》，肅注曰：「祭祀，國家大事；不喪，宗廟安矣。處則諸侯執其政；出則長子掌其祀。」《歸妹‧彖傳》，肅注曰：「男女交而後人民蕃；天地交然後萬物興。故歸妹以及天地交之義也。」《渙》九五「渙汗其大號」，肅注云：「王者出令，不可復返，喻如身中汗出不可返也。」皆其例。王弼亦頗採之。如：《訟‧象傳》「終凶」，肅注云：「以訟成功者終必凶也。」弼注云：「不塞其源，使訟不至，雖每不枉，而訟至終竟，此亦凶矣。」又《訟》九五《象傳》「訟元吉以中正也」，肅注云：「以中正之德，齊乖爭之俗，元吉也。」弼注云：「處得尊位，為訟之王。用其中正，以斷枉直。中則不過，正則不邪，剛无所溺。公无所偏：故訟元吉。」弼注皆同肅意而更詳。

　　王肅《易注》，簡明精當，孔穎達、程頤、朱熹皆頗從之。孔穎達作《周易正義》，引王肅注凡十二，其中六條引肅說以證成其義。如：《正義序》第二論重卦之人。引王肅等「伏犧得河圖而作《易》」。《訟》九二《正義》引王肅「若手拾掇物然」。《咸》九五《正義》引王肅「脢在背而夾脊」。《夬》九五《正義》引王肅等「莧陸一名商陸」。《說卦》「雷以動之」條下《正義》引王肅「互相備也。明雷風與震巽同用，乾坤與天地通功也。」又《說卦》「乾，天也，故稱乎父。」條下，《正義》引王肅云：「索，求也。以乾坤爲父母而求其子也。得父氣者爲男，得母氣者爲女。坤初求得乾氣爲震，故曰長男。坤二求得乾氣爲坎，故曰中男。坤三求得乾氣爲艮，故曰少男。乾初求得坤氣爲巽，故曰長女。乾二求得坤氣爲離，故曰中女。乾三求得坤氣爲兌，故曰少女。」是也。王忠林君《周易正義引書考》論之詳矣，茲不贅述。至於《正義》未明引王肅而其義實與王肅同者，如：《乾·文言》「六爻發揮」，王肅曰：「揮，散也。」孔穎達曰：「六爻發越揮散。」《訟》上九「終朝三褫也之」王肅曰：「褫，解也。」孔穎達曰：「一朝之間三被褫脫。」脫亦解也。《萃·大象》「君子以除戎器」，王肅等曰：「除猶脩治也。」孔穎達曰：「脩治戎器。」《渙》初六「用拯馬壯吉」，王肅曰：「拯，拔也。」孔穎達曰：「用馬以自拯拔。」《中孚·象傳》「中孚柔在內而剛得中說而巽孚」，王肅曰：「三四在內，二五得中，兌說而巽順，故孚也。」孔穎達曰：「三四陰柔，併在兩體之內；二五剛德，各處一卦之中。及上下二體說而以巽。釋此卦名爲中孚之義也。」《正義》並依肅注。此孔穎達作《周易正義》頗有參考王肅《周易注》之顯例也。及後程頤作《周易傳》。朱熹撰《周易本義》，間用肅注、亦所在多有。如：《頤》上九「厲吉」，肅云：「厲，危也。」程頤云：「常懷危厲則吉也。」《遯》六二「莫之勝說」，肅云：「說，解說也。」程頤云：「謂其交之固不可勝言也。」《大壯》九三「君子用罔」，王肅程頤並云「罔，无也。」皆爲程頤同肅之例。至於《明夷·象傳》「文王以之」，鄭玄「以」作「似」，王肅則云：「惟文王能用之。」程頤云：「昔者文王如是，故曰文王以之。」又云：「文王所用之道也，故曰文王以之。」則程頤兼用鄭玄、王肅之義也。又如：《蒙》上九「擊蒙」，王肅注：「擊，治也。」朱熹《本義》云：「治蒙。」《朱子語錄》：「問：『擊蒙不利爲寇，如《本義》，只是就自身克治上說，是如何？』先生曰：『事之大小都然，治身也恁地，若治人做得太甚，亦反成爲寇。如伊川作用兵說，亦是，然只做得一事用。不如且就淺處說去，卻事事上有用。』」訓「治」之當，於此可見。再如：《隨·象傳》「天下隨時」王肅作「天下隨之」，「隨時之義」王肅作「隨之時義」，朱熹皆引王肅本異文而云「今當從之」。蓋朱熹於王肅《易注》亦有所採用也。

　　總之，王肅《周易注》，其文字或出入孟費，雜揉今古，或獨存異文，不同諸家。其注音與他家或聲同韻異。或韻同聲異，而屬四聲之異者尤多，可爲古無去聲說之一證。其釋義也，依於經傳，棄象言理，必須言象者亦以本卦之象爲限；於馬融、鄭玄之義，採用最多；偶從孟喜、京房、虞翻之說；自創新義者，亦頗有焉，後世如王弼、孔穎達、程頤、朱熹，多依用之。而詳分別見於佚文案語云。

第三節　佚　文

周易上經

☰ 乾下　乾
　　乾上　**乾**

初九，潛龍勿用。

《注》：**周公作爻辭。**（董眞卿周易會通卷首周易經傳歷代因革周公易條下云：「爻辭爲周公作者，易初无明文、馬融、王肅、姚信謂周公作爻辭。」此條孫堂、黃奭並輯之；張惠言、馬國翰未輯。）

案：爻辭之作者，鄭學之徒，並主文王；馬融、陸績，則主周公。孔穎達《周易正義》卷第一「論卦辭爻辭誰作」條下云：「案《升》卦六四，王用亨于岐山。武王克殷之後，始追號文王爲王；若爻辭是文王所制，不應云王用亨于岐山。又《明夷》六五，箕子之明夷。武王觀兵之後，箕子始被囚奴；文王不宜豫言箕子之明夷。又《既濟》九五，東鄰殺牛，不如西鄰之禴祭。說者皆云西鄰謂文王、東鄰謂紂；文王之時，紂尚南面，豈容自言己德，受福勝殷？又欲抗君之國，遂言東西相鄰而已？又《左傳》韓宣子適魯，見《易象》云：『吾乃知周公之德。』周公被流言之謗，亦得爲憂患也。驗此諸說，以爲卦辭文王，爻辭周公。馬融陸績等，並同此說。」孔穎達亦「依而用之」。然則王肅周公作爻辭，同於馬融，陸績；而異於鄭玄也。近人論卦爻辭著成之時代者，顧頡剛〈周易卦爻辭中的故事〉主「西周的初葉」；余永梁〈易卦爻辭的時代及其作者〉主「卦爻辭作於成王時」；李鏡池〈周易筮辭考〉主「編纂年代是在西周初葉」（以上三文皆見「《古史辨》」）。屈翼鵬先生〈周易卦爻辭成於周武王時考〉亦以「卦爻辭成於周武王時」（見書傭論學集）各家多以爲周初作，則周公主其事，亦有其可能也。

九二，見龍在田，利見大人。

《注》：大人，聖人在位之目。（釋文引「王肅云」。張惠言、孫堂、馬國翰、黃奭皆輯之。文選卷四十七王褒聖主得賢臣頌李善注引作：「大人在位之日也。」脫聖人字，目誤作日，多也字。）

案：《易緯·乾鑿度》：「大人者，聖人之在位者也。」王肅以大人爲聖人在位之目，殆據《乾鑿度》。考《乾鑿度》上文嘗言《易》有君人五號云：「帝者，天稱也；王者，美行也；天子者，爵號也；大君者，與上行異也（鄭玄注：「臨之九五有中和美異之行，應於五位，故百姓欲其與上爲大君也」）；大人者，聖明德備也。」其語與（禮記曲禮孔穎達疏引許慎五經異義天子有爵不條述）《易》孟喜京房說：「《易》有周（陳壽祺五經異義疏證訂周爲君）人五號：帝，天稱，一也；王，美稱，二也；天子，爵號，三也；大君者，興盛行異，四也；大人者，聖人德備，五也。」意同（顧實重考古今僞書考謂：「易緯尤與焦氏京氏兩家易相近。而乾鑿度……當作於漢武宣以後，亦今文博士之遺說。」考乾鑿度與孟京易孰先孰後，不可究詰；然二者關係密切，則可斷言也）。則《乾鑿度》大人云云，同《易》孟京一派之說矣。此又可知王肅斯注，非僅根據《乾鑿度》，且遠紹孟京也。《周易正義》引：「褚氏張氏同鄭康成之說，皆以爲九二利見九五之大人。」（詳見褚仲都周易講疏），張惠言《易義別錄》以王肅「言在位，則亦以爲九五之大人，與鄭同矣。」是知王肅《易》有同於鄭玄者。應劭《風俗通》謂：「《易》云：『利見大人』。大人與聖人，其義一也。」（見意林卷四所引）。意大人即聖人；王肅則以聖人在位始爲大人；聖人而不在位，在位而非聖人，皆不得名之爲大人。是王肅大人之義，與應劭略異也。其後向秀《周易義》：「聖人在位謂之大人」（見史記索隱），即用王肅《易注》之意。

上九，亢龍有悔。

《注》：窮高曰亢，知進忘退，故悔也。（集解引「王肅曰」。張惠言、孫堂、馬國翰、黃奭並輯之。）

案：《易文言》曰：「上九曰亢龍有悔，何謂也？子曰：『貴而无位，高而无民，賢人在下位而无輔：是以動而有悔也。』」又曰：「亢龍有悔，窮之災也。」王肅約取其中「窮」「高」二字，而以「窮高曰亢」。《文言》又曰：「亢之爲言也：知進而不知退，知存而不知亡，知得而不知喪。」王肅略用「知進而不知退」之意，故曰「知進忘退故悔也」。《史記》卷七十九《蔡澤傳》記蔡澤

說應侯范睢之言曰：「《易》曰：『亢龍有悔。』此言上而不能下，信而不能詘，往而不能自返者也。」言異而意同，而其時（應侯罷相在西元前 255 年）固較王肅尤早五百年也。

象曰：飛龍在天，大人造也。

《注》：造，七到反，就也，至也。（釋文：「造，鄭徂早反，爲也。王肅七到反，就也，至也。劉歆父子作聚。」張惠言輯「造，七到反。」以下未輯；馬國翰輯「七到反」入王氏周易音，輯「就也至也」入王氏周易注；孫堂、黃奭則並輯入周易注。又易義別錄云：「凡直音者肅，反語後人音也。」考應劭注漢書已用反語。劭，漢末人，較肅尤早，肅時已有反語。張惠言直音之說非也，故不採。）

案：「造」字之義，凡有三說。鄭玄：「徂早反，爲也。」（見《釋文》），以造爲爲，此一說也。荀爽：「飛龍，喻無所拘；天者，首事造制。大人造法，見居天位，聖人作而萬物睹。」（見集解），以造爲制作，此二說也。陸績、姚信，以造爲造至之造（見正義），王肅讀造爲七到反，訓就也至也，義同陸姚，此三說也。然則王肅音義，同於陸姚，異於鄭荀矣。後儒解《易》，如程頤《易傳》：云「大人之爲聖人之事也。」即用鄭義；朱熹《周易本義》：「造，徂早反，造猶作也。」即用荀義；採陸績、王肅、姚信說者蓋尠。推其原故，實由《正義》。孔穎達云：「《象辭》皆上下爲韻，則姚信之義，其讀非也。」孔氏之意，《乾》卦象辭：「終日乾乾，反復道也；或躍在淵，進无咎也；飛龍在天，大人造也；亢龍有悔，盈不可久也；用九，天德不可爲首也。」道、咎、造、久、首叶韵（段玉裁六書音均表二：古十七部諧聲表：第一部有「久」；第三部有「首、道、咎、告」。表五群經韵分十七部表：「道、咎、造、久、首」叶，其中久爲合韵。王了一先生古代漢語附錄：上古韻部及常用字歸部表：「久」在之部；「咎首造道」皆幽部。）道、咎、久、首皆爲上聲（廣韵：咎、久、首在上聲有韵，道字在上聲皓韵）；故孔氏以造當從鄭讀上聲皓韵徂早反（廣韻上聲皓韻昨早切有「造、造作」，）訓爲；若如陸績王肅姚信說讀去聲號韵七到反（廣韻去聲韻七到切有「造、至也」），訓至，則失韵而讀非矣。後儒驗諸口吻，固如孔說，乃奉《正義》爲圭臬而不用王肅之義矣。然穎達唐人，以唐音立說，不知上古無去聲（段玉裁云：「周秦漢初之文，有平上入而無去。泊乎魏晉，上入聲多轉而爲去聲，平聲多轉爲仄聲。於是乎四聲大備。」見六書音均表一：古四聲說。王了一先生亦言：「段玉裁說上古沒有去聲，他的話是完全對的。中古的去聲字有兩個來源：第一類由入聲變來的。……第二類的去聲是由平聲和上聲變來的。特別是上聲

變去聲的字多些。」見漢語史稿。王氏並舉「上下濟語去」等字，證明中古具有上去二讀者，最初都屬於上聲）；造作造至，唐分上去，古音皆屬上聲。孔氏「讀非」之說，證以古音，實爲無據。今欲辨訓「爲」訓「至」之孰是，唯當依義爲斷。王肅前注「大人」，以爲「聖人在位之目」；此注九五之「造」，以爲「就是至也」，意聖人就九五之位至九五之位也。上下文義，最爲妥貼。反觀孔穎達既以韵讀故，從鄭訓造曰爲；而釋「大人造也」，曰：「唯大人能爲之而成就也。」所「爲」何來？既未明言；又於「爲之」下添「而成就」以足其意。亦可知鄭玄訓爲，不知肅之訓成就也。又《釋文》載：「造，劉歆父子作聚。」考諸《漢書‧劉向傳》向上封事云：「故賢人在上位，則引其類而聚之於朝。《易》曰：『飛龍在天，大人聚也。』」引《易》造字作聚，與《釋文》合。劉向歆父子所謂賢人在上位，乃釋「飛龍在天」；所謂引其類而聚之，乃釋「大人聚也」。則「飛龍」爲一在上位之賢人；「大人」爲賢人之類：是「飛龍」與「大人」非一人。王肅以「飛龍在天」即「大人」「至」「就」；亦即「聖人在位」：是「飛龍」與「大人」爲一人。就此而言，王肅之意與劉向歆父子異。唯劉向歆「造」作「聚」；王肅「造」訓「至」；雖「聚」必多人，「至」爲一人，有眾寡之異；然皆含抵達朝廷之意，則相同也。」

文言曰：上下无常。

《注》：上音時掌反。（釋文引「王肅」。張惠言、孫堂、馬國翰、黃奭所輯，「音」字皆省去。）

案：「上」字之音，考諸韻書：王國維手寫法國巴黎國民圖書館所藏敦煌發見唐寫本《切韵》殘卷第三種（簡稱爲切三），上聲養韵有「上」字，注云：「時掌反又時亮反一」。劉復《敦煌掇瑣》鈔刻法國巴黎國民圖書館所藏敦煌唐寫本王仁昫《刊謬補缺切韵》（簡稱爲王一），上聲養韵有「上」字，注云：「時掌反登進一」；又去聲漾韵有「上」字，其下殘缺。延光室景印及唐蘭手寫清故宮所藏唐寫本王仁昫《刊謬補缺切韵》（簡稱爲切二），上聲養韵有「上」字，注云：「時掌反登進」；又去聲漾韵有「上」字，注云：「居之高處顛之構也又時兩反古上」。國粹學報館景印吳縣蔣斧藏唐寫本孫緬《唐韵》（簡稱云唐韵），去聲漾韵有「上」字，注云：「又時兩反」。《廣韵》上聲養韵：「上，登也，升也。時掌切。」去聲漾韵：「上，君也，猶天子也。時亮切。」綜上之記載，《切三》及《唐韵》均僅表明「上」字於唐時有上去二讀，而不注其義之別；是其時音有二讀而義不異，如今「又讀」之例。王仁昫《刊謬補缺切韵》上聲「上」字訓「登進」；

去聲「上」字訓「居之高處顛之構也」。則音異義異。宋修《廣韵》，遂以動詞「上」讀上聲；名詞「上」讀去聲矣。可知「上」音分上聲去聲在先，「上」義以上聲者爲動詞，去聲者爲名詞在後。若更上推，古無去聲（段玉裁說，已詳上條），「上」僅上聲一音，音時掌反，並無去聲時亮反之音。支遁《詠懷》之三：「往、上、仰、響、長、爽、朗、綱、想、敞、象、杖」叶韻，尤魏晉時「上」讀上聲之證也。王了一先生《漢語史稿》云：「《詩經・陳風・宛丘》叶『湯』『上』『望』；《小雅・頍弁》叶『上』『怲』『臧』，《大雅・大明》叶『上』『王』『方』，可見『上』字在上古屬平聲，到漢代以後才轉爲上聲，到五世紀（案：東晉末年時）以後才分化爲上去兩聲。」所言是也。然則《釋文》以《易・文言》「上下无常」之「上下」「並如字」（案：上如字去聲），又引「王肅上音時掌反」，蓋陸德明唐初人，知唐音「上」字有如字與時掌反之異，不知王肅時固僅時掌反一音也。《釋文》此條於標音外不言字義，故王肅注「上」之義不可知。

水流溼，火就燥。

《注》：水之性潤萬物而退下，火之性炎盛而升上。（尚書洪範正義引「王肅曰」。張惠言、孫堂、馬國翰、黃奭四家所輯同。）

案：李鼎祚《周易集解》（簡稱爲集解）引荀爽曰：「陽動之坤而爲坎；坤純陰，故曰溼也。陰動之乾而成離；乾純陽，故曰燥也。」又引虞翻曰：「離上而坎下，水火不相射。」是皆以象數爲說。王肅獨以水火自然之性言之；亦見其卓識不凡。唐孔穎達作《周易正義》曰：「水流於地，先就溼處；火焚其薪，先就燥處。」崔憬作《周易探玄》曰：「決水先流溼；□（字壞缺）火先就燥。」皆棄象言理，王肅實有以啓之。

去雲從龍，風從虎。（虎字孫堂黃奭皆誤作火字）

《注》：龍舉而景雲屬，虎嘯而谷風興。（史記伯夷列傳集解引「王肅曰」。四家所輯皆同。）

案：《淮南子・天文篇》：「虎嘯而谷風至；龍舉而景雲屬。」《論衡・寒溫篇》：「虎嘯而谷風至；龍興而景雲起。」王肅即用之以注《易》。〈寒溫篇〉下文云：「夫比寒溫於風雲，齊喜怒於龍虎，同氣共類，動相招致，可矣。虎嘯之時，風從谷中起；龍興之時，雲起百里內。他谷異境，無有風雲。今寒溫之變，並時皆然；……殆非其驗。」未悉王肅亦同王充之意否？唯《周易集解》引荀爽曰：「龍喻王者，謂乾二之坤五爲坎也；虎喻國君，謂坤五之乾二爲巽而從三也。三者，

下體之君，故以喻國君。」又引虞翻曰：「乾爲龍，雲生天，故從龍也；坤爲虎，風生地，故從虎也。」以象數爲說，王肅不與之同，則可知也。

六爻發揮，旁通情也。

《注》：揮，散也。（釋文引「王肅云」。四家所輯並同。）

案：揮字之義。《釋文》所言凡三：一、《廣雅》云：「動也。」二、王肅云：「散也。」三、本亦作輝，義取光輝。《集解》引陸績云：「《乾》六爻發揮變動，旁通于《坤》，《坤》來入《乾》，以成六十四卦，故曰：旁通情也。」以「發揮變動」爲釋，即《廣雅》「動也」之義。觀諸《繫辭傳》所言：「六爻之動」「爻者，言乎變者也。」「爻象動乎內」「爻也者，效天下之動者也。」「道有變動故曰爻」諸語，知以「動」釋「揮」，最合《繫辭傳》之旨。唯陸績以下又言「《坤》來入《乾》，以成六十四卦。」用以釋旁通，則象數一派之說。王肅唯曰：「揮，散也。」此純屬字義之訓詁，於象數無涉，遂與陸績大異其趣。孔穎達作《正義》，曰：「六爻發揮，旁通情者：發謂發越也，揮謂揮散也，言六爻發越揮發，旁通萬物之情也。」即闡王肅之說。至於《釋文》謂揮字本亦作輝訓光輝，查唐石經、岳本、閩、監、毛本皆作揮（見阮元、校勘記）；《集解》本亦作揮。未悉作輝者爲何本？茲不詳論。

亢之爲言也，知進而不知退，知存而不知亡，知得而不知喪；其唯愚人乎；知進退存亡而不失其正者：其唯聖人乎。（釋文：「王肅本作愚人，後結始作聖人。」孫堂、黃奭輯同。張惠言輯「其唯愚人乎，知進退存亡」，上下皆省去；馬國翰則僅輯「其唯愚人乎」一句。）

案：王弼本，《集解》本，上句亦作「其唯聖人乎」，屬下讀；王肅上句作「愚人」，屬上讀，義並通。

▤ 坤下
坤上 **坤**

西南得朋，東北喪朋。

《注》：西南陰類，故得朋；東北陽類，故喪朋。（漢上易叢說引「王肅曰」，四家輯並同。）

案：此注一本於《說卦》，而盡棄卦氣、納甲之說。張惠言《易義別錄》輯此條於《周易王子雍》卷，並加案語云：「此即馬、荀注也；然不取其孟春孟秋三陰三陽之

文。其意蓋不取卦氣也。然則陰陽類者，《說卦》之方：東與北，《乾》《坎》《艮》《震》，陽卦；西與南，《巽》《離》《坤》《兌》，陰卦也。」尚是。茲更詳之於下：張氏以王肅此即馬、荀注，然不取卦氣者，馬為馬融，荀為荀爽（字慈明，一名諝）。其說見於《集解》所引虞翻之言中。虞翻曰：「此指說《易》道陰陽消息之大要也。謂陽，月三日變而成《震》出庚，至月八日成《兌》見丁。庚西丁南，故西南得朋，謂二陽為朋。故《兌》：『君子以朋友講習。』《文言》曰：『敬義立而德不孤。』《象》曰：『乃與類行。』二十九日消乙入《坤》，滅藏於癸；乙東癸北，故東北喪朋。謂之以《坤》滅《乾》，《坤》為喪故也。馬君云：『孟秋之月，陰氣始著，而《坤》之位同類相得，故西南得朋；孟春之月，陽氣始著，陰始從陽，失其黨類，故東北喪朋。』失之甚矣。而荀君以為：『陰起於午，至申三陰，得《坤》一體，故曰西南得朋；陽起於子，至寅三陽，喪《坤》一體，故曰東北喪朋。』……此何異於馬也。」考馬融之說，本於《說卦》八卦分值八方之說，及《乾鑿度》八卦分值八方十二月之說。《說卦》略云：《震》，東方也；《巽》，東南也；《離》，南方之卦也；《坤》（當補「西南也」一句）、《兌》（當補「西方也」一句）、《乾》，西北之卦也；《坎》，正北方之卦也；《艮》，東北之卦也。《乾鑿度》云：「《震》生物於東方，位在二月；《巽》散之於東南，位在四月；《離》長之於南方，位於五月；《坤》養之於西南方，位在六月；《兌》收之於西方，位在八月；《乾》制之於西北方，位在十月；《坎》藏之於北方，位在十一月；《艮》終始之於東北方，位在十二月。」茲將二說圖之如下：

說卦：八卦分值八方圖

乾鑿度：八卦分值十二月圖

　　馬融所謂孟秋之月，七月建申也；與《坤》皆位西南，故曰：同類相得，西南得朋。孟春之月，一月建寅也；與《坤》方向異位，故曰：失其黨類，西南喪朋。又考荀爽之說，更益以十二消息卦之說。消者，陰消《乾》也；息者，陽息《坤》也。陽息《坤》，由《復》而《臨》、而《泰》、而《大壯》、而《夬》，以至於《乾》。陰消《乾》則由《姤》而《遯》、而《否》、而《觀》、而《剝》，以至於《坤》。茲將十二消息卦與十二月之相配先表之於下：

復	十一月	建子	仲冬
臨	十二月	建丑	季冬
泰	正月	建寅	孟春
大壯	二月	建卯	仲春
夬	三月	建辰	季春
乾	四月	建巳	孟夏
姤	五月	建午	仲夏
遯	六月	建未	季夏
否	七月	建申	孟秋
觀	八月	建酉	仲秋
剝	九月	建戌	季秋
坤	十月	建亥	孟冬

　　荀爽以陰起於午月《姤》，歷未月《遯》，至申月《否》，而成三陰，得《坤》一體。而申位於西南，故曰：西南得朋。陽起於子月《復》，歷丑月《臨》，至寅

月《泰》，而成三陽，喪《坤》一體。而寅位於東北，故曰：東北喪朋。再考虞翻雖引馬荀之說，而以馬「失之甚矣」；荀「何異於馬」。蓋不之從，而另以納甲說之。納甲者，以八卦配十干也。舉甲以該乙丙丁戊己庚辛壬癸，故曰納甲。其說始於京房；虞翻用以注《易》。《易繫辭》：「縣象著明，莫大乎日月。」《集解》引虞翻曰：「日月縣天，成八卦象。三日莫，《震》象出庚；八日，《兌》象見丁；十五日，《乾》象盈甲；十七日旦，《巽》象退辛；二十三日，《艮》象消丙；三十日，《坤》象滅乙。晦夕朔旦，《坎》象流戊；日中則《離》，《離》象就己。戊己土位，象見於中，日月相推而明生焉，故懸象著明，莫大乎日月者也。」清儒惠棟、李銳，皆製有《虞氏納甲圖》，茲據惠棟《易漢學》卷三，錄其「八卦納甲之圖」；及李銳《周易虞氏略例》，錄其「日月在天成八卦象」於下。

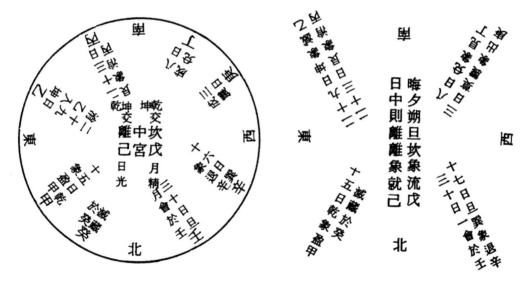

惠棟：八卦納甲之圖　　　　　　　李銳：日月在天成八卦圖

觀此二圖，而虞翻：「庚西丁南，故西南得朋；」「乙東癸北，故東北喪朋。」之說了然明白矣。綜上所述，可知：一、馬融之說：本於《說卦》之八卦分值八方說；參以《乾鑿度》八卦分值十二月說。二、荀爽之說，又於馬融外，益以十二消息卦之說。三、虞翻之說，除兼馬荀義外，再益以納甲之說。虞氏之穿鑿附會，誠可謂變本加厲矣。及至王肅，則盡棄八卦配十二月卦說、十二月消息卦說、納甲說，唯以《說卦》之論方位，東與北《乾》《坎》《艮》《震》，西與南《巽》《離》《坤》《兌》。《說卦》之論性別，《乾》稱父，《震》長男，《坎》中男，《艮》少男：皆陽類；《坤》稱母，《巽》長女，《離》中女，《兌》少女：皆陰類。故言西南陰類而得朋；東北陽

類而喪朋。其義最合《說卦》之旨。又《坤‧彖傳》云：「西南得朋，乃與類行。」王肅謂「西南陰類故得朋」，與《彖傳》合；《坤‧彖傳》又云：「東北喪朋，乃終有慶。」考《坤》陰當適陽，東北陽類，雖然喪朋，而天地絪縕，萬物化醇，男女構精，萬物化生，故乃終有慶。此義爲張惠言所未發；張氏不黨肅注，故不能見肅注之善。肅注《蹇‧彖傳》：「《蹇》利西南，往得中也。」注《解‧彖傳》：「《解》利西南，往得眾也，其來復吉，乃得中也。」義與此互足。請參閱之。

六五

象曰：黃裳元吉，文在中也。

《注》：坤爲文，五在中，故曰：文在中也。（集解引王肅曰。張惠言，孫堂、馬國翰、黃奭並輯之。）

案：《說卦》：「坤爲文。」高師仲華先生《周易研究講稿》第三章論〈周易之要旨〉第四節「爻辭舉例」第八條「凡二五爻別有稱」有稱中之一例。如《師》九二：「在師中，吉。」《小畜》九二《象》曰：「牽復在中。」是二爻稱中之例也；又如：《坤》六五《象》曰：「黃裳元吉，文在中也。」《比》九五《象》曰：「邑人不誡，上使中也。」是五爻稱中之例也。王肅所謂「坤爲文，五在中。」前者本乎《說卦》，後者本乎《爻》例。張惠言：「以此知王肅解《易》尚依爻象，不如王弼之虛讌。」此一偏之說。實則王肅解《易》有不依爻象爲說者，王弼解《易》亦有依爻象爲說者，不可一概而論。

䷂ 震下 坎上 屯

六二，屯如邅如，乘馬班如。匪寇婚媾，女子貞不字，十年乃字。

《注》：班如，盤桓不進也。（文選卷五十五陸機演連珠劉孝標注引周易王肅曰。四家輯並同。）

案：《正義》引《子夏傳》云：「班如者，謂相牽不進也。」又引馬融云：「班，班旋不進也。」王肅注義，與馬融同。《集解》引虞翻曰：「屯邅，盤桓，謂初也。《震》爲馬作足（說卦略云：「震，其於馬也，爲作足。」）。二乘初，故乘馬。班，躓也，馬不進，故班如也。」以爻象爲釋，王肅不採。

六三，即麓无虞，惟入於林中。

《注》：麓，山足。（釋文引：「王肅作麓，云山足。」四家所輯並同。）

案：麓，弼本作鹿。肅作麓，訓山足者，從虞翻「山足稱鹿」之訓也。唯翻言卦變互體，為肅所不採耳。《集解》引虞翻曰：「即，就也。虞，謂虞人掌禽獸也。《艮》為山，山足稱鹿，林也。三變體《坎》，《坎》為叢木，山下故稱林中。《坤》為兕虎；《震》為麋鹿，又為驚走；《艮》為狐狼。三變，禽走入林中。故曰：即鹿无虞，惟入林中矣。」虞翻言「《艮》為山」者，謂《屯》 ䷂ 之三四五爻構成《艮》 ☶ ，為山也：是為「互體」。言「三變體《坎》」者，謂《屯》之六三由陰變陽，則《離》下《坎》上，成《既濟》卦 ䷾ ，是曰「成《既濟》定」，為虞氏「卦變」之一。而《既濟》二三四爻互體為《坎》也。言「《坤》為兕虎」者，謂《屯》二三四爻互體為《坤》也。言「《震》為麋鹿」者，謂《屯》初二三為《震》也。言「《艮》為狐狼」，亦指《屯》三四五爻互體為《艮》也。「三變禽走入林中」，指《屯》六三變陽，兕虎、麋鹿、狐狼等禽獸皆走入「三變體《坎》」之叢林中也。虞氏此注，用「互體」以釋；用「卦變」以釋；用「卦變」之「互體」以釋；用「卦變」前後之「互體」相合以釋，誠極其穿鑿附會之能事。而「《坎》為叢木」「《坤》為兕虎」「《震》為麋鹿」「《艮》為狐狼」，皆《說卦》之所未言，游談無根者也。又既言「山足為鹿」，復云「《震》為麋鹿」，前後矛盾。故王肅盡去虞翻互體、卦變、無根、矛盾之說，直以經文「即鹿无虞」之「鹿」當作「麓」，而以「山足」訓之。

䷃ 坎下
艮上　蒙

上九，擊蒙，不利為寇，利禦寇。

《注》：擊，治也。（釋文引「王肅云」。四家所輯並同。）

案：擊蒙之擊，虞翻、王弼、程頤皆以為「擊去」；王肅以為「治」，朱熹從之。其說實較「擊去」為勝。《集解》引虞翻曰：「體《艮》為手，故擊。」《蒙》上體《艮》，《說卦・艮》為手，故虞翻云然。王弼《易注》曰：「處《蒙》之終，以剛居上，能擊去童蒙，以發其昧者也，故曰擊蒙也。」程頤《易傳》：「九居蒙之終，是當蒙極之時。人之愚蒙既極，如苗民之不率為寇為亂者，當擊伐之。」並同虞翻以擊去擊伐為訓。王肅擊治之注，後世唯朱熹用之，《本義》云：「以剛居上，治蒙過剛，故為擊蒙之象。」《朱子語錄》：「問：『擊蒙不利為寇，如《本義》，只是就自身克治上說，是如何？』先生曰：『事之大小都然，治身也恁地。若治人做得太甚，亦反成為寇。占得此爻，凡事不可過當。如伊川作用兵說，亦是。然只做得一事用；不如且就淺處說去，卻事

事上有用。若便說深了，則此一事用得，別事用不得。』朱熹以爲擊若作用兵說，只做得一事用；若作克治說，則事事上有用。然則王肅訓擊爲治，其義較訓擊伐爲勝也。

䷄ 乾下
坎上 需

象曰：雲在天上，需。（今周易傳本皆作「雲上於天」，唯釋文謂「王肅本作『雲在天上』。」此條四家並輯。）

案：「雲上於天」，「雲在天上」，皆指《坎》爲雲，《乾》爲天，《坎》上《乾》下，爲雲在天上之象。文字雖異，義則相同。

九三，需於泥，致戎至。象曰：需於泥，災在外也；自我致戎，敬慎不敗也。（王弼本，集解本「戎」皆作「寇」，釋文：「致寇，鄭、王肅作戎。」四家所輯皆僅錄「致戎至」一句；阮元校勘記則以「自我致寇」鄭王肅作戎。茲以「致寇至」「自我致寇」王肅本當並作戎字，故全錄之。）

案：《解》六三《象》曰：「自我致戎。」《釋文》：「本又作致寇。」《繫辭傳》：「負且乘，致寇至。」《釋文》：「徐或作戎；宋衷云戎誤。」是《周易》「寇戎」異文，非此一條而已。又《集解》於《需》九三象辭下引虞翻曰：「《離》爲戎。」是虞翻本此條亦作「戎」字。考王肅《易注》之家法，與鄭、虞並異，然亦非盡棄鄭、虞之說。此條《周易》經文，王肅作「戎」，與鄭、虞同，即爲一證。張惠言《易義別錄》云：「肅著書務排鄭氏，其託于賈、馬以抑鄭而已。故于《易》義，馬鄭不同者則從馬；馬與鄭同，則並背馬。」不可盡信。

䷅ 坎下
乾上 訟

象曰：終凶，訟不可成也。

《注》：以訟成功者，終必凶也。（集解引王肅曰，張氏未錄，他三家皆輯之。）

案：王肅以人事說之。其後王弼作《注》，曰：「不閉其源，使訟不至；雖每不枉而訟，至終竟，此亦凶矣。」史徵作《口訣義》曰：「若終竟相訟，雖暫獲勝，而終必有凶。」皆棄象而言理，並同王肅。

九二

象曰：不克訟，歸逋竄也；自下訟上，患至掇也。

《注》：掇，若手拾掇物然。（正義引王肅曰。四家所輯皆同。）

案：王肅此注，實本荀爽。《集解》引荀爽曰：「下爭上與，即取患害。如拾掇小
　　物而不失也。」《正義》云：「患至掇者，掇猶拾掇也。自下訟上，悖逆之道，
　　故禍患來至，若手自拾掇其物，言患必來也。故王肅云：『若手拾掇物然。』」
　　是孔穎達引王肅注而從之也。

九五，訟元吉。象曰：訟元吉，以中正也。

《注》：以中正之德，齊乖爭之俗，元吉也。（集解引王肅曰。又撮要引王
肅「也」上有「者」字。此條張惠言未錄；孫堂、馬國翰、黃奭輯。）

案：此亦以人事之理言之。王弼《注》：「用其中正，以斷枉直。中則不過；正則
　　不邪；剛无所溺，公无所偏：故訟元吉也。」則同王肅之注而加詳焉。

上九，或錫之槃帶，終朝三褫之。（王弼本、集解本「槃」原作「鞶」。釋文：
「徐云：王肅作槃。」四家皆輯之。）

《注》：褫，解也。（釋文引王肅云。四家所輯皆同。）

案：「鞶帶」肅作「槃帶」者，古書鞶、槃、盤每通用。《左傳》定公六年：「定之鞶
　　鑑。」《釋文》作「盤鑑」，云：「盤又作鞶。」《說文》：「槃，承槃也，從木，
　　般聲。鎜，古文從金；盤，籀文從皿。」是其證。初文皆作般。《穀梁》桓公三
　　年：「諸母般申之曰」，《釋文》「般，一本作鞶。」《書》、〈盤庚序〉，《釋文》：「盤
　　本又作般。」般者，盤、鞶諸字之初文。般有大義。《方言》卷一：「般，大也。」
　　王肅《易》「鞶」作「槃」，因二字從「般」故，當訓大。考《釋文》引馬融云：
　　「鞶，大也。」又史徵《口訣義》引馬融注：「鞶帶，大帶之衣也。」王肅當同
　　馬融之義（張惠言易義別錄以王肅「槃用馬，亦當訓大」）。《集解》引虞翻曰：
　　「鞶帶、大帶。」義亦同。賈逵、服虔、許慎、杜預並以「鞶」為「大帶」（許
　　慎義見《說文》：「鞶，大帶也。易曰，或錫之鞶帶。」杜預義見左傳桓公二年
　　注：「鞶，紳帶也，一名大帶。」賈、服義見左桓二孔疏：「賈服等說鞶皆與杜
　　同」），義並相近。下句「褫」字，《釋文》云：「鄭本作拕，徒河反。」《集解》
　　及所引荀爽、虞翻、翟玄、侯果並作拕。王肅作「褫」，王弼《周易注》依之；
　　王肅訓「解也」，孔穎達《正義》：「褫脫」之疏用之。

䷆ 坎下
坤上 **師**

象曰：地中有水，師；君子以容民畜眾。

《注》：畜，許六反，養也。（釋文引王肅。張惠言、孫堂、黃奭並輯。馬國翰以「畜，養也。」入周易注，而以「畜，許六反」入周易音。）

案：王肅以「容民畜眾」之畜爲養，本虞翻而棄其卦變互體之說，其義最勝。《釋文》：「畜，敕六反，聚也。」又引：「王肅許六反，養也。」是畜之音義有二。高師仲華先生《易象探原》（孔孟學報十五期）曰：「《周易》之爲書，推天道以明人事者也。」是以君子見「地能包水，水又眾大，有容民畜眾之象。」用以「治國」，而知「群眾之領導」（引號内皆高師易象探原之原文）；此「推天道以明人事」之謂也。就此義以察「畜」之音義，則王肅讀許六反，訓養（曉紐，屋韻。廣韻屋韻許竹切有畜，養也。音義與王肅同），實較《釋文》敕六反訓聚者（徹紐，屋韻。廣韻屋韻丑六切有蓄，蓄冬菜也。本亦作畜，音義與陸德明同。）爲佳。蓋「聚民」爲治國之第一步；「養民」爲治國之第二步；其義更勝。且上既言「容民」此乃進一層而「養民」，若訓「聚民」，與「容民」重複矣。又考「畜養」之義，虞翻已發之，《集解》引虞翻曰：「君子謂二。容，寬也。《坤》爲民眾。又畜，養也。陽在寬以居之，五變執言時有頤養象（萱案：謂五變陽爻成䷚，則二至五體震，三至五體艮，震下艮上是頤卦），故以容民畜眾矣。」肅獨取「畜養」之訓而盡棄其卦變互體之說。

初六，師出以律，否臧凶。

《注》：否，方有反。（釋文引「馬鄭王肅」，四家皆輯之。）

案：此從馬鄭也。方有反之「否」爲否定副詞，訓「不」，其義較弼訓「鄙」實佳。《釋文》：「否，音鄙，惡也。注同。馬鄭王肅方有反。」查《廣韻》上聲《有》韻：「否，不也，方久切。」方有反即方久切之音，是其義爲不，與音鄙訓惡者義異。王弼《易注》音鄙訓惡，云：「失律而臧，何異於否？」孔氏《正義》闡之曰：「失律行師，无問否之與臧，皆爲凶也。否爲破敗，臧謂有功。」依弼《注》孔《疏》之意，則爻辭當作「師出以律，苟不以律，否臧凶。」今爻辭無「苟不以律」一句，弼《注》孔《疏》實不能自圓。馬融、鄭玄、王肅音方久反，作否定副詞用，謂師出以律，不臧則凶。於義較貼。

九二

象曰：在師中吉，承天寵也。（釋文：「寵，王肅作龍。」四家皆輯之。）

《注》：龍，寵也。（釋文引，四家所輯同。）

案：龍字甲文屢見，據李孝定先生《甲骨文字集釋》所錄，或作 （藏、六、二、三），或作 （藏、一○五、三），或作 （卜通、別、二、三），異體甚多，茲不贅錄。《甲骨文字集釋》又引近人郭某《卜辭通纂》之言曰：「 殆龍之異文，假爲寵。」是甲文龍字已有假借爲寵之現象。蓋文字初造簡略，多依類象形，而盛行假借。其後形聲相益，諸假借義乃有本字。故龍假爲寵，寵字初文即作龍也。《易》卜原於龜卜（明義士 James. M. Menzies 柏根氏舊藏甲骨文字考釋：「周易爲商代卜辭所衍變。」），則《周易》寵字作龍，假借爲寵，如《釋文》所引王肅言，誠爲可能。《詩·小雅·蓼蕭》：「既見君子，爲龍爲光。」《傳》：「龍，寵也。」《詩·商頌·長發》：「何天之龍。」鄭玄《箋》：「龍當作寵，寵，榮名之謂。」亦可證明榮名之寵，古籍猶有逕用初文作「龍」字者。鄭玄既以《詩》「龍當作寵」；《易》「承天寵也」之寵，《釋文》引「鄭云光耀也」；疑《易》本亦作「龍」，鄭改爲「寵」，而訓「光耀也」。以無他證，未敢確定。王肅注「龍，寵也。」義與鄭玄「光耀也」同。而肅本「寵作龍」，玄本已作「寵」，知肅所據底本必早於鄭玄據本或改訂本也。

坤下
坎上　比

初六，有孚比之无咎，有孚盈缶，終來有它吉。

《注》：缶者，下民質素之器。（太平御覽卷七百五十八器物部「盆附缶」目引「易曰」之下錄「王肅曰。」此條唯馬國翰輯之，他三家皆未輯。）

案：《說文》：「缶，瓦器，所以盛酒漿，秦人鼓之以節謌。」缶爲瓦器，瓦器至廉，故王肅謂爲下民質素之器也。後王弼作《易注》：「著信立誠，盈溢乎質素之器。」孔穎達作《正義》：「有此孚信，盈溢質素之缶。」程頤《易傳》：「缶，質素之器。」輾轉襲用，皆源王肅。

六三，比之匪人，凶。（釋文：「匪人，王肅作匪人凶。」四家之輯並同。）

案：《比》卦各爻，多著「吉」「凶」，如：「初六，有孚比之无咎，有孚盈缶，終來有它吉。」「六二，比之自內貞吉。」「六四，外比之貞吉。」「九五，

顯比，王用三驅失前禽，邑人不誡，吉。」「上六，比之无首，凶。」唯六三爻辭，今所見王弼本，《集解》本皆無「吉」「凶」字。王肅本作「六三，比之匪人，凶。」則各爻皆具「吉」「凶」字矣。且「六三比之匪人凶」與「上六比之无首凶」成對。肅本有「凶」字，或據古本。《繫辭傳》云：「三多凶。」

䷊ 乾下
坤上　泰

初九，拔茅茹，以其彙，征吉。

《注》：茹，音如。（釋文：「茹，汝據反，牽引也。鄭湛同。王肅音如。」四家輯並同。）

案：王肅「茹」音「如」，如音《廣韻》有二，平聲《魚韻》人諸切有「如」，亦有「茹」，《廣韻》釋「茹」云：「恣也，相牽引貌也。《易》曰：拔茅連茹。」去聲《御韻》人恕切亦有如茹二字，《廣韻》釋「茹」云：「飯牛，又菜茹也。」考人恕切之音即《釋文》「汝據反」之音，然則王肅「茹音如」者，必爲人諸切之音可知。《泰》卦茹字王肅讀平聲不讀去聲，《廣韻》亦讀平聲不讀去聲。《釋文》去聲「汝據反」之音，或爲誤讀。

䷌ 離下
乾上　同人

象曰：天與火同人，君子以類族辯物。（釋文：「辯物，如字，王肅卜免反。」
案：王弼本作「辨物」，王肅、《釋文》、集解皆作「辯物」。此條四家所輯皆作辯物。）

《注》：辯，卜免反。（釋文，四家輯同。）

案：辯辨古通，《易》每互用。據阮元《校勘記》：《乾·文言》「問以辯之」，閩、監、毛本作「辨」；《大有》九四《象》「明辯晢也」，閩、監、毛本作「辨」；《繫下》「辨物正言」，《釋文》出「辯物」，錢本亦作「辯」；又一困德之辨也，《石經》、岳本作「辯」，《釋文》出「之辯」；又「井以辯義」，岳本、閩、監、毛本作「辨」；又「辯是與非」，閩、監、毛本作「辨」。皆辯辨通用之證。辯之音，《廣韻》僅上聲獮韻「符蹇切」一音；辨，《廣韻》有二讀：一讀上聲獮韻「符蹇切」，一讀去聲襉韵「蒲莧切」。王肅「卜免反」之音與「符蹇切」

音同，爲上聲；則陸德明別出「如字」之音或爲「蒲莧切」，去聲。

九三，伏戎于莽，升其高陵，三歲不興。

《注》：莽，冥黨反。（釋文：「莽，莫蕩反，王肅冥黨反，鄭云：叢木也。」此條四家皆輯之。）

案：莫蕩反與冥黨反皆明紐，上聲，蕩韵字，其音全同。《釋文》於「王肅冥黨反」下接以「鄭云叢木也」，是鄭玄亦音冥黨反，王肅蓋與鄭同。

乾下
離上　**大有**

九二，大車以載。

《注》：車，剛除反。（釋文：「車、王肅剛徐反。蜀才作輿。」阮元校勘記：「補閩本同，宋本、盧本徐作除，監本剛除誤荊余。」考除徐余皆屬平聲魚韻，均是。孫堂輯作剛除反，張、馬、黃輯皆作剛余反。）

案：《廣韻》平聲《魚韻》有「車」，九魚切，訓「車輅」。考剛九雙聲，皆屬見紐；徐魚疊韵，同屬魚韵。王肅「剛除反」之音即《廣韻》「九魚切」之音訓「車輅」者也。張惠言《易義別錄》謂「車剛余反」乃「讀爲輿也」，考《廣韻》輿音「以諸切」。「以」屬喻紐，古歸定紐，與「剛」屬見紐者異，非雙聲。張惠言所言誤矣。

九四，匪其彭，无咎。

《注》：彭，壯也。（釋文：「彭，步郎反。子夏作旁。干云：彭，亨驕滿貌。王肅云：壯也。虞作尫。姚云：彭，旁。徐音同。」四家輯並同。）

案：彭爲鼓聲（《說文》：「彭，鼓聲也」），鼓聲壯盛，故彭有壯盛之義（詩齊風載驅：「行人彭彭。」傳：「彭，多貌。」亦盛意）。王肅謂：「彭，壯也。」干寶謂亨驕滿貌。並是。彭之字，子夏作旁，姚信訓旁，彭旁古聲同（並紐，古韻十部），故義可通（詩大雅烝民「四牡彭彭」，說文驕篆說解引詩作「四牡驕驕」。左傳成公十八年「士魴」，公羊作「士彭」。說文「颹」重文作「祊」，皆彭旁方聲同義通之證也）。旁亦壯大之義（《說文》：「旁，溥也。」又：「溥，大也」）。程頤《易傳》：「匪其彭則得无咎，謂能謙損，不處其大盛，故得无咎也。彭，盛多之貌。《詩‧載驅》云：『汝水湯湯，行人彭彭。』行人盛多之狀。《雅大明》云：『駟騵彭彭。』言武王戎馬之盛也。」用王肅訓「壯」

之義而申之曰「盛多之貌。」並以「謙損不處其大盛」立說，是也。王弼《易注》：「常匪其勞，則无咎矣，旁謂三也。」直以旁邊之旁，誠昧於聲訓之理矣。而唐孔穎達《正義》：彭，旁也，謂九三在九四之旁。史徵《口訣義》：「彭，旁也。謂去三之旁，而從于君也。」皆誤從弼注，並非。虞翻彭作尫（見《釋文》），以「四失位折震足」，肅亦不採。

䷏ 坤下 震上 豫

六三，盱豫。

《注》：盱，大也（釋文：「盱，香于反，睢盱也。向云：睢盱，小人喜悅之貌。王肅云：盱，大也。鄭云：誇也。說文云：張目也。字林：火孤反，又火于反。子夏作紓，京作汗，姚作旴，云日始出，引詩：旴日始旦。」四家輯同。）

案：盱之異文有汗、旴，皆從于得聲。從于得聲之字多有大義（說文解字芌，篆下段注），如于訏澕竽宇雿訏吁盱並有大義（王念孫釋大，第七第八），如訏譁迂，並有夸誕義（王引之經義述聞卷二十、卷二十一）。是以盱字鄭玄曰誇，王肅曰大，蓋于聲多誇大之義故也。張惠言《易義別錄》云：「大亦誇意。」是王肅從鄭玄之義也。

九四，由豫大有得，勿疑，朋盍簪。

《注》：簪，又祖感反。（釋文：「簪，徐側林反。子夏傳同，疾也。鄭云：速也。埤蒼同。王肅又祖感反。古文作貸。京作撍。馬作臧。荀作宗。虞作戠，戠叢合也。蜀才本依京，義從鄭。」集韻上聲四十八感：「子感切……簪建，速也。易明盍簪王肅讀，或作建。」張惠言、馬國翰輯作「簪，祖感反。」，孫堂黃奭輯作「簪，祖感反；簪，速也。」）

案：簪，假借爲撍（故京房作撍），即今捷字。故子夏訓疾，鄭玄訓速也。其音側林反，又祖感反，核之韻書，亦是。側林反之音即《廣韻》平聲侵韻「側吟切」之音。《廣韻》此音收「兂」字，云：「《說文》曰：首笄也，簪，上同。」又收「撍」字，云：「速也。」撍即今「捷」字。簪音側林反，爲「撍」之假借，故訓速也。又祖感反之音，即《廣韻》上聲感韻「子感切」之音。《廣韻》此音收「寁」字，云：「速也。」又收「撍」字，云「手動。」《集韻》「子感切」則收「簪建」兩字，速也，引已見「注」下之小字夾注。蓋撍，寁、建皆即今之捷字。《說文解字》「兂」篆下段玉裁注云：「古經無簪

字，惟《易·豫》九四朋盍簪，鄭云速也，實寁之假借字，張揖《古今字詁》
庚作撍，《埤蒼》云，撍，疾也。寁庚撍同字，京作撍。經文之簪，古無釋
為笄者。」是也。

䷐ 震下
兌上 隨。

彖曰：隨，剛來而下柔，動而說，隨。大亨貞无咎，而天下隨之，隨
之時義大矣哉。（今王弼本集解本皆作「而天下隨時，隨時之義大矣哉。」釋文：
「而天下隨時，王肅本作隨之；隨時之義，王肅本作隨之時義。」此條四家輯同。）

案：《周易》言「某之時義」者多矣！如：「《豫》之時義大矣哉」，「《遯》之時
義大矣哉」，「《姤》之時義大矣哉」，「《旅》之時義大矣哉」。「隨時之義」王
肅作「《隨》之時義」，則與他卦一律。考上句「而天下隨時」，晁說之《古
周易音訓》云：「王昭素云：『舊本無此「時」字，乃有「之」字。』，說之
案：王肅、陸績作『天下隨之』，意自可見也。」是王肅本之異文，非僅「隨
之時義」一句；又與今傳本字異者，亦非王肅一人。竊以王肅或據古本如此。
王弼《周易注》云：「得時則『天下隨之』矣。」似上句亦本作「天下隨之」。
又云：「『隨之』所施，唯在於『時』。」似下句亦本作「隨之時義」。又云：
「時異而不隨，否之道也；故隨時之義大矣哉。」「隨時之義」疑本作「隨
之時義」，文義較貼，今作「隨時之義」，亦後人妄乙。朱震《漢上易傳》卷
二引胡旦曰：「王肅本作『隨之』。篆字之為屮，時為峕，轉隸者增日為時。」
此「之」「時」二字所以互誤也。朱熹《本義》於「天下隨時」下云：「王肅
本時作之，今當從之。」於「隨時之義大矣哉」下云：「王肅本時字在之字
下，今當從之。」晁氏《古周易音訓》亦以「王肅得之」。張惠言《易義別
錄》：以「肅改經文以合他卦之例，不知隨義主於隨時，此王肅之陋也。」
張氏崇虞翻之象數，抑王肅之言理，故言如此。

象曰：澤中有雷，隨，君子以鄉晦入宴息。（釋文：「嚮，本又作向，許亮
反。王肅本作鄉，音同。」四家皆輯。）

《注》：鄉，音同嚮；宴，烏顯反。（鄉音同嚮，已見上引。張馬輯作「鄉許
亮反」，孫黃未輯。宴音見釋文：「徐烏練反，王肅烏顯反。」四家輯同。）

案：鄉、嚮，正俗字。王肅作「鄉」，是正字；其音亦與嚮同。《詩·正月》
「向藏王向」韻；《殷武》「鄉湯芒享王常」韻。向，鄉，嚮古皆平聲。宴之音，徐

云烏練反即《廣韻》去聲霰韻烏見切訓安也者；肅云烏顯反即《廣韻》上聲銑韻於甸切訓安也息也者。有去上之異，而義實同。

☶ 巽下
艮上 **蠱**

象曰：山下有風，蠱，君子以振民毓德。（釋文：「育德，王肅作毓，古育字。」四家皆輯之。）

案：《說文》「育，養子使作善也，從㐬，肉聲。虞書曰：『教育子』，毓，育或從每。」是《說文》以毓爲育之重文。考毓甲文作 𣥨（前、二、二四、八），從母，從倒子；或作 𠫓（前、二、二五、一）從女，從倒子，皆象婦女產子以會意。是毓字淵源甚古。《釋文》云毓古育字，較《說文》毓爲育之重文說爲勝。而肅之存古字，此又一證。

初六，幹父之蠱，有子考，无咎厲終吉。

《注》：考，絕句。（釋文：「有子考无咎絕句。周依馬、王肅、以考絕句。」四家皆輯。）

案：王肅句讀，依馬融也。《蠱》初六《爻辭》之句讀，異說凡二。《漢書·五行志》引京房《易傳》曰：「幹父之蠱，有子，考无咎（韋昭曰：「蠱，事也。子能正父之事，是爲有子，故考不爲咎累。」）。子三年不改父道，思慕不皇，亦重見先人之非（師古曰：「言父有不善之事，當速改之；若唯思慕而已，無所變易，是重顯先人之非也。一曰三年之内，但思慕而已，不暇見父之非，故不改也」），不則爲私。」以「有子，考无咎」絕句。其後王弼《注》云：「幹父之事，能承先軌，堪其任者也，故曰有子也；任爲事首，能堪其事，考乃无咎也。」史徵《口訣義》曰：「子能幹了家事，父又何憂？」程頤《易傳》曰：「子幹父蠱之道，能堪其事，則爲有子，而其考得无咎。」朱熹《本義》曰：「占爲有子，則能治蠱，而考得无咎。」並依京房以「有子，考无咎」絕句。一也。《集解》引虞翻云：「幹，正；《蠱》，事也。《泰》：《乾》爲父，《坤》爲事，故幹父之《蠱》。初上易位，《艮》爲子，父死《大過》稱考，故有子考。變而得正，故无咎厲終吉。」虞翻蓋以《蠱》爲三陰三陽之卦☶，由《泰》☷而來。《泰》卦《乾》下《坤》上，故虞氏謂「《乾》爲父，《坤》爲事，故幹父之《蠱》。」《泰》初上易位成《蠱》，《蠱》卦《巽》下《艮》上，《艮》爲少男；又《蠱》卦初二三爻體巽☴，二三四爻體兌☱，

巽下兌上，是《大過》卦䷛。故虞氏謂「初上易位，《艮》爲子，父死《大過》稱考，故有子考。」虞氏以初三五爲陽位，二四上爲陰位。《蠱》初六不正，由陰變陽，則正矣；而成《大畜》䷙，《大畜》須養終吉。故虞氏謂：「變而得正，故无咎屬終吉。」綜觀虞氏之言，以卦變互體爲說，其句讀爲：「有子考，无咎屬終吉。」二也。據《釋文》：馬融、王肅以「有子考」絕句，其義未詳，或謂有子之考也。王肅句讀雖與虞翻同，然王肅必不採虞翻卦變互體說；且虞翻前有馬融已句讀如此，則亦不可謂肅句讀從虞也。

䷓ 坤下
巽上　**觀**

盥而不觀薦。（釋文出「而不薦」三字，云：「本又作裸，同，踐練反。王肅本作而觀薦。」阮元校堪記：「補宋本盧本『而觀薦』作『而不觀薦』，『薦』上當有『不』字，誤脫耳。」張惠言、馬國翰輯同。孫堂、黃奭輯作「而觀薦」。）

案：「觀盥而不薦」，王肅本作「觀盥而不觀薦」，義本馬融。《集解》引馬融曰：「盥者，進爵灌地以降神也。此是祭祀盛時。及神降薦牲，其禮簡略，不足觀也。國之大事，唯祀與戎；王道可觀，在於祭祀。祭祀之盛，莫過初盥降神。故孔子曰：『禘自既灌而往者，吾不欲觀之矣。』（論語八佾篇）此言及薦簡略，則不足觀也。」然則馬融之言，又有《論語》爲其根據也。王肅本「不薦」作「不觀薦」，依馬融之義，合孔子之言，於義實長。肅或得古本如此也。其後王弼《易注》云：「王道之可觀者，莫盛乎宗廟；宗廟之可觀者，莫盛於盥也。至薦簡略，不足復觀，故『觀盥而不觀薦』也。」則弼本亦當作「不觀薦」，今「觀」字脫。《史徵口訣義》：「所觀王者施瓶盥之禮，爲民祈福，還威儀嚴敬否，故不觀陳薦之物也。」依文義經文「不薦」亦當作「不觀薦」。蓋自《唐石經》「不」下無「觀」字始，諸本皆作「不薦」；然釋義仍必添「觀」字，文義方暢也。

彖曰：大觀在上。

《注》：觀，音官。（釋文：「大觀在上，王肅音官。」四家輯同。）

案：《釋文》所出觀字，並官喚反，與王肅音官異。考音官者，《廣韻》在平聲桓韻，視也。音官喚反者，《廣韻》在去聲換韻，樓觀也。王肅時無去聲，故大觀之觀讀平聲，音官。

䷔ 震下
離上　噬嗑

九四，噬乾胏得金矢，利艱貞，吉。（胏，弼本作肺。肅作胏。）

《注》：四體離（離，初學記作■，闕。茲據太平御覽補），陰卦，骨之象；骨有（初學記太平御覽有作在，茲從困學紀聞）乾肉，胏之象。金矢（矢，太平御覽作象，蓋涉上文而誤）所以獲野禽，故（初學記作以）食之反得多矢。君子於味必思其毒，於利必備其難。（初學記卷二十六胏部引周易及王肅注。太平御覽卷八百六十二胏類亦引之。困學紀聞卷一則自太平御覽轉引。四家所輯字稍異。）

案：此條可就兩方面言之。就經文言，王肅本「乾肺」作「乾胏」，從《子夏易傳》，與徐邈、荀爽、董遇並同。《釋文》：「肺，子夏作胏，徐音甫，荀、董同。」是其證也。就注文言，王肅言：「四體離，陰卦，骨之象。」者，以九四居《噬嗑》上體《離》；《說卦》《離》為中女，故其卦陰；《離》外陽內陰，猶骨之外堅內空，故云骨之象。是肅注之義由卦體爻象引申而得也。言「骨有乾肉，胏之象。」者，本馬融、陸績之說。《釋文》引馬融云：「有骨謂之胏。」《集解》引陸績曰：「肉有骨謂之胏。」是其證也。言「金矢所以獲野禽，故食之反得金矢。君子於味必思其毒，於利必備其難。」者，蓋釋爻辭「噬乾胏得金矢」之所以然；且由此而悟「於味必思其毒，於利必備其難。」之至理。

上九，何校滅耳，凶。

《注》：荷擔。（釋文：「何校，何可反。又音河。本亦作荷，音同。下同。王肅云：荷擔。」四家皆輯之。）

案：《釋文》引王肅云，所得確知者，王肅對「何」字字義之訓詁而已。《說文》：「何，儋也。」是何字本義為儋（俗作擔），王肅云荷擔，是用其本義也。孔穎達《正義》：「何謂擔何，處罰之極，惡積不改，故罪及其首，何擔枷械，滅沒於耳。」從肅而更詳之。是也。至於經文「何」之字形，王肅是否仍作「何」（段玉裁說文解字注：「何校滅耳，王肅云：『何，荷擔也。』」以肅未改經文，仍作「何」字。詩侯人「何戈與祋」，玄鳥「百祿是何」，儀禮鄉飲酒「皆左何瑟」：是經典有用何之正字本義者）？或改作「荷」（四家所輯王肅易，經文何字皆作荷，是以肅本作「荷」也。左傳昭三年「猶荷其祿」，昭七年「其子弗克負荷」，論語憲問「荷蕢」，論語微子「以杖荷篠」：是經典有

以荷作何儋用者）？「何」之字音，王肅是否讀平聲音河（廣韻平聲歌韻：「荷，芙蕖也」）？或讀上聲何可反（廣韻上聲哿韻，「荷，負荷也。」古平上不甚分。）？皆不得確知，故闕而勿論。又案：《集解》引荀爽曰：「爲五所何，故曰何校。」又引鄭玄曰：「離爲槁木，坎爲耳，木在耳上，何校滅耳之象也。」是荀、鄭皆以「何」爲荷擔之義。然二氏皆用互體坎（三四五體坎。）爲耳立說，則肅所不採。

象曰：何校滅耳，聰不明也。

《注》：言其聰之不明。（釋文引王肅云，四家輯同。）

案：《釋文》又引馬融云：「耳無所聞。」，鄭玄云：「目不明；耳不聰。」王肅尊馬義而與鄭異。考《象辭》上文唯云：「何校滅耳。」故馬云：「耳無所聞。」鄭玄添「目不明」，蛇足也。王肅「言其聰之不明」，正釋《象辭》「聰不明也」，不得謂肅有意從馬背鄭也。

☲　離下　**賁**
艮上

《注》：賁，符文反，有文飾，黃白色。（釋文：「賁，彼僞反，徐甫寄反，李軌府瓮反。傅氏云：賁古斑字，文章貌。鄭云：變也，文飾之貌。王肅：符文反，云有文飾，黃白色。」四家輯同。）

案：賁，符文反，平聲；與《釋文》及徐邈去聲者異。義爲文飾，則依於《象傳》，同於鄭玄也。茲更詳之於下。賁字之音凡三：陸氏彼僞反，徐邈甫寄反，皆即《廣韻》去聲寘韻「彼義切」之音，《廣韻》云：「卦名，賁，飾也，亦姓」。李軌府瓮反，即《廣韻》平聲魂韻「博昆切」之音，《廣韻》云：「勇也，《周禮》有虎賁氏。」王肅符文反，即《廣韻》平聲文韻「符分切」之音。《廣韻》云：「三足龜」。據《廣韻》，《賁》爲卦名，應讀去聲彼義切；而王肅音平聲者，以王肅時，猶無去聲故也。《賁》字之義，爲文飾。《賁・象傳》云：「柔來而文剛，故亨；分剛上而文柔，故小利有攸往。」是《賁》有文飾之意。《釋文》引鄭玄云：「《賁》，變也。文飾之貌。」《集解》引鄭玄曰：「《賁》，文飾也。」王肅依《象傳》旨，去鄭玄「變也」義，取鄭玄「文飾」意，故曰：「賁有文飾。」王肅又謂《賁》「黃白色」者，亦本於鄭玄。《詩・白駒》：「皎皎白駒，賁然來思。」鄭玄箋：「《易》卦曰：『山下有火，賁。』賁，黃白色也。」是肅本玄之證。考青、黃、赤、白、黑謂之五色（見書益稷蔡沈傳），而白與

黑謂之黼，黑與青謂之黻，青與赤謂之文，赤與白謂之章（見禮記月令孔穎達疏），黃與白則《賁》也。《爾雅・釋魚》：「餘貾，黃白文；餘泉，白黃文。」世亦果有黃白賁雜之物也。又《孔子家語・好生》篇：「孔子常自筮其卦，得《賁》焉。愀然有不平之狀。子張進曰：『師聞卜者得《賁》卦，吉也；而夫子之色有不平，何也。』孔子對曰（萱案：對者尊敬之詞。孔子語於子張，不當言對。呂氏春秋及說苑述此並無對字）：『以其《離》耶？』在《周易》：山下有火謂之賁（王肅原注：「離上艮下。離為火，艮為山」）。非正色之卦也。夫質也黑白宜正焉，今得賁，非吾兆也（王肅原注「賁飾」）。吾聞丹漆不文、白玉不雕。何也，質有餘，不受飾故也。」《家語》為王肅偽撰，此文殆據《呂氏春秋・慎行論壹行篇》及《說苑・反質篇》改寫。附此以作參考。

象曰：山下有火，賁。

《注》：離下艮上，離為火，艮為山。賁，飾。（孔子家語引易，王肅作注。原文見上條孫黃輯之，張馬未輯。）

案：「離為火」「艮為山」，皆《說卦》文。肅釋卦象，每依《說卦》。賁飾，說在上條。

初九，賁其趾，舍車而徒。

《注》：在下故稱趾，既舍其車，又飾其趾，是徒步也。（集解引王肅曰，張惠言未輯，孫堂、馬國翰、黃奭輯。）

案：肅云「在下故稱趾」，本《易・繫辭》「近取諸身」之義；再由賁其趾，推出舍車徒步之事。肅之注《易》，每本於《傳》而推闡之，大抵似此。王弼注《易》，方式多與肅同。試與虞翻注相較；《集解》引虞翻曰：「應在《震》，《震》為足，故賁其趾。」謂初應四，三四五爻互《震》為足，以互體為說也。又曰：「應在《艮》，《艮》為舍，《坎》為車。徒，步行也，位在下，故舍車而徒。」謂初又應上，上體《艮》為手，手止為舍；又二三四爻互《坎》，《坎》於輿也為多眚，故為車；初位在下、棄於二比，是以有舍車而徒之象。綜觀虞翻以初應在《震》，又應在《艮》，益之以互體，可謂附會已極；而既以《艮》手《震》足，手止為舍；又以初棄二《坎》為舍車，失之重複矛盾。終不若王肅唯據《傳》旨而闡釋之，簡易明瞭也。

象曰：舍車而徒，義不乘也。（王弼本、集解本「不」作「弗」。呂祖謙周易音訓：「弗，晁氏曰：鄭、王作不。」見董真卿周易會通卷五引。孫堂黃奭輯之，

張惠言、馬國翰未輯。）

案：弗不皆否定之詞，其文法功能微有別焉。丁聲樹〈釋否定詞弗不〉文云：「弗字只用在省去賓語的外動詞之上；內動詞及帶有賓語的外動詞之上只用不字。」（中研院史語所集刊外編第一種）如：《禮記‧學記》：「雖有嘉肴，弗食，不知其旨也；雖有至道，弗學，不知其善也。」「食」下省「嘉肴」，「學」下省「至道」，故作「弗食」「弗學」。「知」下有「其旨」「其善」，則作「不知」。《論語‧公冶長》：「子曰：弗如也，吾與女弗如也。」「如」下省「顏回」，故作「弗如」。《論語‧子路》：「吾不如老農；吾不如老圃。」「如」下有「老農」「老圃」，則作「不如」。此《易》文「義弗乘也」，「乘」下省「車」字，故以作「弗乘」爲是。王肅作不，從鄭玄也。

六五，賁于丘園，束帛戔戔，吝，終吉。

《注》：失位無應，隱處丘園，蓋蒙闇之人，道德彌明，必有束帛之聘也。戔戔，委積之貌也。（文選卷三張衡東京賦注。又卷二十謝靈運九日從宋公戲馬臺集送孔令詩注引首二句。卷三十七陸機謝平原內史表引云：隱處丘園，道德彌明，必有束帛之聘。又卷五十五陸機演連珠注引作蓋象衡門之人，餘同。張惠言、孫堂、黃奭皆依演連珠注輯，馬國翰依東京賦注輯。）

案：王肅言「位」言「應」，例見於此。「位」者，爻位也。二四爲陰位，三五爲陽位，初不言位，上則其位不定。故九居三、五之位，六居二、四之位，《小象》則曰：「位正當也。」《履》九五、《否》九五、《兌》九五、《中孚》九五是。又曰：「位當。」《臨》六四是。或曰「當位」，《賁》六四、《蹇》六四是。或曰「在位」，《家人》六四是。或曰「有位」，《萃》九五是。或曰「正位」，《渙》九五是。或曰「居位」，《節》九五是。若九居二、四之位，六居三、五之位，《小象》則曰：「位不當也。」，《履》六三、《否》六三、《豫》六三、《臨》六三、《噬嗑》六三、《大壯》六五、《晉》九四、《睽》六三、《夬》九四、《萃》九四、《震》六三、《豐》九四、《兌》六三、《中孚》六三、《小過》九四、《未濟》六三是。又曰：「雖不當位。」《困》九四是。或曰「久非其位」，《恆》九四是。或曰「未當位也」，《解》九四是。或曰「未得位也」，《旅》九四是。《小象》言二、三、四、五爻位得失，全部在此，絕無例外。《大象》《象傳》言及爻位之得失者，其例亦同，茲不贅引。至於《乾‧文言》以上九「貴而无位」，《需‧小象》以上六「雖不當位」，又初爻不言得位失位者，則王弼《周易略例‧辯位》條所言「初上者，是事之終始，无陰陽定位也。」

是，唯一特例爲《大有·象傳》言「柔得尊位。」謂六五，蓋一卦五陽而一陰，陰爲之主，故居五爲得尊位也。王肅謂《賁》六五以陰居陽位爲「失位」，與《傳》旨合。「應」者：或言二五兩爻陰陽互異相應：《師》、《臨》、《无妄》、《萃》之《象》及《升·象》皆曰：「剛中而應。」《遯·象》曰：「剛當位而應。」《睽》、《鼎》之《象》曰：「得中而應乎剛。」《同人·象》曰：「中正而應。」《比·象》曰：「上下應也。」《大有·象》曰：「上下應之。」《蒙·象》曰：「志應也。」皆是。或言初四兩爻陰陽互異而相應：《小畜象》曰：「上下應之。」《豫·象》曰：「剛應而志行。」皆是。或言初四、二五、三上，陰陽皆異而應：《咸·象》曰：「二氣相感而相應。」《恆·象》曰：「剛柔皆應。」《損·象》曰：「二簋應有時。」《未濟·象》曰：「剛柔應也。」皆是。而初二、二五、三上，陰陽不異即謂之敵應：《艮·象》曰：「上下敵應。」是，推之：三上不應亦曰敵：《同人》九三《象》曰：「敵剛也。」是。復有一爻與上體三爻或下體三爻相應者：《履》、《同人·象》曰：「應乎《乾》。」《大有》、《大畜·象》曰：「應乎天。」皆是。至於《乾》、《坤》二卦，一純陽，一純陰，而《乾·文言》曰：「同聲相應。」《坤·象》曰：「應地无疆。」，非陰陽相異而曰應者，則特例也。外乎此，《中孚·象》曰：「應乎天。」《革》、《兌·象》曰：「順乎天而應乎人。」其義未詳。虞翻以《中孚》由《訟》四之初，《革》由《遯》上之初，《兌》由《大壯》五之三，《訟》、《遯》、《大壯》，皆體乾，或然也。《彖》、《象》、《文言》之言「應」者，其例如此。王肅以《賁》六五與六二皆陰爲「无應」，亦與《傳》合。王肅繼云：「隱處丘園，蓋蒙闇之人，道德彌明，必有束帛之聘也。」由六五之象失位无應，六五爻辭「賁于丘園，束帛戔戔。」推出。據爻象爻辭而言人事者也。云「戔戔，委積之貌也。」則從馬融。《釋文》引馬融云：「戔戔，委積貌。」

≣ 坤下
艮上 **剝**

六二，剝牀以辨。

《注》：辨，否勉反。（釋文：「辨，徐音辦具之辨，足上也。馬鄭同，黃云：牀簀也。薛、虞：膝下也。鄭符勉反，王肅否勉反。」四家所輯同。）

案：《釋文》錄辨之音凡三：徐邈音辦具之辨。考辦字不見於《說文》及《玉篇》；《廣韻》去聲襇韻蒲莧切有辨字，云：「具也。」引《周禮》曰：「以辨民器。」又出重文「辦」，云：「俗也。」是辦具之辦爲辨之俗字，音蒲莧切。茲較「蒲

莫切」「符勉反」「否勉反」三音：蒲聲屬並紐，符否聲屬奉紐，古無輕脣音，故奉紐亦讀並紐，是三音之聲爲雙聲；莫讀去聲，勉讀上聲。則三音之韻有上去之異。綜上之分析，知鄭讀「符勉反」，肅讀「否勉反」，二音實同；徐讀「蒲莫反」，與鄭玄、王肅則有上去之異，此亦時有遷移使然也。

六四、剝牀以膚，凶。

《注》：在下而安人者，牀也；在上而處牀者，人也。《坤》以象牀；《艮》以象人。牀剝盡以及人身，為敗滋深，害莫甚焉。故曰：剝牀以膚，凶也。（集解引王肅曰，四家輯同。）

案：《坤》所以載物，《坤・文言》云：「《坤》厚載物。」是也；牀所以安身，《說文》木部：「牀，安身之坐也。」然則牀之安身，猶《坤》之載物，故云：「《坤》以象牀」也。《說卦・艮》謂之少男，肅云：「《艮》以象人」，揆之《說卦》，亦無不合。《剝》至六四，下卦象牀者已盡，而達上卦人身矣，故王肅曰：「牀剝盡以及人身，爲敗滋深，害莫大焉！」此由卦體爻象而推得者也。王弼《易注》：「牀既剝盡，以及人身。」云云，亦同肅旨。

䷖ 震下
坤上　**復**

初九，不遠復，无祗悔，元吉。（王弼本祗作祇，阮元刻注疏本作祇，校勘記云：「岳本閩監本同，石經祗作祇。」敦煌新出唐寫本周易王弼注卷第三殘卷作祇，與唐石經同。釋文云王肅作禔。）

《注》：禔，時支反。（釋文：「祇，音支。辭也。馬同，音之是反。韓伯祁支反，云大也。鄭云病也。王肅作禔，時支反。陸云：禔，安也。九家本作疧字，音支。」元，董眞卿周易會通引宋、呂祖謙周易音訓：「王肅、陸績作禔，時支反，云安也。」則王肅除禔音時支反外，並訓安也。考音訓所據音爲北宋、晁說之古周易：古周易則據釋文。釋文禔音時支反者屬王肅，禔訓安者屬陸績；古周易倂其音訓，而題王肅陸績；故音訓轉錄如上。茲仍從釋文。又熊過周易象旨決錄謂「王肅陸績作提安也。」提爲禔之誤。熊氏明人，較董眞卿尤晚，而其書今僅有四庫全書本，手寫多誤，不足據也。四家所輯並同。）

案：祇，禔字、《易》凡三見，而其實二：《復》初九：「不遠復，无禔（弼本作祇。）悔，元吉。」一也。《繫辭傳》下：「子曰：顏氏之子，其殆庶幾乎，有不善未嘗不知，知之未嘗復行也。《易》曰：『不遠復，无禔（韓本作祇，訓大也。肅

本當作禔字）悔，元吉。』」（蔡中郎文集卷六答詔問災異：「夫以匹夫顏氏之子，有過未嘗不知，知之未嘗復行。易曰：『不遠復，无祇悔，元吉。』」後漢紀十八順帝紀：「張衡對曰：『易「不遠復」，論「不憚改」，朋友交接，且不宿過，況於帝王承天理物，以天下爲公者乎？』皆本繫旨），二也。《坎》九五：「《坎》不盈，祇（《釋文》：「京作禔，說文同」）既平，无咎。三也。而其中《繫辭傳》一條係引《易·坎》初九文，故其實二也。此二字，弼本皆作「祇」；而復初九祇，王肅、陸績作「禔」；《坎》九五祇，京房、許慎作禔（皆已見上引《釋文》。《說文》：「禔，安福也。從示，是聲。易曰：禔既平。」爲說文引易坎九五作禔之證。安福也三字，《釋文》引說文無福字。文選司馬相如難蜀父老及陸機弔魏武帝文李善注引說文並作「禔，安也。」段玉裁說文解字注依李善文選注刪福）。《集解》本及所引虞翻《注》亦作禔（虞翻注：「禔，安也」）。疑作「祇」者，費氏《易》；作「禔」者，孟氏《易》。京、許、陸、虞，治孟氏《易》，而祇皆作禔，王肅作禔者儻亦據孟氏與？禔之音，司馬貞引《說文》市支反，乃《說文音隱》之音也（見段注所引）。王肅時支反。韵並同；聲則「市」「時」皆在「禪」紐，古歸「定」紐。然則王肅之音與《說文音隱》之音同也。試與《釋文》作「祇」音「支」相較，其韻亦同；聲則「支」屬「照」紐，古歸「端」。端定同爲舌尖音。是禔祇韻同聲近。禔之義，京房（見《釋文》坎卦音義所引）、許慎（見說文禔下）、陸績（見《釋文》復卦音義所引）、虞翻（見集解所引）皆云「安也」，肅義當同。與作「祇」者，馬融云「辭也」，韓伯云「大也」，鄭玄云「病也。」異。此上皆依祇禔之異文及音義而論其師承者也。至於其字孰是，其義孰貼？以愚觀之，似當作祇訓多。《左傳》襄公二十九：「祇見疏也。」《釋文》：「祇音支，本又作多，音同。是經籍有多祇通用之例。《論語·子張》：「多見其不知量也！」朱熹《集注》：「多與祇同，適也。」是經籍有多訓爲祇之例。多可訓祇，故祇亦可訓多。无祇悔，《九家易》本字作「疧」，音支，蓋從多支聲。韓伯祇，大也。亦由多義引申。總觀《易·復》初九爻辭，謂爲惡不遠而復，有過不憚改之意，故无多悔也。王肅從孟氏作禔訓安，義則未曉矣。

六二，

象曰：休復之吉，以下仁也。

《注》：下附於仁。（釋文：「下，如字，王肅云：下附於仁。徐戶嫁反。」四家輯並同。）

案：弼《注》云：「得位處中，最比於初。上无陽爻，以疑其親；陽爲仁行，在初

之上而附順之，下仁之謂也。既處中位，親仁善鄰，復之休也。」即本肅《注》而加詳。

☳☰（震下／乾上）　**无妄**

《注》：妄猶望，謂无所希望也。（釋文：「妄、亡亮反。无妄，无虛妄也。說文云：妄，亂也。馬、鄭、王肅皆云：妄猶望，謂无所希望也。」四家所輯皆同。）

案：此王肅注同京房、馬融、鄭玄之例。集解无妄象下載虞翻引京氏曰：「大旱之卦，萬物皆死，无所復望。」《後漢書·李通傳論》注引鄭玄云：「妄之言望，人所望宜正。行必有所望；行而無所望，是失其正；何可往也！」鄭說蓋本馬融。王肅謂妄猶望，與京房、馬、鄭同也。又案：妄、望古通。《國策》朱英說春申君，有所謂无妄之福，无妄之禍，无妄之世，无妄之主、无妄之人。而《史記·春申君列傳》諸「无妄」並作「毋望」。《漢書·谷永傳》：「遭无妄之運。」應劭曰：「无妄者，無所望也。」皆是其證。李漢三〈周易卦爻辭釋義〉引屈翼鵬先生云「无妄」即今語「出乎意料之外」。而以初九「无妄往」，言「未經計劃而往」；六三「无妄之災」，言「意外之災」；九五「无妄之疾」，言「意外之疾」；上九「无妄行」爲「未經計劃之行。」是王肅以「无妄」爲「无所希望」，於經義甚合。自虞翻訓「妄」爲「亡」，王弼又以「私欲不行，何可以妄」釋「无妄」，於是隋何妥、唐孔穎達並以「妄」爲「虛妄」、宋程頤遂謂「无妄言至誠也」。唯朱熹調和二說，云：「无妄，實理自然之謂，《史記》作无望，謂无所期望而有得焉者。」

☳☶（震下／艮上）　**頤**

六二，顛頤拂經于丘，頤征，凶。

《注》：養下曰顛。拂，違也。經，常也。丘，小山，謂六五也。二宜應五，反下養初，豈非顛頤，違常於五也。故曰拂經于丘矣。拂經雖阻，常理養下，故謂養賢。上既无應，征必凶矣，故曰征凶。（集解引王肅曰。四家所輯並同。）

案：《說文》臣部：「臣，頤也，象形。凡臣之屬皆從臣。頤，篆文臣。」段玉裁注：「臣者，古文頤也。鄭《易注》云：『頤，中口車輔之名也。《震》動於

下,《艮》止於上;口車動,而上因輔嚼物以養人,故謂之頤。頤,養也。』按鄭意謂口下爲車,口上爲輔,合口車輔三者爲頤。」是頤者,謂上顎、中口、下顎（盧伯炎先生周易思想體系:「上下兩陽爻象脣,中間四陰爻象齒,故曰頤。」就頤震下艮上形體觀之,則誠似矣。唯脣柔齒剛,謂陽爻象脣,陰爻象齒,恐不盡合）也;上顎不能動而下顎能動,與《艮》靜《震》動之象亦合:全卦取象如此。《頤》卦初爻爲九,二爻爲六,位當相配;而二五皆陰,上下無應（位應說已詳賁六五條）。此王肅所以言「二宜應五,反下養初,豈非顛頤,違常於五也。」而《艮》爲山（見說卦);六五居《艮》之中爻,爲小山:於是王肅以六二之不應於五,乃「拂經于丘」矣。又考「顛頤」凡二見。六二顛頤爲凶,而六四顛頤爲吉者,以六四體屬上體,居得其位,而應於初,以上養下,得頤之義故也。是以《象》曰:「聖人養賢以及萬民。」六四《象》曰:「顛頤之吉,上施光也。」皆指六四以柔居上體而當其位,與初相應;有聖人得位,領袖群賢,光被萬民之象:故吉。而六二不得五之應,與四之應初,其象迥異,故凶。王肅云:「拂經雖阻,常理養下,故謂養賢。」是較諸六四而明顛頤養上之義,並兼釋《象傳》「養賢」者也。又云:「上既无應,征必凶矣,故征凶。」則據六二其上无應而言也。綜觀王肅此注,蓋以爻位及相應說爲重心,旁參《說卦》、《彖傳》、《象傳》,故其注如此。後王肅《易注》:「養下曰顛。拂,違也。經,猶義也。丘,所履之常也。處下體之中,无應於上,反而養初;居下不奉上而反養下,故曰顛頤拂經于丘也。以此而養,未見其福也;以此而行,未見有與:故曰頤征凶。」即全依王肅義。張惠言《易義別錄》謂:「《頤》之道,以陽養陰,故《象》云:『天地養萬物,聖人養賢以及萬民。』今乃謂以二養初,其謬甚矣。『違常于五』,亦不辭。」謹考《乾》爲天誠陽,《坤》爲地則陰矣;而萬物亦陰陽兼具,雌雄並生:然則天地養萬物者,天地果皆陽乎?萬物果並陰乎?又聖人爲陽,賢人萬民皆陰,亦非必然。張氏蓋據翟玄「天上地初,萬物眾陰」（集解引）及虞翻「《乾》爲聖人,《艮》爲賢人,《坤》陰爲民」（集解引）而云然,固非《易》經傳本然之理。且六四《象傳》明言「顛頤之吉上施光也」是六四應初,上倒養下,以陰養陽之證。以二養初,其例亦同。何得謂之「謬甚」?又惠棟《周易述》亦云:「違常于五故拂經于丘。」即本王肅之注:拂,違也;經,常也;丘,謂六五也;違常於五故曰拂經于丘。張惠言治《易》宗惠棟,而以肅「違常于五」爲「不辭」,不知於惠棟之言,又作何批評也?

上九，由頤，厲吉，利涉大川。

《注》：厲，危。（釋文：「厲，嚴厲也。馬、王肅云：危。」張惠言未輯：孫、馬、黃輯之。）

案：據《釋文》：馬融已以厲爲危，王肅蓋從馬融。據《集解》：虞翻以上九「失位危厲」，亦以危釋厲。王肅與同。唯肅不採翻「體《剝》」「以《坤》自輔」「之五得正成《坎》」之說。弼《注》云「悔厲」，《正義》、《釋文》、《口訣義》並云「嚴厲」，皆從弼《注》。程頤《易傳》云「常懷危厲則吉」，則從馬融、王肅。

巽下
兌上 **大過**

《注》：過，音戈。（釋文：「徐古臥反，罪過也，超過也。王肅音戈。」四家輯同。）

案：音戈，平聲；古臥切，去聲。王肅之時，未有去聲，故音戈讀平聲也。曹植〈遠遊篇〉：「波過峨阿霞家沙歌華多」叶韻；阮籍〈詠懷〉之五：「歌過跎河多何」叶韻；又之十三：「阿過多河嵯」叶韻；程曉〈嘲熱客〉：「車臥過家何嵯多那沱瑕呵」叶韻；陸機〈百年歌〉之五：「家歌、華、過」叶韻，可證魏晉時「過」讀平聲。《廣韻》平聲戈韻有「過」字，與「戈」同音，經也，過所也，傳過也，又姓。去聲過韻之過，古臥切，誤也，越也，責也，度也。蓋齊梁之時，四聲始備，故隋唐韵書，過有平去二音矣。

坎下
坎上 **習坎**

彖曰：王公設險以守其國，險之時用大矣哉。

《注》：守險以德，據險以時，成功大矣。（集解引王肅曰，四家輯同。）

案：《坎卦辭》謂「《習坎》有孚。」《彖傳》云：「行險而不失信，維心亨，乃以剛中也。行有尚，往有功也。」《象傳》言「君子以常德行習教事。」所謂「有孚」「不失信」「行有尚」「以常德行習教事」，皆「德」也，故王肅曰「守險以德。」《彖傳》云「險之時用」，點出「時」字，故王肅申之曰：「據險以時。」王肅作注，多由《易》經傳引申而得。又考《尉繚子‧天官》第一：「刑以伐之，德以守之。」是守險以德也。《三國志‧吳書‧周瑜傳》記周瑜爲孫權數

曹操必敗，其一曰：「今盛寒，馬無藁草，驅中國士眾，遠涉江湖，不習水土，必生疾病。」盛寒亦天時，江湖即重險，是據險以時也。王肅謂：「守險以德，據險以時，成功大矣。」雖不必本於兵家；然合兵家所言。

初六，習坎，入于坎窞，凶。

《注》：窞，陵感反，坎底也。（釋文：「窞，徒坎反，說文云：坎中更有坎。王肅又作陵感反，云：窞，坎底也。字林云，坎中小坎，一曰旁入。」類篇引作盧感反。四家所輯音皆作「徒感反」，蓋據宋本。而阮元刻本、補盧本皆作「陵感反」。考「徒感反」與「徒坎反」者一音。若王肅果「又作徒感反」，則無需別出其反切。且類篇引作「盧感反」。盧陵者來紐字；盧徒則非雙聲。於是知其音作「陵感反」者是；晁氏易引釋文云王肅又作陵感反，是也。作「徒感反」者，淺人依廣韻「徒感切」改肅音而致誤也。張馬孫黃並未考，而作「徒感反」，非也。）

案：《說文》穴部：「窞，坎中小坎也，從穴，從臽，臽亦聲。《易》曰：入于坎窞，一曰旁入也。（徒感切）」（《釋文》引說文「坎中更有坎」，又引字林云「坎中小坎」，此陸氏誤以說。文爲字林，以字林爲說文。詳見徐承慶說文解字注匡謬引李廥芸語。）是窞字從穴從臽會意，臽亦聲。從臽得聲之字，其聲紐有屬「定」紐者，如：啗、閻（閻從閻聲，而閻又從臽聲），皆徒感切是。故《釋文》、《廣韻》，「窞」音徒感切也。亦有屬「來」紐者，如：藍、籃、襤、檻、鬞，魯甘切；醞、濫，盧瞰切；壈、艦，盧敢切（自藍至艦諸字皆由監聲，監由蛤省聲，蛤則從臽得聲）；並屬「來」紐。王肅「窞」音「陵感切」，聲屬「來」紐，就文字衍聲源流考之，固不得謂誤也。「窞」之義，王肅云「坎底」，初六據《坎》之初，故有「坎底」之義。與《說文》，《字林》之訓並不悖；爲王弼注「最處坎底」之所宗。

六三，來之坎坎，險且忱，入于坎窞，勿用。

《注》枕，針甚反。（釋文：「枕，徐舒林反。王肅針甚反。鄭玄云：木在首曰枕。陸云：閑礙險害之貌。九家作玷，古文作沈，沈，直林反。」四家之輯並同。）

案：《廣韻》「枕」字有三音：一在平聲侵韻，直深切，繫牛杙也。一在上聲寢韻，章荏切，枕席，又姓。一在去聲沁韻，枕頭。考《廣韻》「枕席」「枕頭」，其義實同；而一在上，一在去者；蓋上聲爲漢魏音，去聲爲六朝音。《廣韻》承陸法言《切韻》，兼存古今南北，故依古今析爲上去如此，非隋唐之際實有上去二音也。王肅枕音針甚反，與章荏切同（針章皆在照紐，甚荏皆在寢韻，

入音同。甚字廣韻又有去聲之音，不取），是肅讀上聲，與《廣韻》訓「枕席」
者音合。徐邈作舒林反，則爲平聲，其音《廣韻》未錄。古文作沈，直林反，
即《廣韻》直深切之音，訓繫牛杙者也。

離下
離上　**離**

彖曰：離，麗也。日月麗乎天；百穀草木麗乎地。（釋文：「土，王肅本
作地。」四家輯同。）

案：大徐本《說文》引《易》（大徐說文艸部：「麗、艸木相附麗土而生，從艸，
　　麗聲。易曰：百穀艸木麗於地。」鈕樹玉說文解字校錄云：「宋本、初印本、
　　五音韻譜及集韻引並作『百穀艸木麗於地』」）、《玉篇》引《易》（玉篇卷十三
　　艸部：「麗，力計切。易曰：百穀艸木麗乎地。麗，附著也，本亦作麗」）、釋
　　慧琳《一切經音義》引《易》（一切經音義卷第二十六，釋雲公撰，大唐沙門
　　惠琳再加刪補涅盤經第二十五卷百穀條下引易「百穀艸木麗於地」。又一切經
　　音義第二十七卷，翻經沙門大乘基撰，翻經沙門慧琳再詳定，音妙法蓮花經
　　藥草喻品百穀條引易同），「土」字皆作「地」。陳瑑《說文引經考證》：「孟喜
　　本作麗於地，許君偁《易》孟氏，故亦作麗於地。」以爲作「地」者爲孟氏
　　《易》。李富孫《易經異文釋》則以爲「諸家作地當爲古本。」王肅作地，乃
　　古本如此。

象曰：明兩作，離；大人以繼明照于四方。

《注》：兩離相續，繼明之義也。（太平御覽卷一四六皇親部引周易王肅曰。
初學記卷十皇太子部引無「繼」字。孫堂、黃奭輯本有「繼」字，張馬輯本無繼。）

案：《說卦》：「《離》爲火爲日。」乃光明之象徵。《離》之成卦，《離》下《離》
　　上。此兩《離》相續，《象傳》所謂「日月麗乎天」；《中庸》所謂「如日月
　　之代明」也：故有繼明之義。王肅之注，即據本卦之象而推言之。較諸虞翻
　　所言：「《乾》五之《坤》成《坎》，《坤》二之《乾》成《離》；《離》《坎》
　　日月之象。」又言：「《乾》五，大人也；《乾》二五之光繼日之明。《坤》爲
　　方。二五之《坤》，《震》東《兌》西《離》南《坎》北，故曰照于四方。」
　　於是《離》一卦由卦變與互體而成《乾》、《坤》、《震》、《兌》、《離》、《坎》
　　六卦，乃無不可附會之事。其蔓衍牽強，誠不如王肅單就本卦之象推論爲合
　　理也。

九三，日昃之離，不鼓缶而歌，則大耋之嗟，凶。

《注》：耋，又他結反，八十曰耋。嗟，又遭哥反。（釋文：「耋，田節反，馬云：七十曰耋。王肅又他結反，云八十曰耋，京作絰，蜀才作咥。嗟，如字。王肅又遭哥反。荀作差，下嗟若亦爾。」四家並輯之。）

案：王肅錄「耋」「嗟」之又切，乃存異音。謂「八十曰耋」，與《毛傳》、《說文》、《釋名》並同；與郭舍人、何休、馬融、服虔、鄭玄異，茲分述於下。耋，《廣韻》在入聲屑韻，音「徒結切」。《釋文》音「田節反」，與《廣韻》合（徒田皆定紐；結節皆屑韻）。王肅又「他結反」，韻亦同（在屑韻）；聲則有清濁之異（他屬透紐，音清；徒屬定紐，音濁）。嗟，《廣韻》在平聲麻韻，音「子邪切」。《釋文》如字，當即此音。王肅又「遭哥反」，聲同（子遭皆精紐），韻則有歌麻之異（哥在歌韻；邪在麻韻）。陸法言《切韻‧序》云：「吳楚則時傷輕淺；燕趙則多傷重濁。秦隴則去聲爲入；梁益則平聲似去。」蓋我國幅員廣大，方言眾多；肅之又切，亦存異音之意也。耋之義，《左傳》僖九年《正義》引西漢犍爲文學郭舍人注曰：「年六十稱。」《公羊》宣十二年何休注：「六十稱耋；七十稱老。」又《易‧離》九三馬融注：「七十曰耋。」（見上引《釋文》）。《詩‧秦風‧車鄰正義》、《禮記‧射義正義》、《爾雅‧釋言疏》並引服虔《左傳注》曰：「七十曰耋。」杜預《左傳注》亦曰：「七十曰耋。」又《詩‧車鄰正義》、《爾雅‧釋言疏》並引鄭玄《易注》云：「年踰七十。」又《詩‧車鄰傳》：「八十曰耋。」《說文》：「年八十曰耋，從老省，至聲。」《釋名》：「十五曰童；二十曰弱；三十曰壯；四十曰強；五十曰艾；六十曰耆；七十曰耄；八十曰耋；九十曰鮐；百年曰期頤。」《爾雅郭璞注：「八十爲耋。」是知耋之年齡；郭舍人、何休以爲六十；馬融、服虔、杜預以爲七十；鄭玄以爲年踰七十；毛傳、許慎、劉熙、郭璞以爲八十。王肅以「八十曰耋」，是與毛氏、許慎、劉熙並合，郭璞亦與之同。而與郭舍人，何休、馬融、服虔、鄭玄並異；杜預亦不同肅義也。所以異說紛雜如此者，以《禮》無明文規定故也。考《禮記‧曲禮》上：「上生十年曰幼，學；二十曰弱，冠；三十曰壯，有室；四十曰強，而仕；五十曰艾，服官政；六十曰耆，指使；七十曰老，而傳；八十九十曰耄。」而未明言何年曰耋。或據《釋文‧禮記音義》：「本或作八十曰耋；九十曰旄。」，參以《毛傳》、《說文》、《釋名》、王肅《易注》、郭璞《爾雅注》「八十曰耋」之說，以《禮記》「八十」下當脫「曰耋」二字。錢大昕曰：「有曰耋二字者當是古本。」（潛研堂文集卷八）；

王筠曰：「陸氏誤駁。有曰耊者，當是古本。」（見說文句讀「薾」下）；桂馥亦曰：「古本八十曰耊，九十曰薹。」（見說文義證「薾」下）；並主是說。然查王肅注《孔子家語・觀鄉射》篇云：「八十九十曰薹。」是肅雖以耊者年八十；而又以薹者年八十九十：亦無定文。且《家語注》文與今《禮記》文全同，足證肅見《禮記》已同今本。錢大昕、王筠、桂馥謂有曰耊為古本，不攻自破矣。王引之《經義述聞》嘗述王念孫列舉五證以明陸氏所謂「八十曰耊九十曰薹後人妄加」為確；錢氏以「有曰耊二字者為古本」，非也。文長，不贅引。此又為據王肅《易注》斠《禮記・曲禮》之大略，附述於此。

九四，突如其來如，焚如，死如，棄如。

《注》：突，唐屑反。（釋文：「突，徒忽反。王肅唐屑反。舊又湯骨反，字林同。云暫出。」四家輯同。）

案：突，《廣韻》「徒骨反」，在入聲沒韻。《釋文》「徒忽反」之音，與《廣韻》「徒骨反」音同。王肅音「唐屑反」，聲同韻異（徒唐皆定紐。骨忽在沒韻，段玉裁古音皆列第十五部；屑在屑韻，段氏古音第十七部）；《釋文》舊又「湯骨反」，則為「𡱖」字之音。《說文》：「𡱖，不順忽出也，從到子，《易》曰：『突如其來如。』不孝子突出，不容於內也。𡱖即《易》突字也。（他骨切）」與徒骨反韻同聲異（韻皆在沒韻，聲則徒定紐，湯透紐，有清濁之異）。蓋語音之變，聲變多疊韻；韻變多雙聲故也。

六五，

象曰：六五之吉，麗王公也（麗，弼本作離，據釋文，肅當作麗。）

《注》：麗王者之後為公（釋文：「離音麗，鄭作麗，王肅云：麗王者之後為公。梁武力智反，王嗣宗同。」四家皆輯之。）

案：《釋文》引鄭作「麗」後，即引肅注，是肅本亦作「麗」，與鄭玄同。《離》卦上九爻辭云：「上九，王用出征，有嘉；折首，獲匪其醜。」上九既為「王」象，六五附麗於上九，故王肅即以「麗王者之後為公」以釋其象也。

上九，王用出征，有嘉；折首，獲匪其醜，无咎。

象曰：王用出征，以正邦也；獲匪其醜，大有功也。（今本象傳至「以正邦也。」釋文：「王肅本此下更有獲匪其醜，大有功也。」四家所輯並同。）

案：今本《小象》僅「王用出征，以正邦也。」是釋爻辭「王用出征，有嘉。」

之義;《小象》爻辭「折首,獲匪其醜,无咎。」不應無傳。是以朱震云:「王
肅《易》本曰:『獲匪其醜,大有功也。』疑今本脫之。」(見漢上易傳卷三)。
王肅《易》文字與今本異者頗多,疑所據爲古本。

周易下經

艮下
兌上　**咸**

象曰:咸,感也。柔上而剛下,二氣感應以相與。止而說,男下女,
是以亨利貞,取女吉也。

《注》:山澤以氣通,男女以禮感。男而下女,初婚之所以為禮也。通
義正,取女之所以為吉也。(集解引王肅曰,四家皆輯。)

案:王肅此《注》,本於卦象,依於《周易》(乾文言及說卦);合乎(周禮春官大
　　宗伯、儀禮士昏禮、禮記郊特牲)其言與《荀子大略》及鄭玄《易注》意並
　　相近;與虞翻則異趣。李道平《周易集解纂疏》:「《乾‧文言》曰:『同氣相
　　求。』《說卦》曰:『山澤通氣。』故云:『山澤以氣通。』《春官‧大宗伯》:
　　『以昏冠之禮親成男女。』故云:『男女以禮感。』《儀禮‧士昏禮》:凡納采、
　　問名、納吉、納徵、請期、親迎諸禮,皆男下女之事。〈郊特牲〉曰:『男子
　　親迎,男先於女,剛柔之義也。』故云:『初婚之所以爲禮也。』亨利貞則通
　　其義而得正,故云:『取女之所以爲吉也。』」於肅注之出處一一指明,甚是。
　　由此注復可知王肅說《易》之方式:首本卦象言自然之理;(如咸卦艮下兌上,
　　艮爲山,兌爲澤。山高澤卑,而澤在山上者,必澤氣升,山氣降故也。是以
　　言「山澤以氣通」)從而由此自然之理推出爲人之道:(男剛而女柔。男性如
　　求婚姻美滿,家庭和諧,當效法山澤通氣之現象,以禮相感而下於女)故曰
　　「男女以禮感」。而以下所言於《易》之經傳及儒家典籍並相合。又《荀子‧
　　大略篇》:「《易》之《咸》見夫婦。夫婦之道不可不正也。君臣父子之本也。
　　《咸》,感也。以高下下,以男下女,柔上而剛下。聘士之義,親迎之道:重
　　始也。」鄭玄《易注》亦言:「《咸》,感也。《艮》爲山,《兌》爲澤。山氣下,
　　澤氣上。二氣通而相應,以生萬物,故曰《咸》也。其於人也,嘉會禮通,
　　和順干義,幹事能正。三十之男,有此三德,以下二十之女,正而相親說,
　　取之則吉也。」皆由卦象而言自然之理,由自然之理而推人事之道。王肅與
　　之方式實同。《集解》又引虞翻:「《坤》三之上成女;《乾》上之三成男。」

　　謂《咸》由《否》來，以卦變爲說。肅不言卦變，故大異其趣。

九四，貞吉悔亡，憧憧往來，朋從爾思。

《注》：**憧憧，往來不絕貌。**（釋文：「憧，昌容反。馬云：行貌。王肅云：往來不絕貌。廣雅云：往來也。劉云：意未定也。徐又音童，又音鐘。京作懂。字林云：懂，遲也，丈冢反。」四家輯同。）

案：王肅「往來不絕貌」之義，與馬融「行貌」義近。又《說文》：「憧，意不定也。」《釋文》引劉表：「意未定也。」乃遵許愼說解也。

九五，咸其脢，无悔。

《注》：**脢，又音灰**（釋文引王肅）。**脢。在背而夾脊。**（正義引王肅云。四家輯同。）

案：《釋文》云：「脢，武杯反；又音每。」《廣韻》平聲灰韻莫杯切有脢字，脊側之肉也；去聲隊韻莫佩切亦有脢字，背肉也。《釋文》武杯反之音即《廣韻》莫杯切之音；《釋文》音每即《廣韻》莫佩切之音，是《釋文》音與《廣韻》合也。王肅又音灰，與武杯反韻同聲異（灰在曉紐莫在明紐），與又音每則有平去之別（灰平，每去）。《晁氏易》：「脢或作脄作膴作散。」是脢之重文作脄散者字皆從灰。此王肅所以音灰乎？脢之義，《正義》曰：「《子夏易傳》曰：『在脊曰脢。』馬融云：『脢，背也。』鄭玄云：『脢，脊肉（《釋文》引鄭云：「背脊肉」多背字）也』王肅云：『脢在背而夾脊。』《說文》云：『脢，背肉（今說文同，《釋文》引鄭而云說文同，則當作背脊肉）也。』」是諸家或曰背，或曰脊。考諸《說文》：「脢，背肉也。」「胂，夾脊肉也。」是胂爲近脊之肉，脢爲全背之肉，分析憭然。而《廣雅・釋親》：「胂謂之脢。」則義可互通。王肅綜取諸家之義，故謂「在背而夾脊」。於字書亦有據。

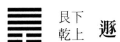

艮下
乾上　**遯**

六二，執之用黃牛之革，莫之勝說。

《注》：**說，如字，解說也。**（釋文：「說，王肅如字，解說也。師同。徐，吐活反，又始銳反。」四家所輯同。）

案：說字之義，或以爲如字，或以爲脫也。《釋文》引王肅及「師」（接：張譏也。）說，以爲如字，解說也。程頤《易傳》：「二、五以中正順道相與，其固如執

繫之以牛革也。莫之勝說，謂其交之固不可勝言也。」即遵肅注。是肅義雖不得詳聞，猶可據伊川《易傳》以推知其意也。又《集解》引虞翻云：「勝，能；說，解也。」王弼乃云：「若能執乎理中厚順之道以固之也，則莫之勝解。」則以「說」爲「脫」之借字，爲「解脫」義，與王肅異。《釋文》引徐邈吐活反，即脫字之音；又始銳反，則蛻字之音，蛻者蛻皮，亦脫去之義。

九三，係遯有疾，厲；畜臣妾，吉。

象曰：係遯之厲，有疾憊也；畜臣妾吉，不可大事也。（釋文：「憊，王肅作斃。」四家皆輯之。）

《注》：三下係於二而獲遯（下係原作上係，依文義改），**故曰：係遯。病此係執而獲危懼，故曰：有疾斃**（集解作憊，依釋文改）**也。此於六二畜臣妾之象，足以畜其臣妾，不可施爲大事也。**（集解引王肅曰，四家皆輯。）

案：王肅此注，可分三點：一釋「係遯」，二釋「有疾憊也」，三釋「畜臣妾」。茲亦析而言之。王肅以「三上係於二而獲遯，故曰係遯。」張惠言《易義別錄》謂「三係於二不宜云上」故「疑三二字誤，當二上係于三。」「三係于二不宜云上」誠是；然「疑三二字誤，當二上係于三」，則以「二」爲主詞。九三《象傳》以「二」爲主，《易》無此例，其非亦至顯矣。李道平《集解纂疏》作「三下係於二」，改「上」爲「下」，是。唯李道平未言所以改字之故耳。《遯》卦《艮》下《乾》上，二陰四陽，有陰長陽遯之象。九三近於初六，六二肉陰爻，爲陰所係而獲遯。此王肅所以謂：「三下係於二而獲遯。」也。後王弼作《易注》言九三「在內近二，以陽附陰，宜遯而係，故曰係遯。」程頤作《易傳》言「陽志說陰，三與二比，係乎二者也。」朱震作《漢上易傳》言「九三得位，係於二陰而不能遯。」朱熹作《本義》言九三「下比二陰，當遯而有所係之象。」以及惠棟《周易述》言「二係三，故係遯。」皆從王肅之義也。考《易》言「係」凡三卦而九見：《隨》六二：「係小子」（小子謂初九），《象》曰：「係小子，弗兼與也。」六三：「係丈夫」（丈夫謂九四），《象》曰：「係丈夫，志舍下也。」上六：「拘係之」（爲九五拘係），《象》曰：「拘係之，上窮也。」《坎》上六「係用徽纆」（爲九五拘係），《象》曰：「上六失道。及《遯》卦九三「係遯」，《象》曰：「係遯之厲，有疾憊也。」由《隨》上六因「上窮」而「拘係之」；《坎》上六因「失道」而「係用徽纆」：知被係者爲本爻。由《隨》六三《象傳》「係丈夫志舍下也」；因「舍下」而「係丈夫」，則「丈夫」之位非「下」，必爲在「本爻」之上者。是知係之者亦爲本卦之爻。王肅謂《隨》九三爲本卦六二所係，

與《易》言「係」之例合。清儒焦循作《易通釋》，統計《易》「稱係者三」，而以「凡稱係即繼善續終，故旁通不窮。」焦循能用統計法比較《易義》，誠闢研《易》之新途；然由展轉旁通他卦以釋「係」，則背於《象傳》，不得據之以推翻肅義也。王肅又云：「病此係執而獲危欄，故曰：有疾厲也。」考《遯》九三雖屬陽而有遯象；然實居於內卦，係於二陰，成《艮》爲山，終不能如九四好遯、九五嘉遯、九六肥遯，遠害得吉也。倘陰更進，則剝陽而斃。是以王肅之言如上。後弼注云：「以陽附陰，係於所在，不能遠害，亦已憊矣。」伊川《易傳》：「有所係累，害於遯矣，故爲有疾也；遯而不速，是以危也。」亦用肅義，唯斃作憊，不從肅耳。王肅末云：「此于六二畜臣妾之象；足以畜其臣妾，不可施爲大事也。」六二爲陰，故爲臣妾之象。九三欲遯而係於陰，是畜臣妾之象。所畜者小，故不足以成大事。此王肅所以云然也。綜觀肅注，由爻象而釋《象傳》，爲王弼等所從。

九四，好遯，君子吉，小人否。

《注》：否，備鄙反，塞也。（釋文：「否音鄙，注下同，惡也。徐方有反。鄭、王肅：「備鄙反，云塞也。」四家皆輯之。）

案：《廣韻》所錄「否」之音義有二：平聲旨韻符鄙切有「否，塞也。」上聲有韻方久切有「否，《說文》不也。」《釋文》所錄鄭玄、王肅「備鄙反，云塞也。」音義與《廣韻》旨韻符鄙切訓塞也者全同（符備皆並紐）。又錄徐邈方有反之音即《廣韻》有韻方久切音（有久疊韻）。《釋文》言「否音鄙，惡也。」則不見於《廣韻》；或《廣韻》於異音仍有所疏略也。王肅謂否音備鄙反，塞也，全依鄭玄。考《否・彖辭》：「大往小來，則是天地不交而萬物不通也。」《象辭》：「天地不交，否。」鄭玄訓塞，其義出於此。王肅之注既遵鄭義，亦同祖於《否》之《彖》《象》也。又《否》卦《釋文》云：「否，備鄙反，卦內同，閉也，塞也。」音義與鄭玄王肅同。唯《遯》卦「小人否」之否，諸家多訓惡訓不。後儒從鄭玄、王肅作「塞」解者殊鮮。

▚▚▚ 乾下 震上 **大壯**

《注》：壯，盛也。（釋文：「壯，莊亮反，咸盛強猛之名。鄭云：氣力浸強之名。王肅云：壯。盛也。廣雅云：健也。馬云：傷也。郭璞云：今淮南人呼壯爲傷。」四家皆輯。）

案：《大壯・象》曰：「《大壯》，大者，壯也。」《說文》：「壯，大也。」是大、壯二字，義同可以互訓也。《序卦》：「物不可終《遯》，故受之以《大壯》。」《遯》者隱避退縮，《大壯》者浸強健盛。鄭玄云：「氣力浸強之名。」《廣雅》云：「健也。」王肅云：「盛也。」並用壯字本義，而得《易傳》之旨。馬融云：「傷也。」虞翻本之，云：「陽息《泰》也，壯，傷也。」異義違《傳》，王肅不取。觀此注，知馬鄭不同，肅有從鄭背馬者。張惠言謂：「肅著書務排鄭氏，其託于賈馬、以抑鄭而已。故于《易義》：馬鄭不同者則從馬；馬鄭同則并背馬。」誣矣！

九三，小人用壯，君子用罔。貞厲。羝羊觸藩、縲其角。（縲，今本作羸。釋文：「羸，律悲反，又力追反。下同。馬云：大索也。徐力皮反。王肅作縲，音螺，鄭虞作纍，蜀才作累，張作虆。」四家皆輯。）

《注》：罔，无；縲，音螺。（釋文：「罔，羅也。馬、王肅云无。」縲音螺已詳上引。四家皆輯。）

案：罔字之義，馬融云「无」，王肅宗之。程頤《易傳》：「小人尚力，故用其壯勇；君子志剛，故用罔。罔，无也，猶云：蔑也。以其志剛，蔑視於事，而无所忌憚也。」朱熹《本義》：「罔，无也；視有如无。」皆用馬融、王肅義。《集解》引虞翻則本《繫辭傳》：「作結繩而為罔罟，以佃以漁，蓋取諸《離》。」之旨，謂《大壯》九二已變為陰而成離，離為罔，故為罔罟。王弼、陸德明並以罔為羅，從虞翻義，與馬融，王肅異。縲字異文頗多：鄭玄、虞翻作纍，王肅作縲，蜀才作累，張璠作虆；馬融作羸。《說文》：「纍，綴得理也，一曰大索也。」《釋文》引馬融云「大索也。」義與《說文》合。是纍訓大索，《說文》載之，為正字。俗作縲。《論語・公冶長》篇：「雖在縲絏之中。」《史記・管晏列傳》：「在縲紲中。」〈太史公自敘〉：「幽於縲紲。」縲字皆為纍之俗體。《廣韻》：「纍，索也，亦作縲。」是也。省作累。《孟子・梁惠王下》：「係累其子弟。」趙岐注：「係累，猶縛結也。」《荀子・成相》篇：「箕子累。」楊倞注：「累讀為縲。」是也。繁文作虆。《集韻》：「虆通作纍。」作羸者則為假借。《說文》：「羸，瘦也。」《說文通訓定聲》：「叚借為纍。《易・姤》：『羸豕孚蹢躅。』宋衷注：『大索，所以繫豕。』《大壯》：『羸其角。』馬注：『大索也。』《井》：『羸其瓶。』虞注：『鉤羅也。』」綜上所述：鄭玄、虞翻作纍，為正字；王肅作縲，為俗體；蜀才作累，為省體；張璠作虆，為繁文；馬融作羸為叚借。其義則馬訓大索，為「拘纍纏繞」（正義語）之意。其音：徐邈

云力皮反，與《廣韻》上平支韻「力爲切」之羸同音；陸德明云律悲反，與《廣韻》上平脂韻「力追切」之纍同音；王肅音螺，則與贏、倮、蠃、嬴、嬴、嬴、蘲、鸁、摞、騾、稞音同，《廣韻》下平戈韻「落戈切」之音也。

六五，喪羊于易，无悔。

《注》：易音亦，畔也。（熊過周易象旨決錄：「易、王肅音亦，畔也。」黃奭輯，孫張馬皆未輯。）

案：易字，王肅音亦，從鄭玄。《釋文》：「易，以豉反，鄭音亦。」是從鄭之證。訓畔也，同陸績。《釋文》：「陸作場，謂壇場也。」《詩・小雅・信南山》：「疆場翼。」《傳》：「場，畔也。」是訓畔同陸績之證。

上六，羝羊觸藩，不能退，不能遂，无攸利，艱則吉。

象曰：不能退，不能遂，不祥也。艱則吉，咎不長也。（祥，弼本作詳。釋文：「詳，審也。鄭、王肅作祥，善也。」四家皆輯。）

《注》：祥，善也。（釋文引，已詳上。）

案：祥詳古通。《尚書・君奭》：「其終出於不祥。」蔡邕《石經》作「出於不詳」（見隸釋）〈呂刑〉：「告爾祥刑。」鄭玄作「詳刑」（後漢書劉愷傳章懷太子注所引）。《左傳》成十六：「詳以事神。」《正義》「詳者祥也，古字同耳。《釋詁》云：『祥，善也。』李巡曰：『祥，福之善也。』事神得福，乃名爲祥。是祥用之以事神也。」《易・履》上九：「視履考祥。」《釋文》：「祥，本亦作詳。」皆其證。《說文》：「祥，福也，一云善。」（王念孫，段玉裁、桂馥據說文繫傳無「一云善」三字，以爲淺人所加。考慧琳音義引字林：「福也善也。」玉篇廣韻皆有善也之訓。三者同本說文，則說文有者是。此據徐鉉本）。《爾雅・釋詁》：「祥，善也。」《詩・大明》「文定厥祥」傳，《儀禮・士相見禮》「言忠信慈祥」注，《禮記・禮運》「是爲大祥」注，《左傳》僖三「棄德不祥」注，皆訓善也。《影宋本周易正義》亦作「祥」，云：「祥者善也。」從鄭玄、王肅義。

坤下
離上　**晉**

六五，矢得勿恤，往吉无不利。（矢，弼本作失。釋文：「失，如字。孟馬鄭虞王肅本作矢。」四家輯同。）

《注》：離為矢。（釋文：「馬王云離為矢。虞云矢古誓字。」四家輯同。）

案：「矢得勿恤」，王弼本作「失得勿恤」，而孟喜、馬融、鄭玄、虞翻、王肅「失」
並作「矢」。考虞翻五世傳《孟氏易》，與孟氏皆作「矢」者，必孟氏之本如
此。馬融、鄭玄則傳《費氏易》，則《費氏易》本亦作「矢」。至王肅猶然。
李鼎祚《集解》依虞義作「矢」，清惠棟《周易述》從之。疑作「失得勿恤」
者，為弼依道家義改。程頤、朱熹乃並從弼本作「失」矣。「矢」之義，虞翻
云古誓字。除上引《釋文》所載之外，《集解》亦引虞翻云：「矢，古誓字，
誓，信也。勿，无；恤，憂也。五變得正，《坎》象不見，故誓得勿恤，往有
慶也。」是虞翻以六五變陽爻，則《晉》三四五爻不復得互體《坎》☵象，
準此卦變互體以說爻辭者也。馬融、王肅以「離為矢」者，《晉》卦《坤》下
《離》上，六五居《離》中爻；《說卦》又有「《離》為兵戈」之言，故云然
也。比較三家之說：如虞翻傳孟喜之學，孟喜得《易》家陰陽災變小數之書
（語本漢書儒林傳：「喜好自稱譽，得易家候陰陽災變書。」又：「蜀人趙賓
好小數書，云受孟喜」），始以象數解《易》，故虞翻以卦變互體為釋；馬融、
王肅傳費直之學，費直以《彖象繫辭》十篇之言解說上下經（語本漢書儒林
傳），故馬融、王肅遂以《說卦》說卦爻之象；王弼亦傳《費氏易》，一掃漢
儒之象數，而專說義理，故改「矢」為「失」，然「失得无恤」云云，不免使
《易》入於老莊矣。

☷ 離下
坤上 **明夷**

彖曰：明入地中，明夷。內文明而外柔順，以蒙大難，文王以之；利
艱貞，晦其明也，內難而能正其志，箕子以之。

《注》：文王以之，唯文王能用之；箕子以之，唯箕子能用之。（釋文：
「文王以之，王肅云：『唯文王能用之。』鄭荀向作『似之』下亦同。」四家皆僅
輯上句。）

案：「文王以之」「箕子以之」之「以」，王肅訓「用」，同虞翻，唯不採翻互體說。
鄭玄、荀爽以作似，以似古通，義亦相近。《說文》：「㠯，用也。」段玉裁《注》：
「今字皆作以，由隸變加人於右也。」《說文》又云：「侣，象也，從人㠯聲。」
沈濤《說文古本考》以為「古㠯以似三字相通」，其言曰：「《論語》『毋吾以也』，
《釋文》云『以鄭本作已』。『其斯而已矣』，漢石經作『其斯以乎』。《詩·匏有

苦葉》「不我屑以」，《孟子・公孫丑注》作『不我屑已』。《詩・旄丘》『必有以也』，《儀禮・特牲饋食禮注》作『必有似也』。又《詩・維天之命》『於穆不已』，《正義》引《譜》云『子思論《詩》，於穆不已。孟仲子曰：於穆不似。』《詩・斯干》『似續妣祖』，《箋》云『似讀爲巳午之巳』，《正義》曰：『直讀爲己，不云字誤，則古者似己字同。』其言甚是。以似古字既通，是以虞翻（翻曰：「以、用也。」見集解）、王肅字作以，而訓用（唯虞翻言「三幽坎中」，謂明夷二三四爻互坎；又言「震爲諸侯」，謂明夷三四五爻互震，肅皆不採之）；鄭玄、荀爽、向秀字作似，而訓如。王弼於此無注。孔穎達《正義》：「惟文王能用之，故云文王以之；惟箕子能用之，故云箕子以之。」全依王肅《注》義。程頤《易傳》：「昔者文王如是，故曰文王以之。」如似義同，是之古通。如是猶似之也，是同鄭義。又云：「箕子所用之道也，故曰箕子以之。」復同王肅義。於此亦可見鄭玄作「似」，王肅訓「用」，於義並通也。

六二，明夷，夷于左股。（釋文：「夷，如字，子夏作睇。鄭陸同，云旁視曰睇。京作眱。股音古，馬、王肅作般，云旋也，日隨天左旋也。姚作右髀，云自辰右旋入丑。」四家皆輯之。）

《注》：般，旋也，日隨天左旋也。（釋文引，詳上，四家皆輯。）

案：「股」字作「般」訓「旋也」者，從馬融也。李富孫《周易異文釋》卷三：「古般字亦作『股』（萱按：般，宧皇父敦作股，與股形似，見金文編），與股字相似；般又爲古盤字，槃與盤同。蓋由字形易溷，故諸家授受，各據所傳，師讀既異，亦皆依文爲說也。」或然也。王肅「股」作「般」，與馬融同，亦可作爲探討王肅《易》學師承資料之一也。「般」字之義，王肅訓旋，謂日隨天左旋也，亦從馬融。考《說文》：「般，辟也，象舟之旋，從舟從殳。殳，所以旋也。股，古文般從支。」般象舟之旋，故有旋義。此馬融、王肅般字訓旋之根據也。《白虎通・天地篇》：「天道所以左旋，地道右周。」又〈日月篇〉云：「天左旋，日月五星右行。」《晉書・天文志》引《周髀家》云：「天員如張蓋，地方如棊局。天旁轉如推磨而左行；日月右行，隨天左轉，故日月實東行而天牽之以西沒。譬之於蟻行磨石之上，磨左旋而蟻右去，磨疾而蟻遲，故不得不隨磨以左迴焉。」王充《論衡・說日篇》：「日月之行也，繫著於天也；日月附天而行，不直行也。何以言之？《易》曰：『日月星辰麗乎天，百果草木麗於土。』麗者，附也；附天所行，若人附地而圓行，其取喻若蟻行於磑上焉。」（按：黃暉論衡校釋云：「仲任方天說，蓋取周髀蓋天爲

說耳。」故次論衡說於周髀後）；此古之論日月天地運行也。馬融、王肅謂「日隨天左旋」，亦淵源於此種天文觀。設以今日所知地繞日行，月繞地行之知識以衡之，則馬融、王肅說殆非是矣。

☲ 離下
巽上　**家人。利女貞。**

彖曰：家人，女正位乎內，男正位乎外。男女正，天地之大義也。家人有嚴君焉，父母之謂也。父父，子子，兄兄，弟弟，夫夫，婦婦，而家道正。正家，而天下定矣。

《注》：凡男女所以能各得其正者，由家人有嚴君也。家人有嚴君，故父子夫婦各得其正。家家咸正，而天下之治大定矣。（集解引王肅曰，四家皆輯。）

案：《彖傳》論一卦之義；肅《注》約《彖傳》之旨。唯言人事，不及象數。

☲ 兌下
離上　**睽**

《注》：睽，音圭。（釋文：「睽，苦圭反。馬鄭、王肅徐呂忱並音圭。」四家皆輯。）

案：圭，廣韻古攜切，見紐，齊韻；睽，《廣韻》苦圭切，溪紐，齊韻。是圭睽二字韻同屬齊韻；聲則見溪有送氣不送氣之別也。王肅睽音圭，見紐，不送氣。《釋文》謂馬融、鄭玄亦音圭，則肅音從馬、鄭也。

彖曰：其志不同行。

《注》：行，遐孟反。（釋文：「行，如字，王肅遐孟反。」四家皆輯之。）

案：《廣韻》行音凡四：平聲《唐》韻胡郎切之音訓「伍也列也」，平聲《庚》韻戶庚切之音訓「行步也適也往也去也又姓」，去聲《宕》韻下浪切之音訓「次第」，去聲《映》韻下更切之音訓「景迹也又事也言也」。陸德明讀如字，即《廣韻》戶庚切之音；王肅遐孟反，即《廣韻》下更切之音。肅時無去聲，而《廣韻》其反切在去聲者，以肅時孟字亦不讀去聲故也。段玉裁《說文解字注》謂「孟」字「古音在十部，讀如芒。」芒為平聲（廣韻芒武方切，陽韻），肅讀行字以孟為反切下字，蓋與芒疊韻，亦為平聲。

天地睽，而其事同也。

《注》：高卑雖異，同育萬物。（集解引王肅曰，四家皆輯。）

案：肅以「高卑雖異」釋「天地睽」。高者，天也；卑者，地也；然則睽之爲異意
　　明矣。《序卦》：「睽者，乖也。」肅以睽爲異，蓋本諸《序卦》乖異之義也。
　　又考《象傳》「天地睽而其事同也；男女睽而其志通也；萬物睽而其事類也。」
　　爲平列複句。天地睽之睽既作異解，然則男女睽萬物睽之睽，肅亦必作異解
　　者，又可知矣。復考《繫辭傳》：「天地絪縕，萬物化醇。」《序卦》：「有天地
　　然後萬物生焉。」《頤・象傳》：「天地養萬物。」《咸・象傳》：「天地感而萬
　　物化生。」王肅以天地「同育萬物」釋「其事同」，亦本《繫》、《象》、《序卦》。
　　爲《易》費氏「以《彖》《象》《繫辭》十篇之言解說上下經」之師法也。

六三，見輿曳，其牛掣，其人天且劓。无初有終。（釋文、「天、剠也。
馬云：剠鑿其額曰天。劓，魚器反，截鼻也。王肅作劓，劓，魚一反。」四家皆
輯。）

《注》：劓，魚一反。（釋文引，已詳上，四家皆輯之。）

案：《釋文》引王肅本《周易》，劓字於二卦凡四見，除本卦一見外，《困》九五
　　〈爻辭〉及《象傳》：「劓刖。」《釋文》：「荀、王肅本劓刖作劓臲，云不安
　　貌。陸同。鄭云劓刖當爲倪仉，京作劓劊。」又上六：「困於葛藟，于臲卼。」
　　《釋文》：「臲、王肅妍喆反，《說文》作劓，牛列反，薛同。卼，《說文》作
　　㐹，云：㐹，不安也，薛又作杌，字同。」考《困》卦劓刖、臲卼字，訓不
　　安者，《說文》引《易》作槷臲，鄭作倪仉，王肅、荀爽、陸績作劓臲，皆
　　連綿字，義可互通。《睽》卦「天且劓」之劓，其字甲文作🔣（鐵雲藏龜二
　　五二五〇、一）、亦作🔣（殷虛書契前編四、三二、八。皆見李孝定甲骨文
　　字集釋引），從自從刀，自即鼻之古文。金文作🔣（辛鼎，見金文編），與小
　　篆同。《說文》云：「劓，刑鼻也，從刀，臬聲。《易》曰：『天且劓（魚器切）。』
　　劓，劓或從鼻。」《周易釋文》引馬融曰：「剠鑿其額曰天。」《周易集解》
　　引虞翻曰：「黥額爲天，割鼻爲劓。」義與許同。王肅於《困》卦作劓臲，
　　云不安貌，於義固是矣（其說當於困卦另詳之）；於《睽》卦作劓，其義不
　　詳，未知亦訓不安貌如《困》卦者乎？抑爲劓字之假借乎？古今解《易》者
　　於《睽》卦劓字再無如肅作劓者，不得引以推測肅義也，更有一疑：《釋文》
　　於《困》卦「臲」下引「《說文》作劓」。考《說文》刀部有「劓」爲刑鼻，

出部有「𤎥𤈥」爲不安。《困》卦「𦳝脆」既爲不安，《釋文》當引「《說文》作𤎥𤈥」，不當引「《說文》作劓」。若必引「《說文》作劓」，《釋文》當於《睽》卦「劓，截鼻也。」下引之，則《釋文》截鼻之劓與《說文》刑鼻之劓（重文正作劓）義方相當。而《釋文》不於《睽》卦引《說文》作劓而於《困》卦引之者，誤實彰然。準此，安知《睽》卦下引「王肅作𦳝」非涉《困》卦「王肅本劓劓作𦳝𦳝云不安貌」而誤增者乎？以無碻證，不敢云必然也。𦳝之音，此引王肅「魚一反」；《困》卦《釋文》引王肅「妍喆反。」《釋文》、《廣韻》並云「五結反」。聲母皆同（在疑紐）；韻則魚一反《廣韻》在入聲質韻，妍喆反在入聲薛韻；五結反在入聲屑韻。所謂「韻變必雙聲」，或古今南北之異使然也。

上九，睽孤，見豕負塗，載鬼一車，先張之弧，後說之壺，匪寇婚媾，往遇雨則吉。（釋文：「後說之弧，本亦作壺，京、馬、鄭、王肅、翟子玄作壺。」四家皆輯之。）

案：後說之壺，壺字弼本作弧，曰：「先將之弧，將攻害也；後說之弧，睽怪通也。」宋儒注《易》，多從弼本，如程頤《易傳》即云：「先張之弧，始疑惡而欲射之也。疑之者妄也。妄安能常？故終必復於正，三實无惡，故後說弧而弗射。」以先張弧欲射，後脫弧弗射爲釋。然弼之前，如京房、馬融、鄭玄、據《釋文》引，皆作「先張之弧，後說之壺。」王肅猶然，蓋從馬、鄭。虞翻《易注》（見集解）、翟子玄《易義》（《釋文》引）、李鼎祚《集解》、陸希聲《易傳》（周易會通自晁氏易轉引，李富孫周易異文釋誤題爲陸績，非也），亦並如此。是知無論《孟易》（京房、虞翻傳之）、《費易》（馬融、鄭玄、王肅皆傳之），古本皆作「後說之壺」，弼本壺字作弧者，涉上文「先張之弧」而誤改也。後說之壺者，虞翻云：「四動《震》爲後。說猶置也。《兌》爲口，《離》爲大腹，《坤》爲器大腹有口，《坎》酒在中，壺之象也。之應歷險以與《兌》，故後說之壺矣。」牽強附會，肅必不然。惠棟《周易述》云：「《釋詁》曰：『說，舍也。』郭注云：『舍，放置。』說舍同義，故云『說猶置也』。」又云：「昏禮設尊，是爲壺尊。揚子《太玄》曰：『家无壺，婦承之姑。』〈測〉曰：『家无壺，无以相承也。』」若然，說壺者，婦承姑之禮。故後說之壺也。雖本虞義，已較近理。及李道平作《周易集解纂疏》，曰：「愚案：壺作昏禮壺尊，則說當音悅。先張之弧，疑其寇，而匪寇；後說之壺，以匪寇而爲婚媾。」則奧義盡明。蓋《睽》上六所述與《屯》六二所述「屯如邅如，乘馬班如，

匪寇婚媾。」皆古代搶婚制度之寫實也，今蠻族猶存其遺風。《東川府志》（余永梁〈易卦爻辭的時代及其作者〉引）載爨蠻婚俗云：「爨之父母，將嫁女三日前，持斧入山，伐帶葉松，樹於門外。結屋，坐女其中，旁列米渳數十爬缸。集親族持械瓢杓，列械環衛。壻及親族，新衣黑面，乘馬持械，鼓吹至，兩家械而鬥。壻直入松屋中，挾婦乘馬疾驅走。父母持械杓米渳澆壻，大呼親族同逐女，不及，怒而歸。新婦在塗中，故作墜馬狀，新郎挾之上馬三，則諸爨皆大喜，即父母亦以爲是爨女也。」可資參考。

䷦　艮下
　　坎上　蹇

《注》：蹇，紀偃反。（釋文：「蹇，紀免反，象及序卦皆云難也。王肅、徐紀偃反。」四家皆輯之。）

案：《廣韻》蹇音凡二：上聲阮韻居偃切有蹇，訓「跛也，屯難也，亦卦名。」王肅紀偃反者，即此音。又上聲獮韻九輦切有蹇，訓「跛也，屯難也。又姓，秦有蹇叔。」陸德明紀免反者即此音。是二音於《廣韻》皆有徵，爲又讀之類。

彖曰：蹇利西南，往得中也。

《注》：中，適也。（釋文：「中，如字。鄭云：和也，又張仲反。王肅云：中，適也。解卦象同。」四家皆輯。）

案：《說卦》之方，西與南：《巽》《離》《坤》《兌》，皆陰卦也（詳已見坤卦西南得朋東北喪朋條下）。而《蹇》卦《艮》下《坎》上，《艮》《坎》皆陽。陽往會陰，陰陽合德，得其所哉。是以王肅謂「往得中也」之中爲「適」，蓋合適之義也。考《釋文》引鄭玄已以「中」爲「和」，爲和合，和諧之義，肅注實本於鄭。

䷧　坎下
　　震上　解

彖曰：解利西南，往得眾也；其來復吉，乃得中也。

《注》：中，適也。（釋文於蹇卦象「得中」下引王肅云並言「解卦象同。」此條唯 馬國翰輯之。）

案：《解》卦《坎》下《震》上，《坎》《震》皆陽卦，故利往西南會《巽》《離》《坤》

《兌》諸陰而得眾。肅於此無注，然參閱其《坤》注而可知也。「其來復吉乃得中也」，肅以「適」釋「中」，蓋於此處不採五二為中之說也。

六三，負且乘，致寇至，貞吝。

《注》：乘，繩證反。（釋文：「乘，如字、王肅繩證反。」除張外三家輯之。）

案：《廣韻》平聲蒸韻食陵切有「乘，駕也，勝也，登也，守也。」陸氏「如字」，即此音也。去聲證韻實證切亦有「乘，車乘也。」實繩皆神紐，故肅繩證反之音即《廣韻》實證反之音。然《廣韻》證為去聲；肅時無去聲，乘證皆不讀去聲。此其異耳。《詩・魯頌・閟宮》「公車千乘」，乘與滕、弓、綅、增、膺、懲、承叶韻；《商頌玄鳥》「龍旂十乘」，乘與勝，承叶韻。是乘古不讀去聲之證。

九四，解而拇，朋至斯孚。

《注》：拇，手大指。（釋文：「拇，茂后反，陸云：足大指。王肅云：手大指。荀作母。」四家皆輯之。）

案：《易》言拇指者二。《咸》初六「咸其拇」，《釋文》：「馬鄭薛云：足大指也，子夏作踇，荀作母，云陰位之尊。」及此「解其拇」是也。《咸》初六居一卦最下，故馬鄭薛云足大指。其字應從子夏作：「踇」（古會意字形聲字有較後世明確者：如甲文大牢作牢，小牢作宰。牧牛為牧，牧羊為�。犬豕馬羊鹿，皆可加匕或土，以分雌雄。又火災作烖，水災作灮：皆其例也。手大指作拇，足大指作踇，亦其類也）。《解》九四，「解而拇」，九四居上體之下，拇不應為足大指，陸績足大指之說，非也。王肅謂手大指，較妥。《說文》：「拇，將指也，從手，母聲。」王筠《說文句讀》云：「拇為手足擘，而足大指亦沿此稱也。」是拇之本義為手大指，引申則足大指亦稱拇。

兌下
艮上 損

上九，弗損，益之，无咎，貞吉。利有攸往，得臣，无家。

《注》：處損之極，損極則益，故曰弗（古經解彙函本弗作不）損。益之非无咎也；為下所益，故无咎。據五應三，三陰上附，外內（古經解彙函本外內作內外）相應，上下交接，正之吉也，故利有攸往矣（義海撮要省矣字）剛陽居上，群下共臣，故曰得臣矣（義海撮要省矣字）。得臣則萬

方一軌，故无家也。（集解引王肅曰又見義海撮要。四家皆輯之。）

案：王肅此注，本於《序卦》《象傳》，依於爻象之例，而加以推闡也。《序卦》
云：「損之不已必益。」故肅謂「損極則益。」考《剝》極而《復》，《損》
極則《益》，爲《易》論自然及人生大則之一。《剝》上九碩果不食，《損》
上九弗損益之，皆基於此大則者也。《象》曰：「《損》，損下益上，其道上行。」
肅言「益之非无咎也，爲下所益，故无咎。」本《象傳》也。《損》上九下
據六五，而與六三相應。於是六三、六四、六五，三陰上附。上九居外卦，
六三居內卦；上九在上體，六三在下體。相應交接，有陰陽合德之吉，故利
有攸往。上九以剛陽居上位，六三、六四、六五皆上附臣服，故得臣。肅言：
「據五應三，三陰上附，外內相應；上下交接，正之吉也，故利有攸往矣。
剛陽居上，群下共臣，故曰得臣矣。」皆據爻象之例而云然。至於肅言「得
臣則萬方一軌，故无家也。」則推闡之所得也。後王弼作《注》，云：「處損
之終，上无所奉，損終反益。剛德不損，乃反益之。而不憂於咎，用正而吉。
不制於柔，剛德遂長。故曰弗損益之，无咎貞吉，利有攸往也。居上乘柔，
處損之極，尚夫剛德，爲物所歸，故曰得臣。得臣則天下爲一，故无家也。」
全本於肅。是王肅、王弼非全掃象數，特所言象數於《易》之卦辭爻辭《象
傳》《象傳》多有徵，而不似虞翻等之牽強附會耳。故虞翻注損上九爻辭云：
「二五已動成《益》（謂損二五互易而成益），《坤》爲臣（益二三四爻體坤），
三變據《坤》成《家人》（益六三由陰變陽乃成家人），故曰得臣。動而應三
成《既濟》（益上九與六三互易成既濟），則《家人》壞（家人上九由陽變成
陰），故曰无家。」由《損》䷨而《益》䷩，而《家人》䷤，而《既濟》䷾。
輾轉演變，肅弼皆不採之。

䷩　震下
　　巽上　益

六三，益之，用凶事，无咎，有孚中行，告公用桓圭。（釋文：「用圭，
王肅作桓圭。」四家皆輯之。）

案：王弼本，李鼎祚本「用桓圭」皆作「用圭」。《集解》引虞翻云：「圭，桓圭也。」
是虞翻本亦作「用圭」，否則不勞作注矣。王肅博通群經，此作「用桓圭」者，
疑或肅據《周禮》、《春官》、《大宗伯》：「王執鎮圭，公執桓圭，侯執信圭，
伯執躬圭，子執穀璧，男執蒲璧。」而增「桓」字也。

☰☱ 乾下
兌上 **夬**

九三，壯于頄。（頄，今本作頄。釋文云王肅作頯，詳注下引。四家皆輯之。）

《注》：頯，音龜。（釋文：「頄，求龜反，顴也，又音求，又丘倫反，翟云：面顴頄間骨也。鄭作頯，頯，夾面也。王肅音龜，江氏音琴威反，蜀才作仇。」四家皆輯。）

案：頄字異文凡三：翟玄，王弼、李鼎祚作「頄」，蜀才作「仇」，鄭玄、王肅作「頯」。其形，以「頄」爲正（宋翔鳳《周易考異》，李富孫易經異文釋亦以頄是）。《說文》：「頄，權也，從頁，弁聲。」而無「頄」字。頄當是頯之異體；仇者頄之假借也。弁聲九聲古韻同，段玉裁皆入第三部（見六書音均表二），疊韻故得相假。其義，則許愼訓「權」，即「顴」（說文無顴字，故作權）也。胡自逢君《周易鄭氏學》云：「謂之權者，取其稱也。《釋名·釋形體》：『頯，夾也，面旁稱也。』是也。」鄭玄訓「夾面也」，翟玄訓「面觀頄間骨也」，王弼訓「面顴也」。皆同許氏。其音：陸氏求龜切，與《說文》渠追切音同。當爲正音。王肅音龜，居追切，韻同（廣韻皆在上平脂韻），聲則渠在群紐，居在見紐，群濁見清，稍異。其他各音從略勿論。總之，王肅字作頯，從鄭玄，與《說文》合也。

九四，臀無膚，其行趑趄，牽羊悔亡，聞言不信。（趑趄，今本作次且，釋文云王肅作趑趄，詳注下引。四家皆輯。）

《注》：趑趄，行止之礙也。下卦倣此。（釋文：「次，本亦作趑，或作跂，說文及鄭作趑同。七私反。注下同。馬云：卻行不前也。說文倉卒也。下卦倣此。且，本亦作趄，或作跙，同。七餘反。注及下同。馬云：語助也。王肅云：趑趄，行止之礙也。下卦倣此。」除張惠言所輯無「下卦倣此」外，他三家輯同。）

案：「趑趄」字形字義，與《新序》引《易》，《說文》，《文選注》引《廣雅》並同。《劉向·新序·雜事第五》：「宋玉事楚襄王而不見察，意氣不得，形於顏色。或謂曰：『先生何談說之不揚，計劃之疑也？』宋玉曰：『不然，子獨不見夫玄蝯乎？當其居桂林之中，峻葉之上，從容游戲，超騰往來，龍興而鳥集，悲嘯長吟；當此之時，雖羿逢蒙不得正目而視也。及其在枳棘之中也，恐懼而掉慄，危視而蹎行，眾人皆得意焉。此皮筋非加急，而體益短也；處勢不便故也。夫處勢不便，豈可以量功校能哉？《詩》不云乎？「駕彼四牡，四

牝項領。」夫久駕而長不得行，項領不亦宜乎？《易》曰：「臀無膚，其行趑趄。」此之謂也。』王肅之撰《孔子家語》，多取材於《左傳》、《國語》、《孟子》、《荀子》、《二戴記》、《韓詩外傳》、《說苑》、《新序》諸書。其作《易注》，當曾見《新序》。此云：「趑趄，行止之礙也。」其字其義均與《新序》合，似依《新序》也。《說文繫傳》：「趑，趑趄，行不進也，從走，次聲。」又：「趄，趑趄也，從走，且聲。」考趄字爲徐鉉新修十九文之一。十九文者：詔志件借龘綦剮礜醶趄顊璵鷹橃緻笑迓睆峯。王念孫《說文解字校勘記殘稿》（晨風閣叢書本。詁林引書名作王氏讀說文記，簡稱曰王記）謂「舊本《繫傳》無，張次立增。念孫按：此字及注皆徐鉉所加。」段玉裁《說文解字注》更進而以趑趄二字皆許書所無，曰：「趑者後出俗字，趄又因趑而加走旁者也，許斷不錄。鉉之前已有趑字，注曰趑趄，鉉因又補趄篆。」然王、段之說，亦不無可疑。據徐鉉《新修字義》（藤花榭本大徐說文卷十五下附）◎云：「左文一十九（萱按：指詔志等，已見前），《說文》闕載，注義及序例偏旁有之，今並錄於諸部。」是鉉所加者，皆《說文》注義及序例偏旁原有。段氏嘗「據言部讄篆下曰：『從言虆聲』」乃於佳部補「虆」字（段氏又依此法於竹部補笑，又補个，水部補池，兔部補免，女部補妥，片部補爿，系部補由，卵部補卝。又襲大徐竹部補笑之例，以他書有引說文者，於玉部補瑃，肉部補腋，又部補燮，竹部補第，邑部補鄩、鼎部補鼏，广部補疳，衣部補袀，舟部補舠，几部補凭，頁部補頔，鬼部補魖，馬部補鶯，補騄，水部補濂，手部補摻，弓部補彎，虫部補蠱。並見詁林錄鄒伯奇讀段注說文札記存稿本），凡所補較大徐尤多，皆自以爲有據。何得謂鉉所補者「許斷不錄」？豈非自違其例耶？又考趑趄爲連綿字。《廣雅》作「迗雎」：《釋訓》「迗雎難行也」。《文選》張載〈劍閣銘〉李善注引作「趑趄難行也。」王肅字作「趑趄」，與《說文》及《文選注》引《廣雅》同。其義曰「行止之礙也」，與《說文》云「行不進也」，《廣雅》云「難行也」亦同。皆跙蹢、蹢躅之意。王弼本《周易》字作「次且」者，次且爲趑趄之字根，亦彷徨或作方皇，彷彿或作方弗之例也。《釋文》謂：「次，《說文》及鄭作趑。」「趑」字，補闕監本作「趑」，疑當作「趑」，漫壞成「趑」，宋本盧本乃依《釋文》引「《說文》倉卒也」而改爲「趑」。不知此處《易義》不作「倉卒也」解，陸氏引《說文》「倉卒也」當爲「行不進也」之誤（清邵瑛著說文解字群經正字已言陸誤引）。是鄭玄字亦作「趑趄」矣。

九五，莧陸夬夬，中行无咎。

《注》：莧陸一名商陸。（正義：「馬融、鄭玄、王肅皆云：莧陸一名商陸。」張惠言、馬國翰輯同。孫堂、黃奭所輯據「兼明書」下更有「一名章陸」。）

案：莧陸之義，據《釋文》、《正義》、《集解》所引，凡有四說：一、《子夏傳》云「莧陸，木根草莖、剛下柔上也。」（正義引）馬融鄭玄王肅皆云「莧陸一名商陸」（正義引。又《釋文》引「馬鄭云：莧陸，商陸也。」未及王肅之名）。皆以莧陸為一草名。王弼以「莧陸，草之柔脆者。」亦同。二、荀爽曰：「莧者，葉柔而根堅且赤。陸亦取上葉柔根堅也，莧根小，陸根大。」（集解引）宋衷曰：「莧，莧菜也；陸，商陸也。」（《釋文》引）。董遇（阮刻本誤作黃遇）曰：「莧，人莧也；陸，商陸也。」（正義引）皆以莧為一草名，陸為又一草名。三、孟喜曰：「莧陸，獸名，決有兌，兌為羊也。」（羅苹路史後紀注卷五引）獨以莧陸為獸。四、虞翻曰：「莧，說也。莧讀夫子莞爾而笑之莧。陸，和睦也。」（集解引。《釋文》引作：「虞云：莧，其也；陸、商也。」盧本其作說，商作和。云：「莧通莞，故訓說，陸通睦，故訓和。」見阮元校勘記引）。蜀才陸作睦，曰：「睦，親也，通也。」（《釋文》引）。則本虞翻。綜上所述：《子夏易傳》、馬、鄭、肅、弼皆以為一草；荀爽、宋衷、董遇並以為二草；孟喜以為獸名；虞翻、蜀才以為說睦之義。諸家之師承家法，不難由此窺之。

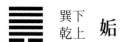
巽下
乾上　姤

彖曰：勿用取女，不可與長也。

《注》：女不可娶，以其不正，不可與長久也。（集解引王肅曰。馬國翰未輯，餘三家皆輯之。）

案：《集解》引鄭玄曰：「姤，遇也。一陰承五陽，一女當五男，苟相遇耳，非禮之正，故謂之姤。女壯如是，壯健以淫，故不可娶。婦人以婉娩為其德也。」肅注云「以其不正」，本鄭「非禮之正」也。弼注云：「施之於人，即女遇男也。一女而遇五男，為壯至甚，故不可取也。」亦從鄭義。《集解》又引虞翻：「陰息剝陽，以柔變剛，故勿用娶女，不可與長也。」以消息說之，肅弼皆不取。言理言象，優劣見此。

象曰：天下有風，姤，后以施命詰四方。（今本詰作誥。釋文：「詰，李古報反，鄭作詰，起一反，止也。王肅同。」四家並輯之。）

《注》：詰，起一反，止也。（釋文引，詳上，張不輯反切，餘三家輯。）

案：據《釋文》，鄭玄《易注》字作「詰」，音「起一反」，訓「止也」，王肅皆從
　　之。是肅不務排鄭也。而鄭作詰，形義皆有所本。《後漢書·魯恭傳》：「恭上
　　疏：案《易》，五月姤用事。《經曰》：『后以施令詰四方。』言君，夏至之日
　　施命令止四方行者，所以助微陰也。」王先謙《後漢書集解》引錢大昕曰：「鄭
　　康成《易》誥作詰，注云：詰，止也。此傳云：君以夏至之日施命令止四方
　　行者。則恭所引《易》亦作詰矣。後人據王輔嗣本改爲誥爾。」楊樹達《周
　　易古義》引《魯恭傳》並加按語云：「惠棟云：《釋文》『誥四方』，鄭玄王肅
　　皆作『詰四方』。詰，止也。與魯恭合。東觀書自作詰；後人習於王弼之學，
　　改詰爲誥。非《後漢》本文也。」是魯恭上書引《易》作詰訓止，又鄭玄王
　　肅之所本也。至於詰所以訓止者，胡自逢君《周易鄭氏學》云：「詰訓止，自
　　問義」（原注：《說文》：「詰，問也。」）引申而出也。」胡君並引左昭十四年
　　「詰姦慝」注：「責問也。」《周禮·大宰》「五曰刑典以詰邦國」注：「詰猶
　　禁也。」以及《廣韻》「禁，制也，止也。」以證明詰由責問義引申爲禁止義。
　　是也。王弼本作「誥」者，則形似而誤。

初六，繫於金柅，貞吉。有攸往見凶。（釋文：「柅，徐乃履反，又女紀反，
廣雅云止也，說文作檷、云絡絲跌也、讀若昵。字林音乃米反。王肅作柅，從手。
子夏作鑈。蜀才作尼，止也。」四家輯柅並作柅。考王肅既以柅爲器名，是名詞，
不當從手作柅。其義本說文，說文作檷，讀若柅。皆從木，肅亦當從木作柅。正
義引肅正作柅，釋文誤矣。茲據正義訂作柅。）

《注》：柅，織績之器，婦人所用。（正義引「王肅之徒皆爲」云云，四家並
輯之。）

案：據《正義》引：柅者，「王肅之徒皆爲織績之器，婦人所用。」云「王肅之徒」，
　　則非王肅一人獨以爲如此。考《子夏易傳》、《說文解字》、《九家易》皆主是
　　義。《說文》：「檷，絡絲檷（《釋文》引作絡絲跌，考說文無跌字。跌或作柎。
　　玉篇、廣韻並作絡絲柎。姚文田嚴可均說文校議云：「柎，闌足也。常棣箋：
　　柎，鄂足也。作柎是。」段玉裁說文解字注則以柎跌爲古今字，並改說文絡
　　絲檷之檷爲柎字），從木，爾聲。讀若柅（《釋文》引作「讀若昵」，段據改。
　　嚴章福說文校議議謂「許所見易亦借柅爲之，故云：讀若柅」）。《易》
　　曰：繫于金檷（大徐本無，段玉裁依易《釋文》補），《子夏易傳》作「鑈」（《釋文》
　　引），《廣韻》以「檷」「鑈」爲一字。徐灝《說文解字注箋》：「子夏作鑈，從

金者，蓋絡絲架，或以金固之也。」然則《子夏易傳》，許氏《說文》於字有鑭櫩之異，義則皆爲絡絲之器。王肅以爲婦人所用織績之器，本於《子夏易傳》及《說文》者也。《集解》引《九家易》曰：「絲繫于梔，猶女繫于男，故以喻初宜繫二也。若能專心順二則吉，故曰貞吉；今既爲二所據，不可往應四，往則有凶，故曰有攸往見凶也。」又引虞翻曰：「梔謂二也，《巽》爲繩，故繫梔。《乾》爲金，《巽》木入金，梔之象也，初四失正，易位乃吉，故貞吉矣。」推其意亦皆以梔爲繫絲繫繩之器。《正義》云「王肅之徒」，徒者，輩也，倘謂《九家》（或云即淮南九師，或云荀爽集古易家凡九，或云六朝人說荀氏易者，不得確定矣。要之，其爲荀爽一派之易說，則可知也）、虞翻等歟？《九家》爲荀爽一派之《易》說，荀氏亦傳費《易》（見後漢書儒林傳），此注言象頗當，王肅或與之同。虞翻「《巽》爲繩，《乾》爲金」說，爲卦象而非爻象，釋一爻而及全卦，王肅或不然也。又《正義》引馬融云：「梔者在車之下，所以止輪，令不動者也。」《釋文》引《廣雅》云「止也」，又引蜀才「作尼，止也。」，王弼注亦以「金者堅剛之物，梔者制動之主。」是馬融、蜀才、王弼、陸德明並以梔爲止輪制動之物，與王肅之徒說異。

羸豕孚蹢躅。

《注》：羸，劣隨反。（釋文：「羸、劣隨反，王肅同。鄭力追反。陸讀爲累。」四家皆輯之。）

案：《廣韻》：「羸，瘦也，力爲切。」其音與王肅劣隨反同（力劣皆來紐，爲隨皆平聲支韻）。王弼云：「豝強而牝弱，故謂之羸豕也。」亦用羸弱之義。鄭玄云力追反，則讀若纍（來紐，平聲脂韻）；陸績讀爲累，則爲來紐，上聲紙韻矣。

坤下
兌上　**萃，亨。**

王假有廟，利見大人，亨，利貞。用大牲，吉。利有攸往。（釋文：「亨（指萃亨之亨），王肅本同，馬鄭陸虞等並无此字。」四家輯同。）

案：《萃》卦辭先言「萃亨」，又言「利見大人亨」。《象》云：「利見大人亨，聚以正也。」是卦辭「利見大人」下有「亨」字之證；《象》上文又云：「萃，聚也。」則不及「亨」字。考「萃亨」者，總言一卦之德。「王假有廟，利見大人，亨，利貞」，「用大牲，吉」，「利有攸往」：則分言三事之吉利亨通。一爲

大名，一爲小名，原非重複；猶卦辭三言「利」之不爲重複也。而《象傳》本非逐字釋卦辭者，不得執《象傳》而謂卦辭萃下必无亨字。王肅本萃下有亨，或另有古本爲據。弼本、史徵《口訣義》本、《正義》、《釋文》、程頤《易傳》、朱熹《本義》皆同王肅。李富孫《易經異文釋》：「《集解》引鄭云：『故曰：「萃，亨」也。』虞云：『體觀享祀，故通。』（原注：惠校本經文無亨字，此故通二字亦刪）。則鄭虞有此字，與陸所見本異。」張惠言亦於肅注下言「鄭亦同」。

象曰：澤上於地；萃，君子以除戎器，戒不虞。

《注》：除猶脩治。（釋文：「除，如字，本亦作儲，又作治。王肅、陸、姚云：除猶脩治，師同。鄭云：除去也。蜀才云：除去戎器，脩行文德也。荀作慮。」四家所輯並同。）

案：王肅謂「除猶脩治」，與陸績、姚信同；虞翻訓修，義亦不異。後孔穎達作《正義》，史徵作《口訣義》，程頤作《易傳》，朱熹作《本義》，並依用之。茲論其異同於下。除字之義，至爲分歧。《釋文》所引，其說凡六。「如字」，一也；「本亦作儲」，二也；「又作治」，三也；「王肅、姚、陸云：除猶脩治，師同。」，四也；「鄭云；除去也；蜀才云：除去戎器脩行文德也。」，五也；「荀作慮」，六也。如合「除去」義於「如字」，合「脩治」義於「又作治」，仍得四義。茲分別論之於下。一、以除如字，作除去解，鄭玄主之，陸德明從之。然「除去戎器」與下文「戒不虞」義不相承。蜀才以「除去兵器脩行文德」釋之，增字以足義，非訓詁之道也。二、除字作儲。除儲音同（皆爲直魚切），爲叚借也。「儲」義既與「萃聚」相應，「儲戎器」又與「戒不虞」意相承，甚佳。惜《釋文》未言何家《易》本如此爲憾耳。三、除字作治。《文選》〈西京賦〉「用戒不虞」下李善注引《周易》曰：「君子以治戎器戒不虞。」《文選》張景陽《雜詩》「竭來戒不虞」下李善注引《周易》同。是唐時所見《周易》確有「除」作「治」者。《釋文》謂王肅、姚信、陸績皆以「除猶脩治」，陸氏之師張譏同；《集解》引虞翻曰：「除，修。」此外，《正義》曰：「脩治戎器以戒備不虞。」《口訣義》曰：「君子以修戎器戒愼防備不虞。」程頤《易義》：「除爲簡治也。」朱熹《本義》：「除者，脩而聚之之謂。」除治雙聲，故義相近。《周禮·春官·典祀》：「帥其屬而修除。」是古書有「修除」連文之例。《禮記·曲禮》下：「馳道不除。」鄭玄注：「除，治也。」是古注有「除」爲「治」之訓。四、以除爲慮。荀爽主之，宋翔鳳《周易考異》以爲「圖謀

之義」。魚盧疊韻（段玉裁列古音第五部），義可通叚。然古書此外別無訓除爲盧之例也。綜上四說，訓「治」者釋義最當，證據最確，從之亦最多也。

初六，有孚不終，乃亂乃萃。若號，一握爲笑。勿恤，往无咎。

《注》：號，戶羔反。（釋文：「若號，絕句，戶報反，馬鄭王肅王廙戶羔反。」四家並輯。）

案：王肅號爲戶羔反，從馬鄭也。《廣韻》平聲豪韻胡刀切有：「號，大呼也，又哭也。《詩》云：『或號或呼』，《易》云：『先號咷而後笑』。」即此音也。程頤《易傳》：「初若守正不從，號呼以求正應。」朱熹《本義》：「若呼號正應。」皆用此義。陸德明號音戶報反，《廣韻》去聲號韻胡到切有：「號，號令，又召也，呼也，謚也。」即此音也。孔穎達《正義》：「若自號比爲一握之小。」乃用此義。

六二，引吉无咎。

《注》：六二與九五相應，俱履貞正，引由（張惠言曰猶通）迎也，爲吉所迎，何咎之有？（舊唐書卷一百王志愔傳載應正論引王肅曰。四家皆輯。）

案：二五兩爻陰陽互異，是爲「相應」；六居二位，九居五位，是「俱履貞正」。六二居正有應，故「爲吉所迎何咎之有。」此王肅言位言應之例。詳見《賁》六五王肅注之案語。與虞翻注相較：《集解》引虞云：「應巽爲繩，艮爲手，故引吉得正。應五故無咎。利引四之初使避己，己得之五也。」乃以互體（萃三四五互巽，二三四互艮也）、卦變（引四之初是。）爲說，可見二家言象之異。王弼《注》謂：「體柔當位，處《坤》之中。」程頤《易傳》曰：「二與五爲正應，當萃者也。而相遠，又在群陰之間，必相牽引，則得其萃矣。五居尊位，有中正之德；二亦以中正之道往與之萃，乃君臣和合也。」朱熹《本義》言：「二應五而雜於二陰之間，必牽引以萃，乃吉而無咎。又二中正柔順，虛中以上德；九五剛健中正，誠實而下交。」皆與王肅所注觀點相同。

孚乃利用禴。

《注》：禴，羊略反。殷春祭名。（釋文：「禴，羊略反，殷春祭名。馬、王肅同。鄭云：夏祭名，蜀才作躍。劉作礿。」四家並輯之。）

案：王肅此注，就字形言，「禴」字見於爾雅，與說文作「礿」者皆字之正體；就字音言，依馬融，《廣韻》合焉；就字義言，舊據《禮記・王制》之說。然《周

易》作於西周初年，其時一年分春秋二季，而無夏冬之名。禴實爲「薄祭」，既非「殷」世，而不限於「春」祭也。分述於下。一、其形:《說文》無禴字，禴即說文礿字。《說文》:「礿、夏祭也。從示，勺聲。」段玉裁《說文解字注》:「礿亦作禴，勺龠同部。」考《爾雅‧釋詁》:「禋祀祠蒸嘗禴，祭也。」《釋文》:「禴，字又作礿。」《爾雅‧釋天》:「夏祭曰礿。」《釋文》:「礿，本或作禴，字同。」則段謂「礿亦作禴」亦有徵也。又禴字蜀才作躍，劉表作爚。李富孫《易經異文釋》云:「躍禴音同，蜀才多通假字，未審此從何義。集韻『爚本作礿，夏時祭，同禴。』此亦俗體。」附錄於此，亦可見王肅字爲正體也。二、其音:馬融、王肅並以爲羊略反，與《廣韻》入聲藥韻以灼切音同。三、其義:《禮記》以爲夏殷時天子諸侯宗廟之春祭。〈王制〉:「天子諸侯宗廟之祭，春曰礿，夏曰禘，秋曰嘗，冬曰烝。」鄭玄注云:「此蓋夏殷之祭名。周則改之，春曰祠，夏曰礿。」孔穎達《禮記正義》:「春曰礿者，皇氏云:礿，薄也，春物未成，其祭品鮮薄也。」馬融、王肅《易萃》之注，謂「禴」爲「殷春祭名」，與《禮記‧王制》合，鄭玄彼注固亦言「春曰礿」爲夏殷之祭名也。然鄭玄《易注》謂「禴，夏祭名。」《集解》引虞翻亦言「禴，夏祭也。」者，則舊說周公制禮所改也。《周禮‧春官‧大宗伯》謂:「以祠春享先王，以禴夏享先王，以嘗秋享先王，以烝冬享先王。」《詩‧小雅‧天保》:「禴祠烝嘗，于公先王。」毛《傳》:「春曰祠，夏曰禴，秋曰嘗，冬曰烝。」孔穎達《毛詩正義》:「《禘祫志》(鄭玄作)云:〈王制〉記先王之法度。宗廟之祭，春曰禴，夏曰禘，秋曰嘗，冬曰烝。祫爲大祭，於夏，於秋，於冬。周公制禮，乃改夏爲禴，禘又爲大祭。」是其證也。其後王弼《注》謂「禴，殷春祭名也，四時祭之省者也。」《口訣義》謂「禴，殷春祭名，四時最薄也。」皆從馬融、王肅。考:甲骨卜辭屢言「今春」「今秋」而不及夏冬。蓋殷時一年僅分「禾季」與「麥季」(詳見陳夢家《卜辭綜述》第七章「曆法天象」);西周初年，一年仍只分春秋二時;後來曆法漸密，乃由春秋二時，再分出冬夏二時。《墨子‧天志篇》「制爲四時春秋冬夏」，《管子‧幼官圖》「修春秋冬夏之常祭」，四時順序均爲春秋冬夏，而非春夏秋冬，即爲「冬夏」由「春秋」分出之證。且《周易》作於西周初年，是《周易》所言「禴」，實爲「薄祭」之稱，非干「春」時;不在「殷」世也。

上六，齊咨涕洟，无咎。

《注》:齊，將啼反。(釋文:「徐，將池反，王肅將啼反。」四家所輯並同。)

案：王肅將啼反與徐邈將池反之音，反切上字同，皆精紐；反切下字則啼《廣韻》在齊韻，池《廣韻》在支韻。《廣韻》平聲齊韻祖稽切有：「齎，持也，付也，遺也，裝也，送也。」即王肅之音也。又平聲脂韻即夷切有：「齎，齎持也。」與徐邈將池反之音雙聲韻近（廣韻上平聲卷第一韻目「支第五」下注「脂之同用」）。蓋支脂之上古分部，中古相通，是以徐邈齎之音在支韻，而《廣韻》又在於脂韻也。

☷☴ 巽下
坤上 **升**

象曰：地中生木，升。君子以順德，積小以高大。（釋文：「順德，如字，王肅同。本又作慎，師同。姚本德作得。」張惠言馬國翰所輯同；孫堂順誤爲慎，黃奭襲孫，誤同。）

案：《釋文》引王肅，《集解》引虞翻，以及王弼注本皆作「順德」。《釋文》又云「本又作慎，師同。」是陸德明之師張譏作「慎」。考王夫之《周易稗疏》卷二云：「地中生木，無有慎象，而自本達莖，以生枝葉，則其積之也順。坤，順也，巽亦順以入也。君子之德，下學而上達，順德之序也。若急圖高大，而忽其小，則躐等而逆矣，自當如字。」其言甚是。李富孫《易經異文釋》：「梁時諱順（梁武帝蕭衍父名順之）作慎，或有爲蕭梁經師所改易。」參見張譏《周易講疏》章。

六四，王用亨于岐山。

《注》：亨，許兩反。（釋文：「亨，許庚反，通也。馬、鄭、陸、王肅許兩反。馬云：祭也。鄭云：獻也。」四家並輯之。）

案：亨，陸德明音許庚反，以其字爲亨通之亨；馬鄭陸王並許兩反，則以其字爲享獻之享。《說文》：「𠅖，獻也，從高省，𠂤象孰物形，《孝經》曰：祭則鬼𠅖之。凡𠅖之屬皆從𠅖。𤓱，篆文𠅖。」段玉裁注：「𠅖者籀文也；小篆作𠅖。故隸書作亨，作享，小篆之變。」是亨享本一字。《廣韻》平聲庚韻許庚切：「亨，通也。」又庚韻撫庚切：「亨，煮也，俗作烹。」又上聲養韻許兩切：「𠅖，獻也，祭也，臨也，向也，歆也。」《書傳》云：奉上謂之𠅖。亨，上同。」是亨之音凡三、亨通之亨音許庚切、字作亨；亨煮之亨音撫庚切，字俗作烹，亨獻之亨音許兩切，字或作𠅖，作享。亨于岐山之亨，王肅既從馬融、鄭玄音許兩反；其義，馬云祭也，鄭云獻也，皆用《說文》「亨，獻也……祭則鬼𠅖之。」之本

義；王肅當亦與許慎、馬融、鄭玄同也。王弼、陸德明則以「亨」爲「通」。

䷮　坎下
　　兌上　困

九四，來余余，困于金車，吝，有終。

象曰：來余余，志在下也；雖不當位，有與也。（余余弼本作徐徐。釋文：「徐徐，疑懼貌。馬云：安行貌。子夏作荼荼，翟同。荼音圖，云內不定之意。王肅作余余。」張孫黃輯「九四來余余」，馬輯「來余余」，皆未輯象傳，茲補。）

案：九四來余余，及象曰來余余，余余，各家多作徐徐。馬融云：「安行貌。」（釋文引）；虞翻曰：「舒遲也。」（集解引）；王弼云：「疑懼之辭也。」（周易注）；陸德明云：「疑懼貌。」（釋文）；史徵云：「疑懼不速之貌也。」（口訣義）。字皆作徐徐，是其例也。《子夏易傳》作荼荼云內不定之意；翟玄同（並見釋文引）。荼荼者，亦舒遲意。《禮記‧玉藻》：「諸侯荼，前詘後直」鄭《注》：「荼讀爲舒遲之舒。」《周禮‧考工記‧弓人》：「寬緩以荼。」鄭《注》：「荼，古文舒，假借字。鄭司農云：荼讀爲舒。」是其證也。王肅作余余。《說文》：「余，語之舒也，從八舍省聲。㒒二余也，讀與余同。」段玉裁注：「《易》《困》九四來徐徐，子夏作荼荼，王肅作余余，王肅作余余，皆舒意也。」考徐字，荼字，皆從余聲。余爲語之舒，是以徐從余聲而爲安行（《說文》：「徐，安行也。從彳余聲。」）；荼從余聲而假借爲徐（說文通訓定聲：「荼，假借爲紓爲徐。」）。其字根爲「余」字。王肅作余，用其字根，倘所據之本爲古本歟？又承培元《廣說文答問疏證謂》：「㒒即來徐徐之徐。子夏本徐作荼，王子邕本作余，蓋即㒒之譌也。」承氏謂「荼」「余」皆「㒒」字之譌，臆說無據，不探。

九五，劓刖，困於赤紱，乃徐有說，利用祭祀。（劓刖，弼本作劓刖。釋文：「劓，徐魚器反，刖方刮反，又音月。荀、王肅本劓刖作劓刖，云不安貌，陸同。鄭云：劓刖當爲倪仉，京作劓劊。案說文：劊，斷也。」四家皆輯。）

《注》：劓，妍喆反；劓刖，不安貌。（釋文：「劓五結反，王肅妍喆反。」又「劓刖，不安貌。」已見前。孫、黃並作：「劓刖，妍喆反，不安貌。」張、馬輯：「劓刖，不安貌」於此；而「劓，妍喆反。」在上六劓劊下。）

案：陳壽祺《左海經辨》有〈釋劓刖〉一文，云：「《說文》弟六下出部：『劓，槷劓，不安也。從出，臬聲。《易》曰：槷劓。』槷字《說文》所無，當作槷，

即木部櫟字。弟四下刀部：『劓，刖鼻也。從刀，臬聲。《易》曰：天且劓（原注：從小徐本。大徐本刖劓作刑鼻，今譌作刖鼻）劓，劓或從鼻（原注：劓今譌臬，脫刀旁）」槷黜之槷，《說文》不作劓，《釋文》尚未晰。《說文》弟十四下自部：『陧，危也。班固說：不安也。《周書》曰：邦之阢陧。讀若虹蜺之蜺。』鄭《易》讀倪伔者，即此陧阢字。劓刖也，臲卼也，槷黜也，劓杌也，槷黜也，倪伔也，陧阢也，古字並通，皆一聲之轉，而各有相合。《玉篇》黜下云：『亦作臲陧，則誤混矣。』甚是。荀爽、陸績、王肅「劓刖」並作「臲卼」，云「不安貌」；與許慎之作「槷黜」，訓「不安也」；鄭玄作「倪伔」；並連綿字，聲近義同（張惠言易義別錄云王肅「此亦同鄭」）。京房作「劓劊」，王弼以「劓刖」為「威刑」，並非是。參閱《暌》六三「天且臲」，及《困》上九條。臲之音，《釋文》五結反，與《廣韻》同（廣韻入聲屑韻有臲，五結切），王肅妍喆反，聲同（皆疑紐，），韻則有屑薛之異（喆為入聲薛韻也。）

象曰：臲卼，志未得也。（由「爻辭「劓刖」作「臲卼」，知此「劓刖」王肅亦必作「臲卼」。四家皆未輯。」）

案：《小象》以「臲卼」為「志未得」，則知王肅之訓「不安貌」與「志未得」義似，蓋得《象》旨；王弼謂「威刑」，與「志未得」不合，非也。參閱爻辭下之案語。

上六，困於葛藟，于臲卼。

《注》：臲，妍喆反。（釋文：「臲，五結反。王肅妍喆反，說文作劓，牛列反。薛同。卼，五骨反，又音月。說文作黜，云黜不安也。薛又作杌，字同。」孫黃併於九五爻辭條，張馬則分輯。）

案：九五爻辭《小象》王肅字皆作「臲卼」，云「不安貌」。此「臲卼」，王弼云「居不獲安」，孔穎達云「動搖不安之辭」、王肅亦必作「臲卼」。九五「臲卼」。上六在九五之上，乘剛，故曰「困于臲卼」也。

䷯ 巽下 坎上 井

汔至亦未繘井。

《注》：汔，其乞反。（釋文：「徐許訖反，注同，幾也。王肅音其乞反。」四家皆輯。）

案：許訖反，其乞反二音，《廣韻》皆在入聲迄韻。《廣韻》許訖切列有迄、仡、
　　釳、忔、艺、汔等字；其迄切（其乞反音同）列有趌、魼二字。其聲母則有
　　群（其在群紐）、曉（許在曉紐）之異。群紐古讀匣紐（高本漢所倡，見趙元
　　任譯：高本漢的諧聲說），曉匣皆舌根音，發音部位同。

象曰：木上有水，井，君子以勞民勸相。

《注》：相，如字。（釋文：「相，息亮反，注同。王肅如字。」四家皆輯之。）

案：相字，《廣韻》反切有二：一、平聲陽韻息良切有相字，其義爲：「共供也，
　　瞻視也，崔豹《古今注》云：相風烏，夏禹作。亦相思，木名。又姓，出《姓
　　苑》。」王肅如字，即此音也。二、去聲漾韻息亮切有相字，其義略云：視
　　也、助也、扶也、相國、州名、又姓。是趙宋之時，相有平去二音，觀所注
　　如「視」如「又姓」，二音並同，知其義無大分別。王肅之時，尚無去聲，
　　故讀如字也。

九二，井谷射鮒，甕敝漏。

《注》：射音亦，厭也；鮒，小魚也；敝，扶滅反。（釋文：「射，食亦反，
注同。徐食夜反，鄭王肅皆音亦，云厭也。荀作耶。」太平御覽卷九百三十七鱗
介部鮒魚目引「周易井卦曰『井谷射鮒』，王肅注曰：『鮒，小魚也。』」釋文：「敝，
婢世反，王肅徐扶滅反。」四家皆輯之。）

案：此註宜分三部分論之，首論「射音亦，厭也。」王肅同於鄭玄。胡自逢君《周
　　易鄭氏學》：「按《爾雅‧釋詁》：『射，厭也。』《說卦》『水火不相射』《釋
　　文》引虞陸董姚王肅注、《禮記‧中庸》『矧可射思』注、《詩‧清廟》『無射
　　于人斯』《釋文》並同。按『射』乃『斁』之叚借字。《說文》：『斁，厭也。』
　　（羊益切）射聲、睪聲，亦同在第五部。『射』、『斁』古音同，故相叚也。」
　　考鄭玄王肅射音亦，羊益切，至《廣韻》時代音猶與斁同，故君以射借爲斁，
　　而訓厭，是也。厭同猒，飽也（見段玉裁說文解字注）。其音王肅音亦，即
　　《廣韻》羊益切之音，喻紐（古歸定），昔韻。徐邈食夜反，神紐（古歸定），
　　禡韻 。《釋文》食亦反，神紐（古歸定），昔韻。於聲言，古皆屬定紐；於
　　韵言，去禡古亦讀如入昔也。次論「鮒，小魚也。」此義亦本鄭玄。《文選》
　　左思〈吳都賦〉劉淵林《注》引鄭玄曰：「山下有井，必因谷水所生，魚無
　　大魚，但多鮒魚耳，言微小也。」即王肅注之根據也。《子夏傳》曰：「鮒謂
　　蝦蟇」（《釋文》引），則非魚類；虞翻云：「鮒，小鮮也。」（集解引），則兼

指魚蝦，肅並不採。末論「敝，扶滅反。」《釋文》讀婢世切，即《廣韻》去聲祭韻毗祭切之音；王肅音扶滅反，則在《廣韻》入聲《薛》韻。段玉裁《六書音均表今韻古分十七部表》弟一，《廣》韻《祭》韻《薛》韻並在第十五部。趙元任先生譯〈高本漢的諧聲說〉一文云：「據中國的音韻學家說，去聲是最後分出來的調類，而且他們所定的出現的時期恰恰在我們發現『乍』『敝』等字失掉韻尾輔音的時期。現在這些字既然大多數是去聲字，那麼這兩種同時的現象一定不是偶然的。咱們現在雖然不必說到凡去聲字都是這麼來的（因為還有鼻音韻尾的去聲字例如『定』是 d'ieng），可是韻尾 d.g 的失落是去聲出世主因之一，那是無疑的。所以咱們現在說：乍 dz'ag→dz'a，敝 b'ied→b'iei'。」則高本漢以為「敝」字本有韻尾輔音，為入聲；後韻尾輔音失落，變為去聲。王肅讀「敝」為入聲，是魏晉其字尚有韻尾輔音；《釋文》讀「敝」為去聲，是唐時其字韻尾輔音已消失矣。王了一先生《漢語史稿》亦云：「到南北朝初期（五世紀），《祭》《泰》《夬》《廢》等韻的字仍然和《曷》《末》《月》《薛》《屑》等韻互押。《切韻》的《祭》《泰》《夬》《廢》不和平聲韻相配，顯得它們本來是入聲。」王君並以為「敝」之韻母發展為 iāt → iɛi。董同龢先生《漢語音韻學》論〈古韻分部〉云：「《廣韻》去聲《祭》《泰》《夬》《廢》及入聲《曷》《末》《鎋》《薛》《月》的來源全在本部（祭部）。」又〈上古韻母系統的擬測〉以「蔽」「綴」「歲」「衛」等字韻母發展為-juæd→juæi。二氏所擬音值雖與高本漢異，然皆以為《祭》韻之字本有韻尾輔音，則與高本漢同。王肅「敝」音「扶滅反」為入聲之故，於此亦可以大明矣。

九五，井洌寒泉食。

《注》：洌音例。（釋文：「洌音列，潔也。説文云：水清也。王肅音例。」四家輯同。）

案：《廣韻》去聲《祭》韻「力制切」有「例」「洌」字；「洌」下注云：「清水，又音列。」入聲《薛》韻「私列切」有「列」「洌」字；「洌」下注云：「水清也，潔也。」是「洌」字《廣韻》時有二音，其義同也。上推漢魏，雖去聲《祭》韻亦讀若入聲《薛》韻（參閱九二條），是以洌字音列又音例，漢魏時其音實一。

䷲ 震下
震上 震，亨。震來虩虩，笑言啞啞。震驚百里，不喪匕鬯。

象曰：震，亨。震來虩虩，恐致福也；笑言啞啞，後有則也。震驚百里，驚遠而懼邇也。出可以守宗廟社稷，以為祭主也。

《注》：在有靈而尊者，莫若于天；有靈而貴者，莫若于王；有聲而威者，莫若于雷；有政而嚴者，莫若于侯。是以天子當乾；諸侯用震。地不過一同；雷不過百里。政行百里，則匕鬯亦不喪。祭祀，國家大事，不喪，宗廟安矣。處則諸侯執其政，出則長子掌其祀。（太平御覽一百四十六皇親部大子目引。四家皆輯。）

案：王肅此注，申《說卦》之說，從鄭玄之義。以天象比擬人事，而義理在焉。《說卦》曰：「《乾》為天，為君。」故王肅以「在有靈而尊者，莫若于天；有靈而貴者，莫若于王。」又云：「是以天子當《乾》。」也，《集解》引鄭玄云：「雷發聲聞於百里，古者諸侯之象。」荀悅《漢紀》卷二十八〈哀帝紀論〉亦云：「古者諸侯之國，百里而已，故《易》曰：『震驚百里』，以象諸侯之國也。」王肅以：「有聲而威者，莫若于雷；有政而嚴者，莫若于侯。」又云：「諸侯用《震》」，與鄭玄、荀悅同。孔穎達《周易正義》：「先儒皆云：雷之發聲，聞乎百里；故古帝王制國，公侯地方百里，故以象焉。」「先儒」云云，殆指鄭玄、荀悅、王肅也。《集解》又引鄭玄云：「諸侯出教令能警戒其國內，則守其宗廟社稷，為之祭主，不亡匕與鬯也。人君於祭之禮，匕牲體薦鬯而已，其餘不親也。升牢於俎，君匕之，臣載之，鬯秬酒芬芳條鬯，因名焉。」王肅謂「地不過一同，雷不過百里。政行百里，則匕鬯亦不喪。祭祀，國家大事；不喪，宗廟安矣。」據鄭玄言而約之也。《說卦》云：「《震》為長子」，《震‧象》云：「出可以守宗廟社稷，以為祭主也。」故王肅言「處則諸侯執其政；出則長子掌其祀。」也。肅注不背《易傳》，不攻鄭玄，而言人事，此又一證也。

六三，震蘇蘇，震行无眚。

《注》：蘇蘇，躁動貌。（釋文：「蘇蘇，疑懼貌。王肅云：躁動貌。鄭云：不安也。馬云尸祿素餐貌。」四家皆輯之。）

案：蘇蘇之義，馬融云尸祿素餐；鄭玄云不安。是馬、鄭異也。王肅以為躁動貌，與「不安」義近，是從鄭背馬也。其後王弼《易注》曰「懼蘇蘇」，孔穎達《正

義》謂「畏懼不安之貌」，陸德明言「疑懼貌」，並由鄭「不安」義引申而得。虞翻獨以「死而復生稱蘇」。與鄭異義。

䷳ 艮下
艮上　艮

六二，艮其腓，不承其隨，其心不快。

象曰：不承其隨，未退聽也。（承，弼本作拯。晁氏易：「孟、京、王、陸績皆作承，一行作抍。」張黃未輯，孫黃輯之。）

案：孟喜、京房、陸績皆作「承」，《釋文》引馬融亦作「承」，云：「舉也。」王肅作「承」者，蓋從孟京馬陸也。承、甲文作「𤔲」，見《殷虛書契》後編下三十頁之十二。其字據李孝定《甲骨文字集釋》案：「《說文》：『𠬲，奉也，受也，從手，從卩，從𠬞。』契文象兩手捧一人之形，奉之義也。篆文又增之『手』形，於形已複矣，孫書（萱案：謂孫海波甲骨文編）收此作承，可從。金文小臣逋篡作𤔲，與此同。」馬融云：「承，舉也。」是用其本義也。承字，弼本作「拯」，一行作「抍」（周易「拯」字凡四見，除艮六二及象各一見外，又明夷六二「用拯馬壯吉」一見，拯字子夏作抍，九家作承。渙初六「用拯馬壯吉」一見，拯字子夏作抍）者，拯抍字甲文作「𢀳」，見《鐵雲藏龜》一七一頁之三。羅振玉《增訂殷虛書契考釋》云：「象人臽阱中有抍之者，臽者在下，抍者在上，故從𠬸，象抍之者之手也。此即許書之丞字，而誼則爲抍救之者，許君訓丞爲翊，云『從𠬞從卩從山，山高奉丞之主義。』蓋誤𠬸爲𠬞，誤凵爲山，誤卪爲卩，故初誼全不可知，遂別以後出之抍代丞，而以承字之訓訓丞矣。」考《說文》大徐本有「抍」，云：「上舉也，從手升聲。《易》曰抍馬壯吉。撜，抍或從登。」段玉本訂「抍」爲「拯」，以爲「從手丞聲」。李孝定《甲骨文字集釋》云：「拯字各本《說文》作抍，段氏注改作拯，各家於此聚訟紛紜。今知丞爲拯之古文。『上舉』『出㲹』（萱案：說文段注本於「拯上舉也」下據文選李注引說文增「出㲹爲拯」四字）爲其本義。『翼也』（翼，說文作翊，李孝定謂當作翼字）則其引申義。及後引申之義專行，乃更增之手以爲拯字。其字後作『抍』作『撜』者，則爲更後起之純形聲字。」綜上所述，抍拯初文爲「丞」；甲文作「𢀳」，象兩手向下以拯阱中人；故以「出㲹」爲本義。承字甲文作「𤔲」，象兩手向上推舉一人之形，故以「上舉」爲本義。然甲文「𤔲」字，商承祚已以爲「亦丞字」（見殷虛文字類篇三卷六頁），且《說文》亦「以承字之訓訓丞」（羅振玉語，見上），

是承丞相混，由來久矣。是以《周易》「拯」字四見，皆有異文作「承」作「抍」者（已詳上）。《艮》之六二，「不承其隨」，「隨」者，下趾（虞翻：「隨謂下」王弼：「隨謂趾也」別無異解）也。救其下，當以作「拯」爲是。若字作「承」，爲「奉承」「上舉」意，則「隨」當爲九三，不爲下趾，不爲下趾；而文亦當言「不承所隨」，不當言「不承其隨」矣。

九三，艮其限，列其夤，厲熏心。

象曰：艮其限，危熏心也。（熏，虞作闇，弼作薰，漢上易傳：「孟喜京房馬融王肅作熏。」四家皆輯之。）

《注》：熏心，熏灼其心。（漢上易傳：「馬王曰：熏灼其心。」）

案：熏心之熏，異文凡四：孟喜、京房、馬融、王肅作「熏」，一也。王弼作「薰」，二也。《集解》引虞翻作「闇」，三也。《釋文》引荀爽作「動」，四也。然「薰」爲「香艸」（見說文），王弼本字雖作「薰」，而注云「薰灼」，於「香艸」之義無取。是借「薰」爲「熏」，義同王肅。虞翻云：「古闇字作熏字，馬因言熏灼其心，未聞《易》道以《坎》水熏灼人也。」是翻以《艮》二三四爻互《坎》爲水，《坎》水不得熏灼人，乃改熏作闇，「古闇字」固「作熏字」，非有異文也。虞翻又云：「荀氏以熏爲動，或誤作動（此據古經解彙函本。孫星衍集解本作「荀氏以熏爲誤，或作動。」李道平纂疏本作「荀氏以熏爲勳，讀作動」）」是《釋文》謂「荀作動」，乃「或誤作」，荀本作「熏」，以「熏」爲「勳」也。綜上所述，荀爽、虞翻、王弼本皆作「熏」，原非有異矣。《說文》：「熏，爲煙上出也。從屮從黑，屮黑，熏象。」馬融云「熏灼」，王肅從之，王弼謂「薰灼」，義皆與許慎解「熏」字同。《韓詩外傳》卷二：「孔子曰：『口欲味，心欲佚，教之以仁；心欲安，身惡勞，教之以恭；好辯論而畏懼，教這以勇；目好色，耳好聲，教之以義。』《易》曰：『艮其限，列其夤，危薰心。』《詩》曰：『吁嗟女兮，無與土耽。』皆防邪禁佚，調和心志。」亦可見韓氏《易》字已用假借作「薰」，並可見韓《易》之義也。

艮下
巽上　**漸，女歸吉，利貞**

彖曰：漸之進也，女歸吉利貞；進得位，往有功也；進以正，可以正邦也。其位剛得中也。（釋文：「女歸吉也，王肅本還作：女歸吉利貞。」四家皆輯之。）

案：觀《彖傳》「進得位往有功也」，釋卦辭「利」字；《彖傳》「進以正可以正邦也」，釋卦辭「貞」字（貞者，正也）。則《彖傳》「漸之進也女歸吉」釋卦辭「吉」，不得還作「女歸吉利貞」也。不知果王肅本如此？抑《釋文》誤也。

象曰：山上有木，漸；君子以居賢德善風俗。（釋文：「善俗，王肅本作善風俗。」四家皆輯之。）

案：「居賢德」「善風俗」相對爲文，肅本作「善風俗」，是也。今傳弼本作「善俗」，脫一「風」字。王弼《注》曰：「『賢德』以止異則『居』；『風俗』以止異乃『善』。」是弼亦以「賢德」對「風俗」。唐郭京《周易舉正》（范氏奇書本）：「『象，君子以居賢德善風俗。』謹按：脫風字。觀註（萱按：王弼注也），可知文句圓暢；若无負字，則文闕，理亦甚明矣。」考《義海撮要》引劉牧（北宋仁宗人）曰：「居賢德則漸育人材，善風俗則漸隆教化。」《大易集義粹言》引藍田呂氏（名大臨，受業於橫渠二程）：「君子之處賢德，使成美材；善風俗，使成美俗。」均以「賢德」與「風俗」對文。熊良輔《周易本義集成》引鄭東卿（南宋紹興時人也）云：「古《易》善字下有風字，理或然也。」朱熹《周易本義》云「疑賢字衍，或善字下有脫字。」蓋所見皆同。今海內所刊《周易》之本皆無「風」字，惟日本足利本「風」字不脫。肅本有「風」，洵善本也。

初六，鴻漸于干。

《注》：干，山間澗水也。（釋文：「干，如字，鄭云：干，水傍故停水處。陸云：水畔稱干。毛傳詩云：涯也，又云：澗也。荀王肅云：山間澗水也，翟云：涯也。」四家並輯。）

案：干假借爲岸。《詩·魏風·伐檀》：「寘之河之干兮。」《傳》：「干，厓也。」《管子·小問》：「昔者吳干戰。」尹知章注：「干，江邊地也。」《史記·春申傳》：「而不知干隧之敗。」司馬貞《索隱》：「干、水邊也。」又與「澗」通。《詩·小雅》：「秩秩斯干。」《傳》：「干、澗也。」《周易釋文》引鄭玄、陸績、翟玄訓「水傍」「水畔」「涯」者，皆假借爲「岸」；引荀爽、王肅曰「山間澗水」，皆與「澗」通。《說文》：「岸，從屵，干聲。」是岸取干爲聲，音同故可假借。干，古寒切，澗，古莧切。聲母同；韻母亦同（段氏同列十四部，黃季剛先生同列寒桓部。王了一同列元部）。是同音故可通用也。

六二，鴻漸于磐，飲食衎衎，吉。

象曰：飲食衎衎，不素飽也。

《注》：衎衎，寬饒之貌也。（文選卷六魏都賦「豐肴衎衎」李善注引：「周易曰：『鴻漸于磐，飲食衎衎。』王肅曰：『衎衎，寬饒之貌也。』」四家並輯之。）

案：馬融云：「衎衎，饒衎也。」（此據通志堂本，阮刻本作「讖衍」，校勘記云：「補盧本讖衍作饒行。」）王肅注義，本於馬融。考《說文》：「衎，行喜貌，從行干聲。」《詩‧小雅‧南有嘉魚》「嘉賓式燕以衎。」《傳》：「衎，樂也。」《禮記‧檀弓》：「居處言語飲食衎爾。」鄭《注》：「衎爾，自得貌。」於是王弼以「歡樂」爲釋。曰：「本無祿養，進而得之，其爲歡樂，願莫大焉。」於義亦通。然觀《易》之《象傳》有「飲食衎衎，不素飽也。」以「不素飽」故，於今飲食「寬饒」，故能「自得」，且「歡樂」也。是肅注云「寬饒」者，乃「歡樂」之因；弼注云：「歡樂」，爲「寬饒」之果，非根本有別也。

≣ 兌下
震上 **歸妹**

彖曰：歸妹，天地之大義也。天地不交而萬物不興。

《注》：男女交而後人民蕃；天地交然後萬物興，故歸妹以及天地交之義也。（集解引王肅曰。四家皆輯。）

案：此以人類生命之來源爲根據，而類推天地萬物之來源，乃《周易》之宇宙論。《泰‧彖》：「天地交而萬物通。」《咸‧彖》：「天地感而萬物化生。」《姤‧彖》：「天地相遇品物咸章也。」皆此種宇宙論之說明。瑞安林師景伊先生曰：「《易》道之原，則實由于陰陽相二之理。『天地絪縕，萬物化醇。男女構精，萬物化生。』故近取諸身，遠取諸物，推而及于天地萬類之變化。」又作〈易道初生原于陰陽夫婦之事說〉，詳明其旨。皆見於《中國學術思想大綱》。馮友蘭《中國哲學史‧易學及淮南鴻烈中之宇宙論》章亦略云：「男女交合而生人，故類推而以爲宇宙間亦有二原理。其男性的原理爲陽，其卦爲《乾》；其女性的原理爲陰，其卦爲《坤》。而天地乃其具體的代表。……《乾》《坤》即天地所代表之抽象的原理。『天地不交而萬物不興』；天地交則生萬物。」然則王肅由「歸妹」以及「天地交之義」，云「男女交而後人民蕃；天地交而後萬物興。」實能闡發《易》學之宇宙論，而深契聖人作《易傳》之旨。又考《老子》第四十二章：「道生一，一生二，二生三，三生萬物。萬物負陰而

抱陽，冲氣以爲和。」《呂氏春秋・大樂篇》：「太一生兩儀，兩儀生陰陽。」是道家嘗言陰陽。《易傳》之言陰陽者，如《繫辭傳》：「《易》有太極，是生兩儀。」又曰：「一陰一陽之爲道。」與道家陰陽說有密切關係。世人每以魏晉《易》學，使《易》竟入於老莊；不知《易傳》言陰陽，已與道家合流也。

征凶，位不當也；无攸利，柔乘剛也。

《注》：以征則有不正之凶；以處則有乘剛之逆也。故无所利矣。（集解引王肅曰。四家皆輯。）

案：《歸妹》卦辭曰：「征凶，无攸利。」肅注申《彖傳》之意以釋卦辭者也。《歸妹》一卦，二四陰位而陽居之；三五陽位而陰居之；且二四均以柔乘剛。故《彖傳》肅注言如此。《孟子・盡心》：「征之爲言正也，各欲正己也。」肅言「以征則有不正之凶。」倘本孟子之意乎？

九四，歸妹愆期，遲歸有時。

象曰：愆期之志，有待而行也。

《注》：愆，過也。（文選卷二十八劉越石扶風歌「惟昔李騫期」李善注：「周易曰：『歸妹愆期，遲歸有時。』王肅曰：『愆，過也。』騫與愆通也。」四家並輯。）

案：《說文》：「愆，過也。」《釋文》引馬融亦以「愆」釋「過」。肅盡從馬。《集解》引虞翻云：「愆，過也。謂二變三，動之正，體大過象。坎月離日，爲期三變，日月不見，故愆期。」肅唯採「愆，過也。」一語，以下以卦變互體釋象者皆不取。

☲☳ 離下
震上 豐

初九，遇其配主，雖旬无咎，往有尚。

象曰：雖旬无咎，過旬災也。

《注》：旬，尚純反，或音眩。（釋文：「旬，如字，均也。王肅尚純反。或音眩。荀作均，劉昞作鈞。」張、馬輯同；孫、馬未輯或音。）

案：《廣韻》：旬，詳遵切；眩，食倫切；與尚純反皆在平聲諄韻，是三音韻母相同也。旬爲邪紐；眩爲神紐；尚爲禪紐。邪紐古歸定紐，錢玄同先生〈古音無邪紐證〉（北師大國學叢刊）、戴君仁先生〈古音無邪紐補證〉（輔仁學誌十二卷一二期合刊）皆證定之；神、禪古亦歸定紐，黃季剛先生《音略》、陳新

雄君《音略證補》皆證定之。然則三音聲母古皆歸定，亦相同也。故旬，脣，尚純反，古聲韻畢同，實同音也。旬之義，肅無注，未敢臆測；劉昞作鈞，另於劉昞章論之。

六二、豐其蔀，日中見斗，往得疑疾，有孚發若，吉。

《注》：蔀，普苟反。（釋文：「蔀音部，王廙同，蒲戶反。王肅普苟反。略例云：大暗之謂蔀。馬云：蔀，小也。鄭薛作菩，云小席。」四家並輯。）

案：蔀之字，馬融作蔀；鄭玄、薛虞作菩；王肅作蔀，是從馬也。其音肅作普苟反，至《廣韻》爲上聲厚韻「普厚切」之音，滂紐。王廙、陸德明並音「蒲戶反」之「部」，《廣韻》不錄。

九三，豐其沛，日中見昧，折其右肱，无咎。（昧，王弼作沫，詳下，四家皆未輯。）

《注》：昧，音妹。（釋文：「沫，徐武蓋反，又亡對反，微昧之光也。字林作昧，亡太反，云斗杓後星。王肅云：音妹。鄭作昧，服虔云：日中而昏也。子夏傳云：昧星之小者。馬同。薛云：輔星也。」四家所輯皆云「沫音妹」。考王肅字若作「沫」，則其「音妹」當在「字林作昧」前；釋文置「字林作昧」後，則王肅「音妹」者爲「昧」而非「沫」。）

案：昧之字：《子夏傳》、馬融、服虔、鄭玄、王肅、薛虞、《字林》及《漢書・五行志》、〈王商傳〉所引，皆作昧；《九家易》（集解引）、虞翻（集解引）、王弼作沫。昧字沫字皆從未聲，聲同故得假借。其義：《子夏傳》、馬融、虞翻並以爲星之小者；薛虞以爲輔星；《九家易》及《字林》並以爲斗杓後小星；鄭玄、服虔並以爲日中而昏，王肅說義不詳。王弼云「微昧之明」，則同鄭、服。其音：王肅音妹，《廣韻》爲入聲《末》韻莫撥切，與昧沫並同音。《廣韻》沫又有莫貝切之音，在去聲《泰》韻，即徐邈武蓋反之音；妹昧又有莫佩切之音，在去聲《隊》韻，即徐邈又亡對反之音。考漢魏無去聲。故王肅讀入聲，至《廣韻》則兩存去入之聲，古今音變如此，非關師法也。

上六

象曰：豐其屋，天際祥也。（釋文：「翔，鄭、王肅作祥。」四家皆輯之。）

案：天際祥者鄭玄以「際當爲瘵。瘵，病也。」（《釋文》引）。又翔字鄭亦作祥。《集解》引孟喜云：「天降下惡祥也。」肅本「翔」作「祥」，既從孟喜、鄭

玄、釋義自亦當與孟喜、鄭玄同。干寶《易注》從之（另詳干寶章。）

闃其戶，闃其無人，自戕也。（釋文：「自藏，如字，眾家作戕，慈羊反。馬、王肅云殘也。鄭云傷也。」四家皆輯。）

《注》：戕，慈羊反，殘也。（釋文引，詳上。張馬未輯反切；孫黃全輯之。）

案：自戕，王弼本，李鼎祚本皆作自藏。李鼎祚《集解》引虞翻云：「謂三隱伏《坎》中，故自藏者也。」王弼云：「可以出而不出，自藏之謂也。」然皆非《易》之古義。《左傳》宣六年：「鄭公子曼滿與王子伯廖語，欲為卿。伯廖告人曰：『無德而貪，其在《周易》，《豐》䷶之《離》䷝，弗過之矣（杜注：義取無德而大其屋，不過歲，必滅亡）。間一歲，鄭人殺之。」是《易》謂戕殺，非謂隱藏。馬融、王肅字作戕，謂殘也；鄭亦作戕，云傷也。並得《易》之本旨。戕，慈羊反，即《廣韻》平聲《陽》韻「在良切」之音，讀如牆。《廣韻》又有「則郎切」之音，平聲《唐》韻，讀若臧；及「古俄切」之音，平聲《歌》韻，讀若歌。《易》戕字作藏者，或因音訛為臧，再改成藏也。干寶《易注》從王肅（另詳干寶章）

䷷ 艮下
離上 旅

《注》：旅，軍旅。（釋文：「旅，力舉反，羈旅也。序卦云：旅而无所容。雜卦云：親寡旅是也。離宮一世卦。王肅等以為軍旅。」四家皆輯。）

案：據《序卦》：「窮大者必失其居，故受之以旅；旅而无所容，故受之以巽。」及《雜卦》：「親寡，旅也。」則旅為羈旅之意。是以王弼云「羈旅」；姚信云「客旅」也。然《旅》大《象》云：「山上有火，旅；君子以明慎用刑而不留獄。」羈旅義於「明慎用刑而不留獄」無當。此王肅等所以又以軍旅釋之與？《說文》：「旅，軍之五百人。从㫃，从从；从，俱也。」是旅以軍旅為本義。段玉裁注：「凡言羈旅，義取乎廬，廬，寄也。」是羈旅為假借義。《易》以六十四卦概括萬事萬物，故每卦之義或不僅一端。《旅》為軍旅，又為羈旅，義可兩存。

旅瑣瑣，斯其所取災。

《注》：瑣瑣，細小貌。（釋文：「瑣瑣，悉果反，或作璅字者，非也。鄭云：瑣瑣，小也。馬云：疲弊貌。王肅云：細小貌。」四家皆輯。）

案：瑣瑣之義，馬融以爲疲弊貌，虞翻從之，云：「瑣瑣，最弊之貌也。」（見集解）。鄭玄曰：「瑣瑣，小也。」又曰：「瑣瑣，猶小小也。」（儀禮疏引鄭玄曰）。陸績以瑣瑣爲小（集解引），王肅以瑣瑣爲細小之貌，並從鄭玄。肅有從鄭背馬者，此又一證。

上九，鳥焚其巢，旅人先笑後號咷，喪牛于易，凶。

象曰：以旅在上，其義焚也；喪牛于易，終莫之聞也。

《注》：易音亦。（釋文：「易，以豉反。注同。王肅音亦。」四家並輯之。）

案：《廣韻》易凡二音：去聲寘韻以豉切之易爲難易、簡易；入聲昔韻羊益切之易爲變易。王肅易音亦，入聲昔韻羊益切之音也；《釋文》以豉切則去聲寘韻之音也。又案：《大壯》六五「喪羊于易」，易字王肅音亦，謂「畔也」，蓋「疆場」意。此當亦「場」之假借。

☵ 坎下
☴ 巽上 **渙**

初六，用拯馬壯吉。

《注》：拯，拔也。（釋文：「拯，拯救之拯，馬云舉也，伏曼容云濟也，王肅云拔也，子夏作抍，取也。」四家皆輯之。）

案：拯字甲文作「🐍」，象人臽阱中，上有雙手以拯救之。詳已見《艮》六二「不承其隨」下案語。《子夏》作「抍」者，「抍」即「拯」字，《艮》六二案語亦已詳之。王肅訓拔，爲拯抍字之本義。與馬融云「舉也」，義亦相近。孔穎達《正義》：「用馬以自拯拔而得壯吉也。」即本王肅注。

九五，渙汗其大號，渙，王居无咎。

《注》：王者出令，不可復返，喻如汗出不還。（北堂書鈔卷一百三藝文部引易王肅注。孫堂輯「汗出不還」作「身中汗出出不可返也。」黃奭與孫堂同，馬輯較孫少一「出」字，張輯「中」字作「出」字。）

案：《漢書・劉向傳》：「乃上封事諫曰：『……《易》曰：「渙汗其大號。」言號令如汗。汗出而不反者也；今出善令未能踰時而反，是反汗也。』」肅注與劉向語意同。《集解》引《九家易》云：「謂五建二爲諸侯，使下君國，故宣布號令，百姓被澤，若汗之出身不還反也。此本《否》卦，體《乾》爲首，來下處二，成坎水，汗之象也。陽稱大，故曰：渙汗其大號也。」所言宣布號令

若汗之出身不還反、與劉向、王肅並同，蓋《易》古義如此。唯《九家》謂渙本否卦，此「卦變」之說，為劉向、王肅所不言耳。

䷼ 兌下
巽上 中孚

彖曰：中孚，柔在內而剛得中，說而巽，孚。

《注》：三四在內，二五得中，兌說而巽順，故孚也。（集解引王肅曰。四家皆輯。）

案：《說卦》云：「立天之道曰陰與陽；立地之道曰柔與剛。」陰為柔，陽為剛。《中孚》三四兩爻為陰，故肅以「三四在內」釋「柔在內」。二五為中，《象》《彖》屢言之，例多不舉。《中孚》，《兌》下而《巽》上。《彖傳》：「《兌》，說也。」《說卦》：「《兌》以說之。」《序卦》：「《兌》者說也。」故肅言「兌說」。《觀·象》曰：「順而《巽》。」《升》大《象》：「《巽》而順。」又《蒙》五《象》、《家人》二《象》、《漸》四《象》並云：「順以巽也。」故肅言「巽順」。由上觀之，肅之注於《易傳》皆有所據。孔穎達《正義》：「三四陰柔，併在兩體之內；二五剛德，各處一卦之中；及上下二體，說而以巽；釋此卦名，為中孚之義也。」幾與王肅全同。

利涉大川，乘木舟虛也。

《注》：《中孚》之象，外實內虛，有似可乘虛木之舟也。（集解引王肅曰。四家皆輯。）

案：《中孚》之象，外四爻實，內二爻虛，與舟外實中空相似，故王肅云然。肅之言象，就本卦之象言之，不用卦變、互體，此即其證。

九二，鳴鶴在陰，其子和之；我有好爵，吾與爾靡之。

《注》：好，呼報反。（釋文：「好，如字。王肅呼報反。孟云好小也。」四家皆輯之。）

案：好，報，古皆上聲。段玉裁《六書音均表》四〈詩經韵分十七部表〉第三部，以《邶·日月》二章「冒、好、報」叶；《衛·木瓜》一二三章「報、好、報、好、報、好」叶；皆「上聲」，是也。故王肅切「好」，以報為反切下字。《廣韻》上聲《皓》韵呼皓切之「好」為「善也，美也。」去聲《號》韵呼到切之「好」為「愛好；亦壁（當作「璧」，爾雅：「肉倍好謂之璧。」）周祖謨廣韻校勘記已

正之）孔也，見《周禮》；又姓，出《纂文》。」則中古音有上去之異。

六三，得敵，或鼓，或罷，或泣，或歌。

《注》：罷音皮。（釋文：「罷，如字，王肅音皮，徐扶彼反。」張惠言未輯，他三家輯之。）

案：《廣韻》罷音凡三：平聲《支》韻符羈切之「罷」爲「倦也，亦止也。」上聲《紙》韻皮彼切之「罷」爲「遣有罪。」上聲《蟹》韻薄蟹切之「罷」爲「止也，休也。」王肅音皮，即《支》韻符羈切之音，平聲。徐邈扶彼反，即《紙》韻皮彼切之音；陸德明如字，即《蟹》韻薄蟹切之音，並上聲。肅既音皮，義當爲「倦也，亦止也。」考《易》「或泣或歌」相對爲文；「或鼓或罷」亦相對爲文。倦止之義與「鼓」恰相對，最善。

艮下
震上　**小過**

《注》：過音戈。（釋文：「過，古臥反，義與大過同。王肅云：音戈。」張惠言未輯，馬孫黃輯之。）

案：音戈爲平聲，古臥反爲去聲。肅時無去，故讀平聲也。詳《大過》下案語。

象曰：

不宜上宜下，大吉，上逆而下順也。

《注》：四五失位，故曰上逆；二三得正，故曰下順。（集解引王肅曰。四家皆輯。）

案：《小過》《艮》下《震》上，初、二、五、上四爻皆陰，三、四兩爻爲陽。考二、四爲陰位，三、五爲陽位。《小過》二陰三陽爲得正；四陽五陰爲失位。故王肅即以釋《象傳》「上逆而下順」。又肅言位唯及二、三、四、五；是以初、上兩爻其位不定。與《象傳》合。詳已見《賁》六五條案語，此不贅。王弼〈周易略例‧辯位〉篇云：「位有尊卑，爻有陰陽。尊者陽之所處；卑者陰之所履也。故以尊爲陽位，卑爲陰位。去初上而論位分，則三五各在一卦之上，亦何得不謂之陽位；二四各在一卦之下，亦何得不謂之陰位。初上者，體之終始，事之先後也。故位无常發，事无常所，非可以陰陽定也。尊卑有常序，終始无常主，故《繫辭傳》但論四爻功位之通例，而不及初上之定位也。」弼以三五陽位、二四陰位，初上无位，肅實早發此義。

䷾ 離下
坎上　**既濟**

六二，婦喪其髢，勿逐，七日得。

象曰：七日得，以中道也。

《注》：體柔應五，履順承剛，婦人之義也。髢，首飾；《坎》為盜，《離》為婦；喪其髢，鄰于盜也。勿逐自得，履中道也。二五相應，故七日得也。（集解引王肅曰。四家皆輯。）

案：肅注宜分四部分論之，首曰「體柔應五，履順承剛，婦人之義也。」者，此以爻象釋六二何以稱婦也。李道平《周易集解纂疏》言之最詳，曰：「二體柔，上應五，體柔為履順，應五為承剛。二順五剛，婦人之義也。」次曰：「髢，首飾；《坎》為盜，《離》為婦；喪其髢，鄰于盜也。」者，髢，弼本從馬融、鄭玄作茀；肅則從《子夏易傳》作髢。義為首飾，則馬融、王肅、王弼皆同。《說卦》：「《坎》為盜。」又云：「《離》為中女。」故肅言「《坎》為盜，《離》為婦；喪其髢，鄰于盜也。」又次曰：「勿逐自得，履中道也。」者，六二以陰居內卦之中爻，履中得位也。弼注「居中履正，處文明之盛，而應乎五。」殆本於肅。最後曰：「二五相應，故七日得也。」者，此據《象》言：「七日得，以中道也。」而推得，中道者，二五也，合之為七。是以云然。綜觀肅注：依爻象，據《易傳》（說卦及象傳），從先儒（髢字從韓嬰；其義從馬融），簡明而无附會之弊。

六四，繻有衣袽，終日戒。

《注》：繻音須，袽音如。（釋文：「繻，而朱反。鄭王肅云音須。子夏作襦，王虞同。薛云古文作繻。」又：「袽，女居反，絲袽也。王肅音如。說文作絮，云縕也。廣雅云：絮，塞也。子夏作茹。京作絮。」張惠言未輯；馬國翰僅輯「袽音如」；孫、黃全輯之。）

案：繻字作繻，從古文（釋文引薛虞云古文作繻，已見上引）也；與子夏作「襦」者異。鄭玄、虞翻（集解引）、王弼、盧景裕（集解引），並作「繻」，與肅同。音須，從鄭玄也。《說文》引《易》字作「需有衣絮」，需須音同。《廣韻》平聲《虞》韻「人朱切」有「繻」，音儒；又「相俞切」有「繻」，音須。是繻字至唐宋時仍有音也。繻之義，肅未詳；《廣韻》音須之繻訓「傳符帛」，蓋據《漢書·終軍傳》：「關吏予軍繻。」之《注》引張晏曰：「繻音須，繻符也。書帛裂而分之，若券契矣。」又引蘇林曰：「繻，帛邊也，舊關出入者皆以傳。

傳煩，因裂繻頭合以爲符信也。」而云然。未悉王肅亦採此義否？袽之字，子夏作「茹」，京房作「絮」，王肅、王弼作「袽」，皆從「如」得聲；唯《說文》作「絮」，從「奴」得聲爲異耳。袽字既從如得聲，其音即爲如，此蘄春黃季剛先生所以有「形聲字有聲母有聲子，聲子必從其聲母之音。」（見瑞安林師景伊先生研究說文條例）之說也。《廣韻》平聲《魚》韻有「袽」字，「女余切，又音如」云。又音如即肅《易注》之音。袽字之義，肅注未詳。

䷿ 坎下
離上　**未濟，亨**

小孤汔濟，濡其尾，无攸利。

《注》：坎爲水，爲險，爲隱伏。物之在險，穴居隱伏，往來水間者，狐也。（漢上易傳卷九：「後漢荀爽集解，又得八卦逸象三十有一。案集解坎爲狐。子夏傳曰：『坎稱小孤。』孟喜曰：『坎，穴也；狐穴居。』王肅曰：『……』」孫堂黃奭以爲未濟注而輯之。馬國翰之輯子夏傳及孟氏《易》，皆以爲未濟注；而王肅注獨輯爲說卦「坎爲狐」注。考說卦無「坎爲狐」之文，此當爲未濟注。）

案：此本於《說卦》也。《說卦》：「《坎》者，水也。」又曰：「《坎》爲水。」故肅亦曰：「《坎》爲水。」《說卦》：「《坎》，陷也。」故肅曰：「爲險。」《說卦》曰：「爲隱伏。」肅亦曰：「爲隱伏。」至於「物之在險，穴居隱伏，往來水間者，狐也。」則本諸《說卦》推論所得。

繫辭傳上（釋文：「周易繫辭上第七。本亦作繫辭上。王肅本皆作繫辭上傳，訖於雜卦，皆有傳字。本亦有无上字者。」四家皆輯之。）

案：《易》卦辭，爻辭爲經；《彖》、《象》、《繫辭傳》、《文言》、《說卦》、《序卦》、《雜卦》爲《傳》。《彖》、《象》、《繫辭傳》皆分上下，合《文言》、《說卦》、《序卦》、《雜卦》又名「十翼」。是以王肅字作「《繫辭傳》上傳」也。王應麟《困學紀聞》卷一：「愚按《釋文》云：『王肅本作《繫辭傳》上傳，訖於《雜卦》，皆有傳字。』《本義》人之。漢《儒林傳》云：『孔子晚而好《易》，讀之，韋編三絕，而爲之傳。』王肅本是也。」

在天成象！在地成形。

《注》：在天成象，象者，日月星；在地成形者，山川群物也。（禮記樂記「在天成象在地成形」孔穎達疏：「在天成象者，馬融王肅注易並云『象者日月

星』，鄭注易云『成象，日月星辰也。』注此云『象光耀也。』在地成形者，馬融
注易云『植物動物也』，王肅注易云『山川群物也』，鄭注易云『謂草木鳥獸也』，
注此云『形體貌也』。」四家皆輯之。）

案：在天成象者，馬融謂「象者日月星」；鄭玄注《易》曰「成象，日月星辰也。」
王肅之注，全依馬鄭。在地成形者，馬融謂「植物動物」，鄭玄謂「草木鳥獸」，
其實一也；王肅謂「山川群物」，則含義益廣，較馬鄭尤佳。

是故剛柔相摩，八卦相盪。

《注》：盪，唐黨反。（釋文：「相盪，眾家作蕩。王肅音唐黨反。馬云除也。桓
云動也。唯韓云相推盪。」四家皆輯。）

案：盪之字，韓康伯作盪，而馬融、王肅、桓玄等「眾家」作蕩。考《說文》：「蕩
水出河內蕩陰，東入黃澤，從水募聲。」又：「盪，滌器也，從皿湯聲。」是
「蕩」乃水名；「盪」爲滌盪。《易·繫辭》「八卦相盪」，盪者動盪，爲盪滌
之引伸，當以作「盪」者爲是。眾家作蕩者，盪之假借也。《禮記·郊特牲》：
「滌蕩其聲。」又〈樂記〉：「陰陽相摩，天地相蕩。」皆經典借蕩爲盪之例
也。盪蕩之音，《廣韻》凡三見：平聲《唐》韻吐郎切有「蕩」（字譌作蕩，
茲從周祖謨廣韻校勘記正之），爲水名；有「盪」爲盪突。上聲《蕩》韻徒朗
切有「蕩」，大也，又水名，又姓；有「盪」，滌盪搖動貌。去聲《宕》韻他
浪切有「蕩」，爲滉蕩渠；有「盪」，爲盪行。其義並不因聲調之異而異。疑
上古但讀平聲，漢魏乃有讀上聲者，隋唐更有去聲之音。王肅盪音唐黨反，
即上聲《蕩》韻徒朗切之音也。

鼓之以雷霆。

《注》：霆音庭。（釋文：「霆，王肅呂忱音庭，徐又徒鼎反，又音定。」四家皆
輯。）

案：王肅呂忱霆音庭，平聲，即《廣韻》平聲《青》韻「特丁切」之音，《廣韻》
云「雷霆」。徐邈徒鼎反，即《廣韻》上聲「徒鼎反」之音，《廣韻》云「疾
雷」。又音定，則《廣韻》所無。唯《廣韻》去聲《徑》韻徒徑切有「定」「廷」，
霆從廷聲，廷則有讀去聲如定者，故徐又音定也。

乾知泰始。（泰，韓康伯本，集解本均作大。釋文：「大音泰，王肅作泰。」四家
皆輯。）

案：大始猶言元始，王肅作泰。同音通假也。泰，《說文》言古文作夳。《說文》：「泰，滑也，從廾，從水，大聲。夳古文泰。」其字金文或作「太」即「大」字之變體。吳大澂《說文古籀補》：「古坿文命嗣樂作太室坿，太字如此，晚周變體也，古文通作大。」段玉裁《說文解字注》云：「後世凡言大而以爲形容未盡則作太，如大宰俗作太宰，大子俗作太子，周大王俗作太王。」其實於晚周已然。「大」「天」「元」三字同源。孫海波《甲骨文編》：「卜辭天作大，象人顚額之形，孳乳爲大。」李孝定《甲骨文字集釋》：「天之與大，其始當本一字。卜辭天邑商，或作大邑商；天戊或作大戊；大乙《史記・殷本紀》作天乙；可爲佳證。」是「天」「大」同源也。陳邦懷《殷虛書契考釋小箋》：「卜辭有元臣之辭，按元臣之名，經傳無考，卜辭又有小臣，則元臣當爲大臣，亦殷之官制也。《詩・采芑》『方叔元老』，毛傳『元大也』；《國語・魯語》『元侯作師』，韋注『元侯大國之君也』，皆訓大，故知元臣即大臣矣。」李孝定《甲骨文字集釋》：「卜辭習見『元示』，即它辭所謂『大示』，……元臣即大臣也，陳說可從。」是「元」「大」同源也。考元字甲文作「ꬵ」，唐蘭《古文字學導論》：「元本作ꬵ，元首也。」從人象首形。天字甲文作「大」，王國維《觀堂集林》卷六《釋天》：「古文天字本象人形，殷虛卜辭或作吳，孟鼎大豐敦作大，其首獨巨。」是「元」「天」字本義皆爲「首」，《說文》：「天，顚也。」爲本義。引申有「始」意，《說文》：「元，始也。」爲引申義。以上由「泰」「夳」「太」而推溯其字本源爲「大」爲「天」爲「元」。《易・繫辭》「乾知泰始」，泰始猶言元始，其字本當作「大」，大音泰，故王肅乃徑作「泰」字矣。《尚書》「泰誓」，《論語》「泰伯」，《禮・曲禮》「泰龜」「泰筮」，諸「泰」字皆假借爲「大」，是經籍多有此例也。

天下之理得，而易成位乎其中矣。（釋文：「而成位乎其中，馬、王肅作而易成位乎其中。」四家皆輯。）

案：有「易」者是，若《注疏》本，《集解》本無「易」字，則「成位乎其中矣」一句於文法言無主詞矣（考上句言「天下之理得」，則不可以爲承前省略），王肅有「易」字，乃從馬融。

六爻之動，三極之道也。

《注》：陰陽剛柔仁義為三極。（釋文：「三極，陸云：極，至也。馬云：三統也。鄭韓云：三才也。王肅云：陰陽剛柔仁義爲三極。」張、馬輯同。孫、黃所輯，復據小學紺珠下更有「三極之道，三才極至之理。」）

案：王肅以陰陽剛柔仁義爲三極，實本鄭玄三才之說；鄭玄三才之說，又沿馬融三統之說；而《集解》引陸績之注，王肅與之幾全同。《易·說卦》：「昔者聖人之作《易》也，將以順性命之理。是以立天之道曰陰與陽；立地之道曰剛與柔；立人之道曰仁與義。兼三才而兩之，故《易》六畫而成卦。」是陰陽爲天道，剛柔爲地道，仁義爲人道，名曰三才；王肅以陰陽剛柔仁義爲三極，即本鄭玄三才爲三極之說而加詳。《漢書·律曆志》：「三統者，天施地化人事之紀也。」是三統與三才亦同義也。《集解》引陸績云：「天有陰陽二氣；地有剛柔二性；人有仁義二行；六爻之動，法乎此也。」又云：「此三才極至之道也。初四下極，二五中極，三上上極也。」王肅之注，或有取於陸績之說乎？

齊小大者存乎卦；

《注》：齊猶正也。陽卦大，陰卦小，卦列則小大分，故曰齊小大者存乎卦也。（集解引王肅曰，四家皆輯。）

案：謂齊猶正，傳注多有；謂陽卦大，陰卦小，於《繫辭·說卦》有徵。惠棟《周易述》：「《詩·小宛》曰：『人之齊聖。』毛傳云：『齊，正也。』」是齊訓正之例。考齊字，《說文》謂：「禾麥吐穗上平也，象形。」是以整齊爲本義。引申之，凡排列使之整齊亦曰齊。如《荀子·富國》：「必將脩禮以齊朝。」（唐楊倞注：齊、整也），《淮南子·原道》：「齊靡曼之色。」（漢高誘注：齊、列也），皆用其引申之義。王肅謂「齊小大者存乎卦」之「齊」爲正，亦排列使之整齊之意也。《說卦》：「觀變於陰陽而立卦。」是卦以陰陽而立也。《繫辭傳》下：「陽卦多陰，陰卦多陽。」又：「陽卦奇，陰卦耦。」是卦有陰陽也。《說卦》：「《乾》，天也，故稱乎父，《坤》，地也，故稱乎母。《震》一索而得男，故謂之長男；《巽》一索而得女，故謂之長女；《坎》再索而得男，故謂之中男；《離》再索而得女，故謂之中女；《艮》三索而得男；故謂之少男；《兌》三索而得女，故謂之少女。」是《乾》☰、《震》☳、《坎》☵、《艮》☶爲陽卦；《坤》☷、《巽》☴、《離》☲、《兌》☱爲陰卦也。《繫辭傳》下：「陽一君而二民（謂一陽二陰），君子之道也；陰二君而一民（謂二陰一陽），小人之道也。」是陽卦一陽二陰爲君子之道，故大；陰卦二陰一陽爲小人之道，故小也。此王肅所以言「陽卦大，陰卦小，卦列則小大分」也。又案：惠棟《周易述》云：「陽大陰小，故陽卦大，陰卦小。陳列卦象，有小有大。以六十四卦言之，則陽息爲大，陰消爲小，如《臨》、陽息之卦；臨者，大也。是《臨》爲大卦也。《遯》，陰消之卦；《遯》小利貞，是《遯》爲小卦也。《泰》

小往大來，《泰》爲大卦；《否》大往小來，《否》爲小卦。如此之類，不可悉舉。又《小畜》、《大畜》、《小過》、《大過》、《大有》、《大壯》諸卦，皆以大爲陽，小爲陰。正其小大、截然不紊。故云：齊小大者存乎卦也。」惠氏以消息來往說陰陽大小，而云「此王肅義也」。考王肅《易注》罕及消息，惠棟所述，恐非肅義。

憂悔吝者存乎介。

《注》：介，纖介也。（釋文：「介音界，注同。王肅、干、韓云：纖介也。」四家皆輯之。）

案：上文云：「悔吝者，言乎其小疵也。」此云：「憂悔吝者存乎介。」兩相比較，知「存乎介」猶「言乎其小疵」也。故王肅以介爲纖介矣。《集解》引虞翻，《釋文》引干寶、韓康伯，並作纖介解。後劉瓛訓「微」，亦纖介之意，互見劉瓛章。

震无咎者存乎悔。

《注》：震，動也。（釋文：「震无咎，馬云：震，驚也。鄭云：懼也。王肅韓云動也，周云威也。」四家皆輯之。）

案：《序卦》：「震者，動也。」《集解》引虞翻云：「震動也，有不善未嘗不知之；知之未嘗復行。无咎者，善補過，故存乎悔也。」王肅以震爲動，依於《序卦》，與虞翻合，韓康伯作繫辭注，即用肅注。

《易》與天地準，故能彌綸天下之道。

《注》：綸，纏裹也。（釋文：「綸音倫，京云：彌，遍；綸，知也。王肅云：綸，纏裹也。荀云：彌，終也；綸，迹也。」文選卷十七陸機文賦注引：「周易曰：易與天地準，故能彌綸天地之道。王肅曰：彌綸，纏裹也。」四家皆輯之。）

案：此用虞翻釋義。虞翻言象者，肅多不從；虞翻釋字，則肅或從之。《集解》引虞翻曰：「準，同也。彌，大；綸，絡。謂易在天下包絡萬物，以言乎天地之間則備矣。故與天地準也。」肅以「綸」爲「纏裹」，即虞翻「包絡」之意也。

犯違天地之化而不過。（釋文：「範圍，鄭云：範，法也。馬、王肅、張作犯違。張云：犯違猶裁成也。」四家皆輯之。）

案：「犯違」二字，馬融、王肅、張璠《易》本如此；而鄭玄、《九家易》、韓康伯本作「范圍」。其義：馬、王未詳；張璠謂「犯違猶裁成也。」鄭玄云：「範、

法也。」《集解》引《九家易》更詳之曰：「範者，法也；圍者、周也。言《乾》《坤》消息，法周天地而不過於十二辰也。」韓康伯云：「範圍者，擬範天地而周備其理也。」觀義，似作「範圍」爲勝。馬王張璠作「犯違」者，或古本有用通假字如此。《說文》：「範，範軷也。從車，笵省聲。讀與犯同。」是範犯音同也。圍違皆從韋得聲，其聲亦同。同音故得通假也。

故君子之道尟矣。（尟，韓本作鮮。據釋文，王肅作尟，詳注下。）

《注》：尟，少也。（釋文：「鮮，悉淺反，注同。師說云盡也。鄭作尟，馬鄭王肅云少也。」查張惠言，黃奭輯本作鮮，孫堂、馬國翰本作尟，馬國翰云：「釋文鮮矣鄭作尟，下引王肅、當與鄭同。」茲從馬輯。）

案：《說文》：「尟，是少也。」「鮮，鮮魚也。」則作「少」解者，字當作尟。馬融、鄭玄字作「尟」，云「少也」，王肅從之，是也。韓本作「鮮」，假借也。

二人同心，其利斷金。

《注》：斷，丁管反。（釋文：「斷，丁亂反。王肅丁管反。」馬未輯，餘三人皆輯之。）

案：《廣韻》斷凡三見：上聲《緩》韻都管切訓「斷絕」；上聲《緩》韻徒管切訓「絕」也；去聲《換》韻丁貫切訓「決斷」。……音雖異，其義實同。《釋文》丁亂反即《廣韻》丁貫切，爲去聲；王肅丁管反即《廣韻》都管切，爲上聲。蓋魏時讀上聲，丁福保編《全漢三國晉南北朝詩》錄晉無名氏〈子夜歌〉二十一「滿斷」叶韻，猶爲上聲，至唐時讀去聲，《廣韻》兼存古今南北，故並錄上去諸音。

野容誨淫。（野，弼本作冶。據釋文，王肅作野。詳注下。）

《注》：言妖野容儀，教誨淫泆也。野音也。（釋文：「冶容，音也。鄭陸虞姚王肅作野，言妖野容儀，教誨淫泆也。王肅云：作野音也。」張惠言輯「作野音也」四字，餘不輯。馬、孫、黃則全輯之。）

案：野容之野，弼本作「冶」，肅等作「野」。《說文》：「野，郊外也；從里，予聲。」是野以郊外爲本義。引申有「鄙略」義。《論語‧雍也》：「質勝文則野。」包咸注：「如野人，言鄙略也。」又不達禮亦謂之野，《禮記‧檀弓》：「若是野哉。」《疏》：「不達禮也。」野容之野，即鄙略不達禮之義。劉向《列女傳‧貞順齊孝孟姬傳頌》：「孟姬好禮，執節甚公，避嫌遠別，終不野容。」以「好

禮」「執節」「避嫌」「遠別」爲不野容；則「野容」者，爲不「好禮」，不「執節」，不「避嫌」，不「遠別」者可知。此正用鄙略不達禮之義也。《易》之言「野容」，其義同此。故王肅等以「妖野容儀，教誨淫泆。」釋之。野從予聲，古音讀如「墅」（見王筠說文句讀補正）；王肅音「也」，乃漢魏音。《廣韻》上聲《語》韻承與切音墅者爲古音；上聲《馬》韻羊者切音也者爲魏後之音。「野」韓本作「冶」，則取金之融冶，光采煜爚之義。徐灝《說文解字注箋》：「金與冰之融冶，光采煜爚，故容貌之豔者曰冶容。」是也。凡字由本義引申具有某意者，則無須以叚借說之。「野」引申有鄙略不達禮意，野容義取此；「冶」引申有光采煜爚意，冶容義取此：則不必謂之叚借。段玉裁謂「野冶皆蠱之叚借也，張衡賦言妖蠱，今言妖冶。」（見說文解字注「冶」字下），雖野冶蠱音同（廣韻野冶皆羊者切；聲類：蠱戈者切，音冶），合乎叚借之條件；而蠱冶通用（文選西京賦舞賦妖冶並作妖蠱；又古冶子，齊勇士，一作古蠱子，見廣成頌），於古籍亦有徵；然野冶引申義既足以釋野容與冶容，段氏謂叚借爲蠱，反嫌迂曲也。本論文凡言叚借，必其字本義及引申義皆不可通；於其叚借字，必明其聲韻同似，且於古籍有徵。附發其例於此。

掛一以象三。

《注》：掛音卦。（釋文：「掛、卦買反，別也。王肅音卦。」四家皆輯。）

案：《說文》無「掛」，其字作「挂」，從手圭聲，與卦字從卜圭聲者聲符相同。俗作卦，則從卦聲。《廣韻》掛卦皆在去聲《卦》韻，是掛卦至唐宋時仍同音。王肅掛音卦，是也。唯王肅時無去聲，掛卦字皆當讀上聲。《釋文》：「掛，卦買反。」爲上聲，是讀上聲之證。

參伍以變，錯綜群數。（文選卷十二郭景純江賦注引周易曰「錯綜群數」，下接以「王肅曰」如此。孫輯作「其數」，馬黃輯作「群數」，張輯作「群數」而疑「未知王本否。」）

《注》：錯、交也；綜，理事也。（文選卷十二郭景純江賦注引如此。又卷十六向子期思舊賦注，卷二十四何敬祖贈張華詩注，卷三十四曹子建七啓注，卷五十八顏延年宋文皇帝元后哀策文注皆引下句，四家皆輯。）

案：「其數」《文選》引作「群數」，未悉王肅本果如此；抑李善注所引字誤。其數群數義皆可通，而其群雙聲致誤，亦有可能也。肅以「錯」爲「交」，孔穎達疏《繫辭傳》從之（詳下文）。肅云「綜，理事也。」則本虞氏（詳下文）者

也。考「錯綜」一詞，朱熹以爲「古語」（見周易本義）。虞翻、王肅之前，注解皆不存。虞翻之注，見於《集解》，曰：「逆上稱錯；綜，理也。謂五歲再閏再扐而後掛，以成一爻之變，而倚六畫之數。卦從下升，故錯綜其數，則三天兩地而倚數者也。」蓋以揲蓍求卦之事釋之。與《繫辭傳》上文「大衍之數五十，其用四十有九……」明占筮之法，揲蓍之體者實相呼應，王肅云：「錯，交也；綜，理事也。」略取虞義；孔穎達疏：「錯謂交錯，綜爲總聚。交錯總聚其陰陽之數也。」又依肅注朱熹〈答王伯豐書〉：「錯者，雜而互之也；綜者，條而理之也。」（大易集義粹言引）所言尚遵肅說。及作《本義》，云：「錯者，交而互之，一左一右之謂也；綜者，總而挈之，一低一昂之謂也。」朱熹雖聲明「此亦皆謂揲蓍求卦之事」，而實啓明來知德以反覆爲錯綜之說。來氏《周易集註》云：「《乾坤》相錯，則《乾》馬《坤》牛之類，各有其象；《震》《艮》相綜，則《震》雷《艮》山之類，亦各有其象也。」遂以《乾》《坤》相反爲錯，《震》《艮》相覆爲綜，不復以揲蓍求卦視之矣。竊觀虞注言象，諸多穿鑿附會；而其釋義，則每於古有徵。此釋錯綜，合乎上文，肅等從之，是也。

夫易闓物成務。（闓，韓本，集解本皆作開。釋文：「開，王肅作闓，音同。」四家皆輯。）

《注》：闓，音同開。（見釋文，已見上引。四家皆輯。）

案：開闓古今字。《說文》：「開，張也。從門，從开（苦哀切）。𨴿，古文。」（大徐本如此。小徐本云：從門开聲）。又：「闓，開也，從門豈聲。」則開古文作𨴿，象兩手去門楗形。李斯〈繹山碑〉作開，斷其一爲兩，直其丬丬爲廾。《說文》錄之，遂以爲從門從开矣。闓則更後之形聲字。《方言》卷六：「闓苦，開也。東齊開戶謂之閤苦，楚謂之闓。」《廣韻》上平《灰》韻：「開，經典亦作闓。」上聲《海》韻：「闓，開也，亦音開。」皆開闓音同義通之證。高翔麟《說文字通》：「漢《倪寬傳》：『發祉闓開。』師古注：『闓讀與開同。』〈韓勑碑〉：『前闓九頭。』又〈後碑〉：『大帝闓門。』開並作闓。」是開闓古相通用之證。

聖人以此洗心。

《注》：洗，悉禮反。（釋文：「洗，劉瓛悉殄反，盡也。王肅、韓悉禮反京荀虞董張蜀才作先，石經同。」四家皆輯之。）

案：《廣韻》洗有二音。上聲《薺》韻先禮切之「洗」爲「洗浴，又姓。」上聲
　　《銑》韻蘇典切之「洗」爲「姑洗」。王肅悉禮反之音即《薺》韻先禮切之
　　音；劉瓛悉殄反即《銑》韻蘇典切之音。考「洗心」當作「先心」，已詳董
　　遇章王肅本作「洗心」，而洗音悉禮反，則取洗浴之義，韓康伯、朱熹皆從
　　之，其實謬也。亦已詳董遇章，至於劉瓛，洗音悉殄反，作「盡也」解，則
　　另詳劉瓛章。

古之聰明睿知神武而不殺者夫。

《注》：殺，所戒反。（釋文：「殺，馬、鄭、王肅、干：所戒反。師同。徐：所
例反，陸、韓如字。」四家皆輯。）

案：《釋文》所錄「殺」音凡三：馬（阮刻十三經注疏本誤爲王，此據通志堂刻
　　本）、鄭、王肅、干皆「所戒反」，即《廣韻》去聲《怪》韻「所拜切」之音。
　　陸、韓如字，即《廣韻》入聲《黠》韻「所八切」之音。徐「所列反」，《廣
　　韻》所無，即集韻入聲《薛》韻「私列切」之音。其義：《廣韻》所拜切者
　　訓：「殺害，又疾也。猛也。亦降殺。《周禮》注云：殺，衰小之也。」與鄭
　　玄以「不殺」爲「不衰殺也」合（鄭玄義見周易會通引晁氏古周易（簡稱晁
　　氏易）曰：鄭虞云：不意殺也。意當作衰，形似而誤、集解引虞翻云：「反
　　復不衰，故而不殺者夫。」以不殺爲不衰）。馬融、王肅、干寶音與鄭同，
　　義或亦然。《廣韻》所八切者訓：「殺命，說文㱿也。」陸韓如字，即用此義。
　　故韓康伯《繫辭注》云：「服萬物而不以威刑也。」徐所列及，其義未詳。
　　集韻私列切有「躠、殺：蹩躠旋行貌，或作殺，亦書作躠。」是殺爲躠之或
　　禮也。唯應辨明者：鄭玄、王肅等，殺字雖音所戒反，僅可據以推知鄭、王
　　殺字爲「衰殺」義，非謂其時已讀殺爲去聲。蓋漢魏之際猶無去聲故也。《廣
　　韻》去聲《怪》韻與入聲《黠》韻，古韻皆入曷末部（依蘄春黃氏古韻二十
　　八部。即段氏第十五部，董同龢先生祭部，王了一先生月部），來源相同。

闔戶謂之乾。

《注》闔，甫亦反。（釋文：「闔，婢亦反，王肅甫亦反。」四家皆輯。）

案：婢亦反之聲紐爲「並」；甫亦反之聲紐爲「非」。非紐古讀幫紐，與並紐皆屬
　　脣音。清故宮所藏唐寫本王仁昫《刊謬補闕切韻》：闔音「必益切」，幫紐，《廣
　　韻》入聲《昔》韻：闔音「房益切」。亦脣音而有輕重之異。古無輕脣音，其
　　實皆同也。

是故《易》有太極，是生兩儀。

《注》：此章首獨言是故者，總眾章之意。（釋文引王肅云）

兩儀，天地也。（文選卷二十四潘安仁為賈謐贈陸機詩注，又卷三十六任彥昇宣德皇后令注引周易王肅曰。四家皆輯。）

案：《上繫》之分章，呂祖謙《古周易》分十二章（詳見劉瓛章）；馬融、荀爽、姚信分十三章（正義引，詳周弘正章）；虞翻分十一章（正義引，詳周弘正章）；周弘正分十二章（詳周弘正章）；朱熹分十二章（詳見劉瓛章）。其中馬融等以「是故易有太極」為第十二章首句；虞翻以為第十章首句；周弘正以為第十一章首句。呂祖謙、朱熹並不以此為章首句。王肅既以此為章首，不知其分章，究同於馬融？或同於虞翻？或如後之周弘正？又肅云「此章」「總眾章之意」，倘以此章為《上繫》最末一章乎？若此，則其分章又與今所知諸家《上繫》之分章迥異矣。云兩儀為天地，諸說皆然。《集解》引虞翻曰：「太極，太乙也。分為天地，故生兩儀也。」亦以兩儀為天地。

以定天下之吉凶，成天下之亹亹者，莫善乎著龜。

《注》：亹亹，勉也。（釋文於繫辭下出「亹亹」二字，云：「亡偉反，鄭玄沒沒也，王肅云勉也。」案：亹亹，繫辭上先見之，繫辭下重複之。王肅注當在上不在下，故移於此處，此處四家皆未輯。）

案：經傳「亹亹」屢見，多訓為勉。《詩・大雅・文王》：「亹亹文王，令聞不已。」傳：「亹亹，勉也。」《禮記・禮器》：「天時雨澤、君子達亹亹焉。」注：「亹亹，猶勉勉也。」皆其例證。《爾雅・釋詁》亦曰：「亹亹、蠠沒、孟、敦、勖、釗、茂、劭、勔、勉也。」郝懿行《爾雅義疏》云：「亹與蠠沒孟勉俱一聲之轉。」蓋亹勉皆明母字，雙聲為訓也。王肅以「亹亹、勉也。」於經傳有先例，於《爾雅》有所據。《集解》引侯果曰：「亹，勉也。夫幽隱深遠之情，吉凶未兆之事，物皆勉勉然願知之，然不能也。及著成卦、龜成兆也，雖神道之幽密，未然之吉凶，坐可觀也。是著龜成天下勉勉之聖也。」即據肅注而闡發之。孔穎達《正義》，朱熹《本義》亦皆謂亹亹為勉，與王肅同。又案：鄭玄、荀爽、劉瓛以亹亹為微未，與肅異義，參閱劉瓛章。

河出圖。

《注》：河圖，八卦也。（尚書顧命正義引王肅亦云。張馬未輯，孫黃輯之。）

案：以河圖即八卦，劉歆、《僞尚書孔傳》之說皆然。《漢書‧五行志》：「《易》曰：『天垂象，見吉凶，聖人象之；河出圖，雒出書，聖人則之。』劉歆以爲庖犧氏繼天而王，受河圖，則而畫之；八卦是也。禹治洪水，賜洛書，法而陳之，《洪範》是也。」是劉歆以河圖爲八卦。《尚書‧顧命》：「大玉、夷玉、天球、河圖：在東序。」僞孔安國傳：「河圖、八卦。伏犧王天下，龍馬出河，遂則其文以畫八卦，謂之河圖。」是僞孔傳亦以河圖爲八卦。王肅云：「河圖、八卦也。」與劉歆，僞孔傳同。考《論語子罕》有「河不出圖」劉寶楠《正義》：「《書‧顧命》有河圖，與大玉、夷玉、天球並列東序，當是玉石之類，自然成文。此元俞琰之說，最近事理者也。」或玉石之文，略似八卦，故劉歆、王肅、僞孔傳所言如此乎？又《周易集解》引鄭玄曰：「《春秋緯》云：河以通《乾》出天苞，洛以流《坤》吐地符。河龍圖發，洛龜書成，《河圖》有九篇，《洛書》有六篇也。」謂《河圖》有九篇，則不以《河圖》爲玉石可知。鄭氏據《緯》而言，於是河圖之義遂啓疑竇矣。宋朱震《周易卦圖》卷止畫《河圖》如下：

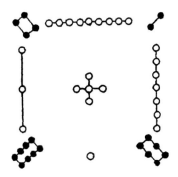

　　朱氏云：「上河圖，劉牧傳於范諤昌，諤昌傳於許堅，許堅傳於李漑、漑傳於種放、放傳於希夷陳摶。」則其圖始於陳摶，陳摶宋人，爲道士。何許而得此河圖？不能無疑。又朱熹《周易本義》前錄河圖，如下：」

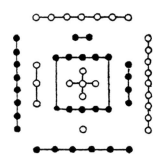

其圖與漢上《周易卦圖》復異。蓋漢上之《河圖》，熹以為《洛書》；漢上之《洛書》，熹以為《河圖》。各逞臆說，滅裂如此，豈可信耶？《本義》載《河圖》、《洛書》，下有：「蔡元定曰：圖書之象，自漢孔安國、劉歆、魏關朗子明，有宋康節先生邵雍堯夫、皆謂如此。至劉牧始兩易其名，而諸家因之，故今復之，悉從其舊。」劉歆，《孔傳》並以八卦為河圖，已詳上文；蔡氏以「皆謂如此」，誣矣。《關朗易傳》之為偽書，朱熹〈答李壽翁書〉已言之：「《關子明易》是阮逸偽作，《陳無己集》中說得分明。」（經義考卷十三亦引朱子曰：「關子明易偽書也。」）而《本義》之載河洛，云據《關子明易》，矛盾可笑。比較之下，益見王肅以八卦為河圖說之平易。

雒出書。（釋文：「洛，王肅作雒。」四家皆輯之。）

《注》：漢家以火德王，故從各隹。（釋文於洛王肅作雒下引此。孫黃張皆未輯，蓋以為陸氏語也。馬國翰輯，茲從馬。）

案：《三國志·魏書·文紀》黃初元年：「二月，初營洛陽宮；戊午，幸洛陽。」裴松之注引《魏略》曰：「詔以：漢，火行也。火忌水，故洛去水而加隹。」王肅洛字作「雒」，謂「漢家以火德王，故從各隹。」殆據魏文帝黃初元年詔而云然。其實伊雒之雒本作雒，段玉裁《說文解字注》「洛」篆下云：「雍州洛水，豫州雒水，其字分別，自古不紊。」並自《周禮》、《逸周書》、《詩》、《左傳》、《淮南·墜形》、《漢書·地理志》舉例以證（經韻樓集有伊雒字古不作洛考，所言略同）。王筠《說文句讀補正》亦曰：「《魏略》曰：『漢火行忌水，故去洛水而加隹。』是說也，學者多喜稱之。然天子以天下為家，何不取地名之從水者而盡改之？但規於目前之洛？且漢字即從水，何不改國號？又火剋金而劉從金，何不改國姓以避之乎？」盧弼《三國志集解》言：「此見姦雄欺人，丕綽有父風也。」後世學者多為曹丕所欺，以為雒本作洛，於是妄改古書，凡「雒」皆改為「洛」，於是《易·繫辭》「雒出書」皆成「洛出書」矣。唯王肅本字猶作「雒」未改，此碩果僅存者也。唯王肅生當魏世，故不得不言「漢家以火德王，故從各隹。」張惠言、孫堂、黃奭誤以此注為《釋文》案語而不錄。肅為魏臣，安敢違丕詔字仍作「雒」而又不加說明耶！《雒書》、劉歆謂即〈洪範〉（見漢書五行志，上條已引）；孔穎達《周易正義》亦云：「洛書則九疇是也。」

《乾坤》其《易》之縕邪。

《注》：縕，又於問反。（釋文：「縕，紆粉反，徐於憤反，王肅又於問反。」四家皆輯。）

案：縕者，虞翻謂「藏也」（集解引），韓康伯謂「淵奧也」（繫辭注）其字假借爲「薀」，《說文》：「薀，積也。從艸，溫聲。《春秋傳》曰：薀利生孽。」是積藏之義，以薀爲本字也。俗作「蘊」，孔穎達《周易正義》卷一、〈第一論易之三名〉引：「《繫辭傳》云：『《乾》《坤》其易之蘊邪。』」「蘊」字唯錢本作「縕」、宋十行本、閩、監、毛本皆作「蘊」（據阮元校勘記云）。「縕、薀、蘊」之音，《廣韻》凡四見：平聲《魂》韻烏渾切有「薀、薀藻」「蘊，禮曰：一命縕韍。」一也。平聲《文》韻於云切有「縕，亂麻。」「蘊，蘊積也。」二也。徐邈「於憤反」當作「於潰反」（於憤反與《釋文》紆粉反音同，陸氏何必贅錄耶！），即此音也。上聲《吻》韻於粉切有「薀，藏也；《說文》曰積也，春秋傳曰薀利生孽。俗作蘊。」「蘊，俗。」「縕，枲麻。」三也。《釋文》紆粉反，徐於憤反，皆即此音也。去聲《問》韻於問切有「縕，亂麻。」「蘊，習也，俗作蘊。」四也。王肅於問反，即此音也。考「縕、薀、蘊」之音雖多，而其義並未因音異而亦異。如：《文》韻《問》韻之「縕」並爲「亂麻」；《文》韻《吻》韻之「薀」並爲「薀積」，是其證也。依語音發展史觀之，「縕薀蘊」諸字，於古皆讀平聲，《易‧下繫》：「天地絪縕，萬物化醇。」縕與醇叶韻，是縕古平之證。漢魏猶爲平聲；潘岳《爲賈謐作贈陸機》：「縕君文兮」叶韻，是其證。隋唐更有上去之證。王肅之時，問字當與「門聞闌闉悶捫」皆讀平聲，故平聲縕字肅以平聲問字爲反切下字也。

繫辭傳下（據釋文，詳繫辭上傳。四家皆輯之。）

何以守位曰仁。（釋文：「人，王肅、卞伯玉、桓玄、明僧紹作仁。」張馬孫輯同。黃輯仁仍作人。）

案：《繫辭傳》下：「天地之大德曰生；聖人之大寶曰位；何以守位曰人；何以聚人曰財；理財正辭禁民爲非曰義。」「曰位；守位」「曰人；聚人」「曰財；理財」皆相下相承，文氣一貫。《周易‧泰‧象》：「天地交，《泰》；后以財成天地之道」《集解》引虞翻曰：「守位以人；聚人以財。」虞注依於《繫辭傳》，是《繫辭傳》虞翻本字作「人」。《昭明文選》張平子〈東京賦〉：「守位以人。」（李善本作仁，注云：「綜作人」又薛綜注：「人謂眾庶也」），是張衡所見《易‧繫辭》亦作人。然今所見《易‧繫辭》，如：阮元刻注疏本，李鼎祚《集解》本，《橫渠易說》本、朱熹《周易本義》本等，皆作「仁。」唯董楷正《周義傳義附錄》本、吳澄書《易纂言》本、張惠言《周易虞氏義本》偶作「人」耳。考作「仁」

於義亦通。《孟子·離婁》上:「三代之得天下也以仁;其失天下也以不仁。國之所以廢興存亡者亦然。天子不仁,不保四海;諸侯不仁,不保社稷;卿大夫不仁,不保宗廟;士庶人不仁,不保四體。」可作《繫辭傳》「守位曰仁」之注腳。王肅作「仁」,於義實美。唯於修辭無頭尾蟬聯,上遞下接之趣耳。

上古結繩而治。

《注》:結繩識其政事。(尚書序:「造書契以代結繩之政。」孔穎達正義:「繫辭云:『上古結繩而治……』……王肅亦曰:『結繩識其政事。』是也。」孫黃輯,張馬未輯。)

案:《周易正義》引鄭康成云:「事大,大結其繩;事小,小結其繩。」(尚書序正義引鄭注云:「爲絢:事大」,大其繩;事小,小其繩。」義同。)王肅之注,與鄭玄無異。

後世聖人易之以書契。

《注》:文籍初自五帝,三皇未有文字。(尚書序:「由是文籍生焉。」孔穎達正義:「繫辭云:『……後世聖人易之以書契……』……班固、馬融、鄭玄、王肅諸儒,皆以文籍初自五帝,亦云三皇未有文字。」此條黃氏輯之。)

案:三皇五帝,說者頗多。《史記·五帝本紀》以黃帝、顓頊、帝嚳、帝堯、帝舜爲五帝。司馬貞補撰之《史記三皇本紀》以庖犧、女媧、神農爲三皇。班固《白虎通義》:「三皇者何謂也?謂伏羲、神農、燧人也。或曰:伏羲、神農、祝融也。……五帝者何謂也?《禮》曰:黃帝、顓頊、帝嚳、帝堯、帝舜,五帝也。」則古之通說也。王肅從班固、馬融、鄭玄之說,以文籍初自五帝,三皇未有文字。與相傳黃帝之史倉頡初造文字合。揆之近代發現殷虛卜辭,據孫海波「《甲骨文編》」所錄單字已有四千六百七十二字,除去重文百餘字,故存四千五百字左右。則黃帝初造文字,亦近實也。

易曰:不遠復,无祗悔,元吉。

《注》:禔,時支反。(繫辭引易復初九爻辭。彼處易文祇,王肅作禔,時支反,則此引易亦當同。參閱復初九,不贅。此條前人皆未輯。)

案:無祗悔之祗,京房、許慎、陸績、虞翻作禔訓安,疑孟氏《易》如此。王弼、韓康伯作祇訓多,疑費氏《易》如此。王肅傳費《易》,此偶從孟。詳已見《復》初九條,不贅。

陰陽合德，而剛柔有體，一體天地之撰。

《注》：撰，士眷反。（釋文：「撰，仕勉反，下章同，數也。廣雅云，定也。王肅士眷反。」四家皆輯。）

案：撰字，《廣韻》有二音，皆上聲也。上聲《潸》韻雛鯇切有「撰」為「撰述」；上聲《獮》韻士免切有「撰」為「述也定也待也」。王肅音士眷反，眷字《廣韻》在去聲《線》韻。考撰字，今讀去聲，《廣韻》讀上聲，推溯漢魏，自不可能為去聲。蓋王肅時「眷」與「撰」皆上聲，故用眷為撰之反切下字也。

困，德之辯也。

《注》：辯，卜免反。（釋文：「辯，如字，王肅卜免反。」孫馬黃輯，張未輯。）

案：辯之字，《釋文》、《集解》均作辯，《注疏》本作辨、阮元《校勘記》：「閩監毛本同，《石經》岳本辨作辯。」考《說文》辨為別，辯為治。而此處德之辯之辯為別。《集解》引鄭玄曰：「辯，別也。遭困之時，君子固窮，小人窮則濫德，於是別也。」孔穎達《正義》：「若遭困之時，守操不移，德乃可分辨也。」則其字以作「辨」者為正字，作「辯」者為假借。辯之音，《廣韻》符蹇切，奉紐（古歸並。）《獮》韻，《釋文》如字；當指此音。王肅卜免切，幫紐《獮》韻，韻同而聲異（並聲濁而且送氣。幫聲清而不送氣）。

易之為書也不可遠。

《注》：遠，袁萬反。（釋文：「遠，馬、王肅、韓、袁萬反。注皆同，師讀如字。」四家皆輯。）

案：《廣韻》遠音凡二，上聲《阮》韻雲阮切訓「遙遠」；去聲《願》韻于願切訓「離也」。《釋文》師讀如字即《廣韻》上聲訓遙遠；馬、王肅、韓袁萬反即《廣韻》去聲訓離者。馬融王肅以《易》為修身寡過之書，故不可離也。考漢魏時無去聲，馬融、王肅當不讀去聲；然其音似又當有別於如字者，詳不得而知也。

噫，亦要存亡吉凶，則居可知矣。

《注》：噫，於力反，辭也。居音基，辭。（釋文：「噫於其反，王肅於力反，辭也，馬同。」又：「居、馬如字，處也，師同。鄭王肅音基，辭。」張黃輯同，孫輯居下無辭字，蓋注疏本所附釋文脫辭字故也。通志堂本辭字未脫。馬則漏輯「居音基，辭」。）

案：噫字，《廣韻》有平去二音，平聲《之》韻於其切爲「恨聲」，去聲《怪》韻
於界切（清故宮藏王仁昫刊謬補缺切韻則在夬韻）爲「噫氣」。王肅於力反，
在《廣韻》則入聲《職》韻。《之》韻《職》韻段玉裁皆列爲古音第一部。董
同龢先生皆列爲古韻《之》部。其義爲辭，今所謂感歎詞也。據《釋文》：王
肅注噫音義與「馬同」，蓋本馬融也。《廣韻》有二音：平聲《魚》韻九魚切
爲「當也處也安也」，《釋文》云馬如字處也師同者即此音。平聲《之》韻居
之切爲「語助」，《釋文》云鄭王肅音基（廣韻基亦居之切）辭者即此音。肅
注居音義，並從鄭玄也。

知者觀其彖辭，則思過半矣。

《注》：彖，舉象之要也。（釋文：「彖辭，吐貫反。馬云彖辭卦辭也。鄭云爻
辭也；周同。王肅云彖舉象之要也。師說通謂爻卦之辭也。一云即夫子彖辭。」
四家皆輯之。）

案：《繫辭傳》上：「彖者，言乎象者也。」王肅言「彖舉象之要也」即本《繫辭
傳》上。彼處「彖者言乎象者也」與「爻者言乎變者也」相對爲文。爻爲爻
辭，則彖爲卦辭明矣。又《繫辭傳》下：「彖者，材也 ；爻也者，效天下之
動者也。」又云：「八卦以象吉；爻象以情言。」皆「爻」「彖」對文並舉，
彖亦指卦辭也。《繫辭傳》「彖」四見，已知三處指卦辭。此處「知者觀其彖
辭則思過半矣」，承上文「若夫雜物撰德，辯是與非，則非其中爻不備。」而
言。上文既言「爻」，此「彖辭」則亦屬「卦辭」可知。《釋文》引馬融云：「彖
辭，卦辭也。」王肅謂「彖舉象之要也。」意同馬（此義張惠言已發之。易
義則錄云：「注云彖舉象之要也。則以彖辭爲卦辭也，亦同馬」）。韓康伯注：
「彖者舉立象之統。」孔穎達《正義》：「彖辭謂文王卦下之辭。」並從馬融、
王肅之說。東萊呂氏《古易》更詳辨之云：「卦下之辭爲彖。唐孔氏曰：『卦
辭文王所作。』漢上朱震曰：『文王卦下之辭謂彖。』孔子序述其彖之意而已，
故名其篆曰彖。使文王卦下之辭不謂之彖，孔子何爲言知者觀其彖辭則思過
半矣？夫子自謂如此，非遜以出之之義也。經文王周公所作也。傳孔子所作
也。」以《彖辭》即文王卦下之卦辭，孔子《彖傳》則孔子序述《彖辭》之
意者也。其言《彖辭》《彖傳》之異，甚是。又《釋文》除引馬融王肅外，又
引「鄭玄爻辭也周同」，「師說通謂爻卦之辭也」，「一云即夫子彖辭」，又阮元
《校勘記》謂古本彖作象，並非。

定天下之吉凶，成天下之亹亹者。

《注》：亹亹，勉也。（釋文：「亹亹，亡偉反，鄭云沒沒也。王肅云勉也。」四家並輯之。）

案：已見繫辭上「以定天下之吉凶，成天下之亹亹者，莫善乎蓍龜。」條，不贅。

說卦傳（《釋文》：「王肅本皆作繫辭上傳，訖於雜卦，皆有傳字。」四家皆輯。）

昔者聖人之作《易》也。

《注》：伏犧得河圖而作《易》。（周易正義序引「孔安國馬融王肅姚信等並云伏犧得河圖而作易。」孫黃輯之，張馬則未輯。）

案：比條見於《正義序》，請先引原文以爲討論之根據。《正義序》第二〈論重卦之人〉云：「《繫辭傳》云：『河出圖，洛出書，聖人則之。』又《禮緯·含文嘉》曰『伏犧德合上下，天應以鳥獸文章，地應以河圖洛書。伏犧則而象之，乃作八卦。』故孔安國、馬融、王肅、姚信等並云：『伏犧得河圖而作《易》。』是則伏羲雖得河圖，復須仰觀俯察，以相參正，然後畫卦。」據此可知二事：一、王肅以「伏犧得河圖而作《易》」，其說本於馬融，而孔安國（案：指尚書僞孔傳，詳「河出圖」）姚信亦同此說。二、所謂「作《易》」，即「畫卦」也。考《尚書·顧命》引王肅云：「河圖，八卦也。」與此互足，參閱《繫辭傳》上「河出圖」條下案語。

參天兩地而倚數。

《注》：倚，其綺反，立也。（釋文：「倚，於綺反。馬云依也。王肅其綺反，云立也，虞同。蜀才作奇，通。」四家皆輯。）

五位相合，以陰從陽，天得三合，謂一三與五也；地得兩合，謂二與四也。（正義引「先儒馬融王肅等解此，皆依繫辭云：『天數五，地數五，五位相得，而各有合。』以爲：『……』」云云。四家皆輯之。）

案：王肅之釋「倚」字，同於虞翻；解「參天兩地而倚數」，則從馬融。茲分別討論之，先論「倚」字注。《釋文》錄「倚」字音義凡三：一、於倚反，馬融云：依也（查朱震漢上易傳引馬融曰：「倚，立也。」未知孰是。）與《廣韻》上聲《紙》韻於綺切訓依倚者合。二、王肅其綺反，云立也，虞同。其字《廣韻》作「㥜」，渠綺反，立也。亦在上聲《紙》韻。三、蜀才作奇，通。則同音通假也。然則王肅釋「倚」，同於虞翻，其字或作「㥜」也。再論「參天兩地而倚數」之注。《正義》引「先儒馬融、王肅等解此，皆依《繫辭傳》云：

『天數五、地數五、五位相得，而各有合。』以爲：五位相合，以陰從陽，天得三合，謂一三與五也；地得兩合，謂二與四也。」考《繫辭傳》所謂「天數五地數五」者，即《繫辭傳》下文「天一地二天三地四天五地六天七地八天九地十」也；「五位相得而各有合」者，謂天數一三五七九合之得二十五，地數二四六八十合之得三十。《繫辭傳》下文所謂「天數二十有五，地數三十」是也（詳見董遇章）。是以馬融、王肅之解「參天」，以爲「天得三合，謂一、三與五也。」又解「兩地」，以爲「地得二合，謂二與四也。」一加三加五得九，二加四得六，此馬融、王肅所以解「倚數」之意也。《正義》復引：「鄭玄亦云：天地之數備於十，乃三之以天，兩之以地，而倚託大演之數五十也。必三之以天，兩之以地者，天三覆，地二載，欲極於數，庶得吉凶之審也。」鄭玄即本馬融義而增成之；而「倚託大演之數五十」則馬融未言也（鄭玄以大衍之數五十即天地之數五十五，故言如此，其實非也）。宋張栻《南軒易說》曰：「一三五七九皆陽數也，獨以一三五參之而用九，此倚其陽數也。二四六八十皆陰數也，獨以二四兩之而用六者，此倚其陰數也。特取九六而不用夫七八者，乃參天兩地而倚其數也。」（大易集義粹言引）。取馬融、王肅義而詳之耳。然考《說卦》：「參天兩地而倚數；觀變於陰陽而立卦；發揮於剛柔而生爻。」數句排比，意相一貫。與下文：「兼三才而兩之，故《易》六畫而成卦，分陰分陽，迭用剛柔，故《易》六位而成章。」義實互足。「參天兩地而倚數」即「兼三才而兩之故《易》六畫而成卦」之意。《集解》引虞翻云：「謂分天象爲三才，以地兩之，立六畫之數，故倚數也。」又云：「謂參天兩地，《乾坤》各三爻而成六畫之數也。」實得《說卦》之意。馬鄭王肅所言，恐非。又韓康伯、張譏之注，與馬鄭王肅及虞翻皆異，另詳張譏章云。

水火不相射。

《注》：射音亦，厭也。（釋文：「射，食亦反，虞陸董姚王肅音亦，云厭也。」四家皆輯之。）

案：《釋文》以射當如字，作噴射解，故音食亦反。《廣韻》入聲《昔》韻食亦切之「射」下引《世本》「逢蒙作射」者是也。虞翻陸績董遇姚信王肅以射爲厭足厭倦義，故音亦。《廣韻》入聲《昔》韻羊益切之「射」作「無射」解者是也。考《爾雅·釋詁》：「射，厭也。」射者，爲斁字之假借。《說文》：「斁，解也。從攴睪聲。《詩》云：『服之無斁。』斁，猒也（此從大徐本，繫傳段注皆作厭）。一曰：終也。」桂馥《說文義證》云：「《詩》云『服之

無斁』者，《周南・葛覃》文。『斁，獸也』者，《釋詁》文，彼作射。郭引詩『服之無斁』，《釋文》：『射之又作斁，同。』《詩毛傳》：『斁，厭也。』《書・太甲》：『朕承王之休無斁』，《傳》云：『我承王之美無厭』。《洛誥》：『我惟無斁其康事』，《傳》訓斁爲厭。《詩・泮水》：『徒御無斁』，《箋》云：『無厭倦也』。〈思齊〉：『古之人無斁』，《釋文》：『斁，毛音亦，厭也。』〈振鷺〉『在此無斁』，《箋》云：『無厭之者，通作射。』李善《文選注》引《韓詩》『在此無斁』，薛君云：『射，厭也。』《詩・清廟》『無斁於人斯』，《傳》云：『不見厭於人矣。』〈抑〉：『矧可射思』，〈車牽〉：『好爾無射』，《箋》並云：『射，厭也。』〈祭統〉：『奔走無射』。」是經傳假射爲斁而音亦訓厭，其例甚夥也。

　　《周易集解》引虞翻曰：「謂《坎》《離》。射，厭也。水火相通，坎戊離已，月三十日一會于壬，故不相射也。」王肅唯取虞氏「射厭」之訓，以下「納甲」之說，肅則不取。參閱《井》九二「井谷射鮒」下案語。

雷以動之，風以散之，雨以潤之，日以烜之，《艮》以止之，《兌》以說之，《乾》以君之，《坤》以藏之。

《注》：上四舉象，下四舉卦者，互相備也。（正義：「此一節總明八卦養物之功，烜，乾也。上四舉象，下四舉卦者，王肅云：互相備也。明雷風與震巽同用，乾坤與天地通功也。」此條張未輯，孫黃輯「互相備也」一句，馬更連下「明雷風」二句而並輯之。）

案：《正義》所言，又見於《集解》所引，而文字略有出入：「此一節總明八卦養物之功」《集解》引作「此又重明八卦之功用也」；「烜，乾也。」《集解》省去；「王肅曰」《集解》引作「王肅以爲」，「明雷風」上《集解》有「則」字（然則「明雷風」下爲孔穎達案語明矣，馬國翰以爲王肅注，非），「通功」《集解》引作「同功」。考自王肅以此節上四舉象，下四舉卦，互相備也之後，《九家易》更詳之云：「雷與風雨，變化不常；而日月相推，迭有來往；是以四卦以義言之。天地山澤，恆在者也：故直說名矣。」（集解引）孔穎達《正義》引王肅云下，復申之云：「明雷風與《震》《巽》同用，《乾》《坤》與天地通功（李道平集解纂疏：「由是雨日艮兌之功用可互推也」）。」蓋亦襲肅注也。

神也者，眇萬物而爲言者也。（釋文：「妙，如字，王肅作眇。」四家皆輯。）
《注》：眇音妙。（釋文：「王肅作眇，音妙。董云：眇，成也。」四家皆輯。）

案：《說文》無妙字，古籍妙多作眇。王肅本字作眇，蓋古字也。眇妙既爲古今字，故音同，其義爲成。據《釋文》：董遇字亦作眇，訓成也（詳見董遇章）。《集韻》去聲八《笑》韻彌笑切有「妙」「眇」，「眇」下注云：「成也，《易》『眇萬物而爲言』王肅說。」《集韻》蓋依《釋文》而言如此。其義皆本鄭玄。《漢上易傳》引鄭玄曰：「共成萬物，物不可得而分，故言謂之神。」鄭以「共成萬物」釋「妙萬物」，是妙爲成也。

橈萬物者莫疾乎風。

《注》：橈，乃教反，又呼勞反。（釋文：「橈，徐乃飽反。王肅乃教反，又呼勞反。」張馬輯同；孫黃未輯又呼勞反。）

案：王肅乃教反者，教時爲平聲，即《廣韻》平聲《宵》韻如招切之音訓「楫也」者。教字、橈字，齊梁時又有去聲，《廣韻》去聲《效》韻有「橈」字，奴教切，訓「木曲」王肅又呼勞反者，勞字《廣韻》亦有平去二聲，王肅時當是又讀，即《廣韻》平聲《豪》韻呼毛切之音，讀如「撓」。徐邈乃飽反者，即《廣韻》上聲巧韻如巧切之音，亦讀如「撓」（撓有平上二音也）。蓋「橈」「撓」字皆從「堯」得聲，古音當相同。其後橈入《宵》韻，撓入《豪》韻，收音稍異，故王肅橈字又讀《豪》韻撓之音也。又其後也，撓讀上聲。故徐邈橈音亦從撓讀上聲《巧》韻之音。及橈又從平聲分出去聲之音，於是橈字平聲者訓楫，去聲者訓木曲。音義皆異，此六書假借以不造字爲造字之法也。

燥萬物者莫熯乎火。

《注》：熯，呼但反，火氣也。（釋文：「熯，王肅云：呼但反，火氣也。徐本作暵，音漢，云熱暵也。說文同。」四家皆輯之。）

案：熯之字，王肅從火，韓本同。《說文》、徐邈從日作暵。段玉裁《說文解字注》云：「從火猶從日也。字有分見而實同者，此類是也。」此於六書屬轉注。熯之音，王肅呼但反。《廣韻》上聲《旱》韻有「但」，又有「呼旱切」之「暵」爲「日乾」，「熯」爲「火乾」。《廣韻》去聲《翰》韻亦有「但」，又有「呼肝功」之「暵」爲「日氣乾」，「熯」爲「火乾」。是「暵熯」音同，各有上去二聲。觀《釋文》引徐邈作暵音漢，即去聲翰韻之音，然則王肅當讀上聲。熯之義，王肅云「火氣也」，疑「火氣」下脫「乾」字，《說文》：「熯，乾貌。」「暵，乾也。」是熯暵義皆爲乾也。

水火相逮。（釋文出「水火不相逮」五字，云：「鄭宋陸王肅王廙无不字。」四家皆輯之。）

案：王肅作「水火相逮」，與鄭玄、宋衷、陸績、王廙同。《注疏》本、《集解》本字亦如此。孔穎達《正義》：「上章言水火不相入，此言水火相逮者，既不相入，又不相及，則无成物之功。明性雖不相入，而氣相逮及也。」（又見集解引）。所言頗是。陸德明作「水火不相逮」，未悉依據者爲何本。又《漢書・郊祀志》云：「《易》有八卦：《乾坤》六子，水火不相逮，靁風不相誖。」「水火不相逮」之「不」涉《說卦》上文「水火不相射」而衍。且〈郊祀志〉所引非《易》原文，不足爲據也。

乾，天也，故稱乎父；坤，地也，故稱乎母。震一索而得男，故謂之長男；巽一索而得女，故謂之長女；坎再索而得男，故謂之中男；離再索而得女，故謂之中女；艮三索而得男，故謂之少男；兌三索而得女，故謂之少女。

《注》：索，求也；以乾坤為父母而求其子也。得父氣者為男，得母氣者為女。坤初求得乾氣為震，故曰長男；坤二求得乾氣為坎，故曰中男；坤三求得乾氣為艮，故曰少男。乾初求得坤氣為巽，故曰長女；乾二求得坤氣為離，故曰中女；乾三求得坤氣為兌，故曰少女。（正義引「王氏曰」。又釋文：「索，色白反，下同。馬云數也。王肅云求也。」馬軒翰據正義全輯之。張孫黃據釋文輯其首句。）

案：王肅以坤求得乾成男，乾求得坤成女，與《繫辭傳》「乾道成男坤道成女」合。《正義》云：「此一節說乾坤六子，明父子之道。」下即引王肅說，是採信之也。考《集解》於《繫辭傳》「乾道成男坤道馬女」下引荀爽曰：「男謂乾初適坤爲震，二適坤爲坎，三適坤爲艮，以成三男；女謂坤初適乾爲巽，二適乾爲離，三適乾爲兌，以成三女也。」荀爽以「適往」釋之，與《說卦》「索」意不合。故王肅不從。而荀爽由乾坤生六子進以生「來往」「升降」，諸卦變之說。前提既與《說卦》乖違，其推論自難成立也。

震……為旉。

《注》：旉，音孚（釋文：「旉，王肅音孚。干云：花之通名，鋪爲花貌謂之薂。本又作專，如字。虞同，姚云專一也。鄭市戀反。」張惠言輯同。馬孫黃則據戴侗六書故卷三十三以「敷，華之通名，鋪爲花貌謂之薂。」亦爲肅注而輯之。考

戴侗此句抄自釋文，而脫去「干云」，蓋干寶語，非肅注也。）

案：尃之字當作「尃」，《說文》：「尃，布也從寸甫聲。（芳無切）。」《說卦》：「震為雷。」雷聲尃布於天下，故震又為尃也。尃形變為尃，故王肅、干寶、延篤（字叔堅，集解引其說）字如此作。肅音孚，《廣韻》平聲《虞》韻芳無切有「敷尃」，音孚。延篤訓大布，並是。經籍多假敷為尃。桂馥《說文義證》：「《書‧舜典》敬敷五教，傳云：布五常之教。馥案：文十八年《左傳》布五教於四方。〈禹貢〉禹敷土，鄭注；敷布也。篠蕩既敷，傳云：水去已布生。〈洪範〉用敷錫厥庶民，馬注用布與眾民。又皇極之敷言，馬亦訓敷為布。〈金縢〉敷佑四方，馬注布其道以佑助四方。〈顧命〉敷重蔑席，本書莫下引敷作布。〈大誥〉敷賁敷前人受命，傳並訓敷為布。《周官》敷五典，傳云：布五常之教。《詩‧小旻》敷於下土，傳云：敷布也。〈長發〉敷政優優，成二年《左傳》引作布政，本書引作布政憂憂。〈聘禮〉管人布幕于寢門外，注云：今文布作敷。《山海經》：禹鯀是始布土，均定九州，注云：布猶敷也。」所舉皆經典借敷為尃之例。《說卦》尃字，鄭玄、虞翻、姚信作「尃」，兩字形似而誤。鄭音市戀反，姚云尃一也（並見《釋文》引），虞翻以為：陽在初，隱靜未出觸坤，故尃（集解云以上虞義）皆就誤字而說其音義，並非。

巽……為香臭（釋文出「為臭」字，云：王肅作「為香臭」。正義亦云：「為臭王肅作為香臭。」四家皆輯之。）

《注》：取其風所發也；又取下風之遠聞其於人也。（正義於「為臭王肅作為香臭」下有此二句。馬國翰以為肅注而輯之，張孫黃皆不輯。）

案：臭者，氣息芳臭之總稱。《說文》：「臭，禽走臭而知其迹者，犬也。從犬自。」段玉裁注：「其字從犬自。自者，鼻也；引伸段借為凡氣息芳臭之稱。」朱駿聲《說文通訓定聲》：「人通於鼻者謂之臭。臭者，氣也。《書‧盤庚》：無起穢以自臭。疏：古者香氣穢氣皆名為臭。《易‧繫辭傳》：其臭如蘭。《說卦》：巽為臭。《禮記‧內則》；皆佩容臭。〈郊特牲〉：周人尚臭。《大學》：如惡惡臭，《左傳四傳》：十年尚猶有臭。《孟子》：鼻之於臭也。《荀子‧正名》：香臭芬鬱腥臊酒酸奇臭以鼻。」所引臭字皆指氣息也。《說卦》：「巽……為臭。」臭謂樹木花果所發之芬芳，《說卦》：「巽為木為風。」故有此芬芳也。王肅本增「香」字，正恐後人誤解為穢臭耳。所注：「取其風所發也；又取下風之遠聞其於人也。」即本巽為木為風之義而說其為香臭之故也。

坎……爲矯輮。

《注》：輮，奴又反，又女九反，又如又反。（釋文：「輮，如九反。王肅奴又反，又女九反，又如又反。馬鄭陸王肅本作此。宋衷王廙作揉。宋云使曲者直，直者曲爲揉，京作柔，荀作橈。」四家皆輯之。）

案：矯輮字當作「矯柔」或「矯燥」。《說文》：「矯，揉箭箝也，從矢，喬聲。（居天切）」「柔，木曲直也，從木，矛聲。（耳由切）」「揉、屈申木也，從火柔，柔亦聲。（人久切）」《說卦》矯一本作撟者，《說文》：「撟，舉手也。」是假撟爲矯也。《說卦》京作柔，爲本字；宋衷王廙作揉，〈考工記〉多有揉字，而《說文》不收。徐灝《說文解字注箋》：「柔即古揉字，因爲剛柔之義所專，又增手作揉，增火作燥耳。」是揉爲柔之重文後起字。荀作橈，《說文》橈爲曲木，蓋假橈爲柔也。馬鄭陸王肅作輮，《說文》輮爲車网，亦假輮爲柔也。王肅輮之音凡三：奴又反即《廣韻》去聲《宥》韻女救切之音，有「輮腬」諸字；女九反即《廣韻》上聲《有》韻人九切之音，有楺燥諸字；如又反即《廣韻》去聲《宥》韻人又切之音，有燥輮諸字。考肅時當以上聲《有》韻女九反爲正音，以娘日歸泥，上聲變去故，致陸德明時一音而有三種不同反切也。

坎……其於馬也……爲亟心。

《注》：亟，去記反。（釋文：「亟，紀力反。王肅去記反。荀作極，云中也。」四家皆輯。）

案：亟心之亟爲疾爭義。《集解》引崔憬曰：「取其內陽剛動，故爲亟心也。」《正義》亦曰：「亟，急也，取其中堅內動也。」與《坎》☵內剛外柔之象合。荀爽作極云中也，非是。亟之音，《廣韻》入聲《職》韻紀力切訓急也疾也，《釋文》紀力反，音同此。又去聲《志》韻去吏切訓數也遽；王肅去記反，音同此。考「急」「疾」「數」「遽」，義非有異，而音有「去」「入」不同者，蓋「亟」古僅有入聲，而後變爲去聲。王肅之時當讀入聲。

艮……爲黔喙之屬。

《注》：黔，其嚴反。（釋文：「黔，其廉反。徐音禽。王肅其嚴反。鄭作黚，謂虎豹之屬貪冒之類。」四家皆輯。）

案：黔喙之黔，王肅作黔，與許慎馬融並同；與鄭玄作「黚」者異。《說文》：「黔，黎也。從黑今聲。秦謂民爲黔首，謂黑色也。周謂之黎民。《易》曰：爲黔喙。」《周易集解》引馬融曰：「黔喙，肉食之獸，謂豺狼之屬。黔，黑也，陽玄在前

也。」是許慎馬融字作「黔」之證也。韓康伯《繫辭注》、李鼎祚《集解》字並作「黔」，與許馬王肅同。鄭玄作「黕」，與黔音同（皆巨淹切）、義近（説文黕爲淺黃黑色，廣韻同。而黔、説文爲黎也，繫傳謂淺黃帶黑。廣韻黔訓黑而黃，又云云黑黃色）。黔之音，《廣韻》凡二：平聲《侵》韻巨金切者訓「黑而黃」，徐邈音禽者同此；平聲《鹽》韻者巨淹切者訓「黑黃色」，《釋文》其廉反者同此。音異義無不同也。王肅音其嚴反，則平聲《嚴》韻之音，《廣韻》不錄。殆方音與？

序卦傳。（釋文：「王肅本皆作繫辭上傳，訖於雜卦，皆有傳字。」四家皆輯。）

屯者，物之始生也。

《注》：屯，剛柔始交而難生，故爲物始生也。（正義引王肅曰，四家皆輯。）

案：此引《象傳》以釋《序卦傳》之例也。《屯‧象》曰：「屯，剛柔始交而難生。」王肅即引之以說《序卦傳》「物之始生」之義。《說文》：「屯，難也；象屮木之初生屯然而難。從屮貫一；一、地也；尾曲。《易》曰：屯，剛柔始交而難生。」是屯者，屮木初生柔弱，上遇剛土，故爲難生之象徵。曲其尾者，正示上有所難也。王肅引《象傳》以證「爲物始生」，猶許慎引《象傳》以證「初生屯然」，皆平易近情，是也。馬宗霍《說文引易考》云：「《集解》引虞翻曰：『《乾》剛《坤》柔，《坎》二交初，故始交確乎難拔，故難生也。』張惠言《周易虞氏義》釋之曰：『拔，拔出地也。』即用《說文》貫地之義，知虞許說相匯。」考虞以「《乾》剛《坤》柔」釋屯；許以「從屮貫地」釋屯，其趣迥異。馬宗霍心中先存「虞氏《易注》，尤《孟》義之大宗……故今兼采以佐成許說，庶許君孟《易》之學，由是益明。」之前提，故強以「虞許說相匯」，非也。王肅之後，韓康伯作《繫辭注》，云：「屯，剛柔始交，故爲物之始生也。」盧景裕《周易》注亦云：「物之始生，故屯難。（亦正義所引）」並據《象傳》而云然，與王肅略同。

豫以喜必有隨。（據俞樾古書疑義舉例字句錯亂例移下文「以喜」二字於此。）

《注》：歡豫人必有隨。（正義引王肅云，孫黃輯同。張惠言更有「隨者」二字，而云「下隨字誤」；馬國翰下更有「隨者，皆以爲人君喜樂歡豫，則以爲人所隨。」將孔氏語誤輯爲王肅語。）

案：王肅此注用鄭玄義。《正義》引鄭玄云：「喜樂而出，人則隨從。《孟子》曰：『吾君不游，吾何以休？吾君不豫，吾何以助？』此之謂也。」是鄭玄王肅並以人

君喜樂歡豫,則人隨之。韓康伯注則本《象傳》「順以動豫豫順以動」之旨:曰:「順以動者,眾之所隨。」義與鄭王異。疑漢魏之際,《序卦》作「豫以喜必有隨」,故鄭王以「喜樂」「歡豫」釋之;及至晉世,字句錯亂,「以喜」二字誤植於「隨人者必有事」之上,此處作「豫必有隨」,故韓康伯以「順以動」釋之也。孔穎達云:「案《豫》卦《彖》云:『豫,剛應而志行。順以動,豫;豫,順以動。故天地如之,而況建侯行師乎?天地以順動,故日月不過,而四時不忒;聖人順動,則刑罰清而民服。』即此上云:『有大而能謙必豫,故受之以豫。』其意以聖人順動能謙,爲物所說,所以爲豫。人既說豫,自然隨之。則謙順在君,說豫在人也。若以人君喜樂游豫,人則隨之,紂作靡靡之樂,長夜之飲,何爲天下離叛乎?故韓康伯云:『順以動者,眾之所隨。』在於人君取致豫之義,然後爲物所隨,所以非斥先儒也。」考韓注本《象傳》,誠是矣。然鄭王本《孟子》,說亦通。孔氏以紂樂飲爲例以駁,不知《孟子》固以「古之人與民偕樂,故能樂也。」(梁惠王篇下)否則「雖有臺池鳥獸,豈能獨樂哉?」穎達一代大儒,竟忽孟子斯言而斥之,眞通人一時之蔽也。

不養則不可動,故受之以大過。

《注》:過莫大於不養。（正義引王肅云,四家皆輯。）

案:王肅以《大過》之過爲「過失」,與鄭玄所云:「以養賢者,宜過於厚。」(正義引)訓「過於」者異。其後如王弼之注《大過》,曰:「大者乃能過也。」韓康伯之注《序卦》,曰:「不養則不可動;養過則厚。」皆從鄭玄取「過越」之義。而周弘正等以「過失」釋《大過》之名,則從王肅。孔穎達扶韓攻肅,云:「子雍以爲過在不養,違經反義,莫此之尤。而周氏等不悟其非。」茲覆查《大過》卦,若上六「過涉滅頂」,過自爲「過越」。若《象》云「剛過而中」,王弼注以「居陰過也」釋之,亦以「過失」爲義。然則《大過》之過,兼含「過越」「過失」二義,彰彰明甚,焦循《易通釋》:「《象》以棟橈明大過,九三言棟橈凶發明之,此謂過失也;上六過涉……此則過度之過矣。」綜采全《易》言過者而比言之,最爲精當。孔穎達一味宗《注》,凡合於王弼韓康伯注者皆是之,凡不合於二氏之注者,皆非之。先存成見,焉能得《易》之眞乎?

雜卦傳（釋文:「王肅本皆作繫辭上傳,訖於雜卦,皆有傳字。」四家皆輯。）

蠱則飭也。（釋文:「飭,音敕,注同。整治也。鄭本、王肅作飭。」張孫黃輯同,馬飭誤作節。飭節形似。）

案：王肅作「飾」，從鄭玄。阮元《校勘記》云：「《石經》飭作飾。」又李鼎祚《集
解》本字亦作「飾」，李氏解云：「《蠱》，《泰》初上飾《坤》，故則飾也。」蓋
以《蠱》爲三陰三陽之卦，由《泰》卦來，肅字雖作飾，然不言卦變，當別有
取義。

第三章　魏·何晏：《周易解》

第一節　撰　人

　　何晏，字平叔，南陽宛（今河南省南陽縣）人。漢何進孫，何咸（是故何晏論語集解引先賢皆呼名，惟咸獨稱氏，蓋避家諱也）之子也。曹操爲司空（據三國志：建元元年〔西元 196 年〕操爲司空；建元十三年，罷三公官，操爲丞相。范曄後漢書所紀年代同）時，納晏母尹氏爲夫人。晏時七八歲（世說新語夙慧篇謂「何晏年七歲」此據太平御覽卷三八五引何晏別傳作「七八歲」。然則晏生年當在漢靈獻之際，即西元 189 年～201 年之 13 年間也），亦隨母在操家。慧心天悟，操奇愛之，欲以爲子。（御覽三八五引何晏別傳云：「魏武帝讀兵書，有所未解，試以問晏，晏分散所疑，無不冰釋，」又卷三九三引何晏別傳云：「晏少時，武帝雅奇之，欲以爲子，每挾將游觀，命與諸子長幼相次。晏微覺，於是坐則專席，止則獨立。或問其故，答曰：「禮異族不相貫伍。」世說新語夙慧篇：「何晏年七歲，明慧若神，魏武奇愛之。以晏在宮內，因欲以爲子。晏乃畫地令方，自處其中。人問其故？答曰：何氏之廬也。魏武知之，即遣還外。」及長，尚金鄉公主（魏末傳謂晏取其同母妹爲妻。然晏母尹氏，公主母杜夫人。魏末傳所言非也。並見三國志裴松之注），賜爵爲列侯。與鄧颺、李勝、丁謐、畢軌，咸有聲名，進趣於時。晏爲魏文帝（曹丕）所憎（裴注引魏末傳云：「晏無所顧憚，服飾擬於太子，故文帝特憎之。」），又好色，故黃初（西元 220～226 年）時無所事任。明帝（曹叡。在位十三年，西元 227～239 年）亦以晏浮華（裴注引魏略曰：「晏性自喜，動靜粉白不去手，行步顧影。」宋書五行志云：「魏尚書何晏好服婦人之服。」）而抑黜之。及齊王曹芳即位（西元 240 年），曹爽秉政，以晏爲散騎侍郎，遷侍中

尙書，任爲腹心。《三國志‧曹爽傳》載晏等（鄧颺、李勝、丁謐、畢軌）專政，共分割洛陽野王典農部桑田數百頃，及壞湯沐地，以爲產業。承勢竊取官物，因緣求欲，州郡有司望風莫敢忤旨。與廷尉盧毓素有不平，因毓吏微過，深文致法，使主者先收毓印綬，然後奏聞，其作威如此（晉書宣帝紀：「時人爲之謠曰：何鄧丁，亂京城。」）。未審何晏爲人果如是乎，抑晉人諂於司馬，而歸惡於何晏乎？觀《世說》注引《名士傳》所言：「是時曹爽輔政，識者慮有危機。晏有重名，與魏姻戚，內雖懷憂，而無復退地。著五言詩以言志曰：『鴻鵠並翼遊，群飛戲太清；常畏天網羅，憂禍一旦幷。豈若集五湖，從流唼浮萍，永寧曠中懷，何爲忧惕驚。』」則晏固非名利中人，其貪墨弄權或不至如此之甚也。及司馬懿殺曹爽（齊王芳嘉平元年，西元 249 年）何晏亦被夷三族（裴注引魏氏春秋曰：「初宣王（司馬懿）使晏典治爽等獄，晏窮治黨與，冀以獲宥。宣王曰：凡有八族。晏疏丁鄧等七姓。宣王曰：未也。晏窮急，乃曰：豈謂晏乎？宣王曰：是也。乃收晏。」時晏年最少四十九歲，最多六十二歲）悲夫！《三國志‧曹爽傳》末附〈何晏別傳〉，僅寥寥數語。茲據《世說新語》及注，《三國志》及注所引《魏略》、《魏氏春秋》、《魏末傳》，以及《太平御覽》所引〈何晏別傳〉，綜述其生平如上云。

　　《三國志》附〈何晏傳〉謂晏好老莊言，作《道德論》（世說新語文學篇：「何平叔注老子始成，詣王輔嗣，見王注精奇，迺神伏曰：『若斯人，可與論天人之際矣！』因以所注爲道德二論。」注引文章敍錄曰：「自儒者論以老子非聖人，絕禮棄學。晏說與聖人同，著論行於世也。」）及諸文賦著述凡數十篇。《隋書‧經籍志》所錄何晏著作則有：《樂懸》一卷，何晏等撰議。《孝經注》一卷，吏部尙書何晏注。《集解論語》十卷，何晏集。《官族傳》十四卷，何晏撰。《魏晉謚議》十三卷，何晏撰。梁有《老子道德論》二卷，何晏撰。《魏尙書何晏集》十一卷，梁十卷，錄一卷。至其《周易解》，則另詳考證章焉。

第二節　考　證

　　正始之際（正始爲魏齊王芳之年號，西元 220～248 年），清談風起；何晏王弼，爲時宗師。崇尙虛無，祖述老莊（晉書王衍傳：「魏正始中，何晏王弼等，祖述老莊立論，以爲天地萬物，皆以無爲本。無也者，開物成務，無往不存者也。陰陽恃以化生，萬物恃以成德，不肖恃以免身。故無之爲用，無爵而貴矣。」），與《周易》並稱三玄，爲游談之所資焉（三玄之名，起自梁武帝。然三玄爲清談所資之典籍，則正始已然也）。何晏《道德論》，述有無之義；王弼《老子注》，明體用之功。何晏

注《論語》，王弼注《周易》，亦皆以道家之旨，釋儒家之言（以上數語，皆本瑞安林師景伊先生言。見中國學術思想大綱）。何晏之說《周易》，則一見於《三國志‧何晏傳》注引《魏氏春秋》：「初，夏侯玄、何晏等名盛於時，司馬景王亦預焉。晏嘗曰：『唯深也，故能通天下之志，夏侯泰初是也；唯幾也，故能成天下之務，司馬子元是也；惟神也，不疾而速，不行而至，吾聞其語，未見其人。』蓋欲以神況諸己也。」引《易‧繫辭》以為品評人物之目。再見於《三國志‧管輅傳》注引《管輅別傳》：「裴使君問：『何平叔一代才名，其實何如？』輅曰：『其說老莊，則巧而多華；說《易》生義，則美而多偽。華則道浮，偽則神虛。輅以為少功之才也。』裴使君曰：『誠如來論，吾數與平叔共說老莊及《易》，常覺其辭妙於理，不能折之。』」是老莊與《易》，晏所常說。然管輅評以「美而多偽」；裴徽覺其「辭妙於理」，特「不能折之」而已。蓋晏徒恃高才，志不務學，故有此失耳。《梁書‧儒林傳》：「伏曼容云：何晏疑《易》中九事，以吾觀之，晏了不學也。」王應麟《困學紀聞》卷一：「晏以老莊談《易》，係小子觀朵頤，所不解者，豈止七事哉！」顧炎武《日知錄》卷十七：「講明六藝，鄭玄王肅為集漢之終；演說《老》《莊》，王弼何晏為開晉之始。以至國亡於上，教淪於下，胡戎互僭，君臣屢易，非林下諸賢之咎而誰咎哉？」其見譏於後之通人者如此。

何晏《易》學之作，史所不錄。《冊府元龜》有何晏《周易私記》二十卷，《周易講疏》十三卷。據《隋志》；《私記》撰人不詳，《講疏》則何妥撰。《冊府元龜》傳寫偶誤，非晏實有《私記》、《講疏》之作也（馬國翰玉函山房輯佚書於何晏周易解輯本序云：「冊府元龜有何晏周易私記二十卷，周易講疏十三卷。晏為妥之訛。隋志傳寫偶誤，沿習不覺。觀唐書藝文志題何妥周易講疏十三卷可證。」馬氏又於何妥易輯本序云：「隋唐經籍志有周易私記二十卷，不著撰人姓名，下次周易講疏十三卷，注云國子祭酒何妥撰。考魏何晏官至吏部尚書，隋志集部題魏尚書何晏集十一卷。茲題國子祭酒，乃隋何妥之官號，且書名卷數並與妥傳不殊，而次序又在陳周弘正之下，不著代者，以妥為隋人也。」）然孔穎達《正義》、李鼎祚《集解》並引何晏之說，是其於《易》必有著述明甚。馬國翰嘗自《義海》、《集解》、《正義》輯得四條，題其書為《周易解》。《序》明其稱「解」之故曰：「晏於《論語》稱《集解》。又案《管輅別傳》云：『晏自言不解《易》九事。』（萱按：三國志裴注、世說規箴篇劉注皆引之。略云：裴徽謂管輅曰：「何、鄧二尚書，有經國才略，於物理無不精也。何尚書神明清澈，殆破秋毫，君當慎之！自言不解易中九事，必當相問。比至洛，宜善精其理也。」輅曰：「若九事皆王義者，不足勞思也；若陰陽者，精之久矣。」輅至洛，果為何尚書所請，共論易九事，九事

皆明。何曰：「君論陰陽，此世無雙也。」時鄧尚書在坐曰：「此君善易，而語初不及易辭義，何邪？」輅尋聲答曰：「夫善易者，不論易也。」何尚書含笑贊之曰：「可謂要言不煩也。」因請輅爲卦。輅既稱引鑒誡。晏謝之曰：「知機其神乎，古人以爲難；交疏而吐其誠，今人以爲難。君今一面而盡二難之道，可謂明德惟馨，詩不云乎：『中心藏之，何日忘之。』」云云。茲以其於了解晏之爲人爲學頗有參考價值，故錄之於此也）。《南齊書·張融傳》（萱按：融字誤，當作緒，詳下）云：『晏所不解《易》中九（九當作七，詳下）事，諸卦中所有時義是其一也。』（萱按：南齊書張緒傳云：「緒長於周易，言精理奧，見宗一時。常云：何平叔所不解易七事，諸卦中所有時義是其一也。」）。知當日於《易》亦稱《解》矣。」基言雖未必盡是，然舍此別無佳說，茲依而題何晏《周易解》焉。

何晏《周易解》之佚文，《正義》引其一條，《集解》引其二條，《義海》引其一條。《義海》所引者，疑係何妥《講疏》誤題何晏者，不得藉以論其師法。集解所引，一云：「師者，軍旅之名，故《周禮》云：二千五百人爲師。」蓋依《周禮》而同於馬融、鄭玄之易《注》者也。一云：「水性潤下，今在地上，更相侵潤，比之義也。」則本〈洪範〉「水曰潤下」而與子夏、王肅之義相近。《正義》所引「六子之中，並有益物，獨取風雷者，取其最長可久之義也。」一解，則近《子夏易傳》，虞翻《易注》之說。此三條皆以義理解《易》，無一涉及象數。詳見佚文節云。

第三節　佚　文

周易上經

䷄ 乾下
坎上 需

有孚，光亨貞吉，利涉大川。

《解》：大川，大難也；能以信而待，故可利涉。（李衡周易義海撮要引「何晏」。馬國翰輯之，而加案語云：「李氏集解引何妥曰：『大川者，大難也。須之待時，本欲涉難，既能以信而待，故可以利涉大川矣。』作何妥。義海引作何晏文，大誼同而字句詳略小異。妥或述晏之語耶？抑妥晏文似而涉誤耶？姑依義海錄之。」）

案：此當是何妥《周易講疏》語而引作何晏者也。妥安形似而誤，後人復於安字

上加日字，遂成晏字矣。何妥《周易講疏》，《舊唐書‧經籍志》誤題何晏，《新唐書‧藝文志》誤題何安：是妥安晏相沿致誤之例證。何妥此語，李鼎祚《集解》引之；五代蜀人房審權作《周易義海》復自《集解》轉引；南宋李衡作《義海撮要》再由《義海》摘錄之：輾轉抄引，遂致此誤。今以《撮要》既題「何晏」，故加輯錄；復以此語不能確定爲何晏語，故不敢據以論其師承家法。恐於邏輯有「以尚待證實之假設爲前提」（to beg the question）之病也。

坎下
坤上　**師。貞丈人吉，无咎。**

《解》：師者，軍旅之名。故《周禮》云：二千五百人爲師。（李鼎祚周易集解引何晏曰。馬國翰亦集之。）

案：何晏此解，依於《周禮》，同於馬鄭。《周禮‧夏官‧司馬》：「凡制軍，萬有二千五百人爲軍。王六軍，大國三軍，次國二軍，小國一軍。軍將皆命卿。二千有五百人爲師，師帥皆中大夫。五百人爲旅，旅帥皆下大夫。」何晏之解，所據者即此也。《周易釋文》引馬融云：「二千五百人爲師。」《周禮‧夏官‧司馬疏》引鄭玄云：「《易‧師‧彖》云：『師貞丈人吉无咎。』軍二千五百人爲師。多以軍爲名，次以師爲名，少以旅爲名。師者，舉中而言。」（又見詩棫樸疏引）。何晏解《易》，與馬鄭同也。

坤下
坎上　**比**

象曰：地上有水，比。

《解》：水性潤下，今在地上，更相侵潤，比之義也。（集解引。馬輯同。）

案：何晏言「水性潤下」，本於《尚書‧洪範》：「水曰潤下。」與王肅言：「水之性潤萬物而退下。」意同。何晏以水「在地上更相侵潤」爲「比之義」，則猶《子夏易傳》：「地得水而柔，水得地而流；比之象也。」之意。何晏作解，常本於經籍，並能採用諸家之長。

周易下經

震下
巽上　**益**

象曰：風雷益。

《解》：六子之中，並有益物。獨取風雷者，取其最長可久之義也。（正
義：「六子之中，並有益物，猶取雷風者，何晏云：取其最長可久之義也。」馬氏
輯同。）

案：此亦以理解之，與《子夏易傳》、虞翻《繫注》意皆相近。《子夏易傳》曰：「雷
　　以動之，風以散之，萬物皆益。」虞翻注《繫辭傳》下「耒耨之利，以教天
　　下，蓋取諸益」云：「益萬物者莫若雷風。」孔穎達《正義》引何晏解，蓋
　　以其說為是也。

第四章　晉・向秀：《周易義》

第一節　撰　人

　　向秀、字五期，河內懷（今河南省武涉縣）人。少爲同郡山濤（西元 205 年生，283 年卒）所知，雙與譙國嵇康（西元 223 年生，261 年卒）、東平呂安（生年不詳，西元 261 年卒。下文述之）友善。嘗與康偶鍛於洛邑；與呂安灌園於山陽，收其餘利，以供酒食之費。然三人趣舍不同：嵇康傲世不羈；呂安放逸邁俗；而秀雅好讀書；二子頗以此嗤之。魏陳留王（曹奐）景元三年，康、安爲司馬昭所殺，秀應本郡計入洛。司馬昭問曰：「聞有箕山之志，何以在此？」秀曰：「以爲巢、許狷介之士，未達堯心。」一座皆悅。晉國建（西元 265 年）、秀爲散騎侍郎。晉武帝（司馬炎）泰始（凡十年，西元 265 年～274 年）間，轉黃門侍郎、散騎常侍，與任愷善（據晉書任愷傳記愷與賈充爭權，向秀黨愷。資治通鑑繫此事於泰始八年）。及賈充專權，任愷廢於家，秀在朝遂不任職，容迹而已。卒於位。《晉書》卷四十九有《向秀傳》（本文大體依之，並參考晉書他傳、資治通鑑、世說注及太平御覽引向秀別傳增補）。

　　向秀雅好老莊之學，以注《莊子》者數十家，莫能究其旨要，乃於舊注外，爲之隱解，妙析奇致，大暢玄風。讀之者超然心悟，莫不自足一時也。《世說新語・文學篇》注引《向秀別傳》云：「秀將注《莊子》，先以告嵇康、呂安。康、安咸曰：『此書詎須復注？徒棄人作樂事耳！』及成，以示二子，曰：『爾故復勝不？』康（康字原在「曰爾故復勝不」上，牟宗三先生才性與玄理：「上句康字衍，當屬下句作『康安乃驚曰』。」茲據乙之）、安乃驚曰：『莊周不死矣！』」其見重於時賢者如此。晉惠帝時，郭象嘗述而廣之（世有郭象莊子注竊自向秀之說，始於世說新語文學篇。

王應麟困學紀聞、焦竑筆乘、四庫提要復相率從之。然錢曾讀書敏求記、王先謙莊子集解、吳承仕經典釋文序錄疏證亦先後為之辨白。考向注莊子已佚，而雜見於張湛列子注等書所引，與傳世郭象注作一考較，則有文義皆同者，有文異而義同者，有向注之而郭無有者，有向有而郭增補者。詳見王叔岷先生莊子向郭注異同考）。向秀又與嵇康論養生，辭難往復。嵇康依據神仙之說而作〈養生論〉（本林師景伊語，見中國學術思想大綱）以為「導養得理，以盡性命，上獲千餘歲，下可數百年。」秀作〈難養生論〉（嵇中散集錄此文）駁以「若信可然，當有得者，此人何在？」並以「人受形于造化」，為「有生之最靈者也」。「有生則有情」，故不主「絕」情；而人之異於草木鳥獸者，為「有智以自輔」，故不主「閉」智。進而以「富貴，天地之情也。貴則人順己以行義于下；富則所欲得以有財聚人，此皆先王所重。」並引《易‧繫辭》：「天地之大德曰生，聖人之大寶曰位。」「崇高莫大於富貴」及《論語‧里仁》：「子曰：富與貴，是人之所欲也。」以證其言。於此可知向秀雖出入老莊，猶歸本於儒。康安見殺，而秀應舉，固淵源有自也。康安既死，秀作〈思舊賦〉（文選錄之，有序）以歎之。

向秀之著作，《隋志》所載者有：「《莊子》二十卷，晉散騎常侍向秀注，今闕。」「梁有向秀《莊子音》一卷」「梁有《向秀集》二卷，錄一卷。」

第二節　考　證

《世說新語‧文學篇注》引《向秀別傳》曰：「後注《周易》，大義可觀；而與漢世諸儒互有彼此，未若隱《莊》之絕倫也。」是向秀嘗注《周易》。張璠作《周易集解》，〈序〉徧錄二十二家《易》著之名，向秀《易義》為其一焉。《釋文》、《周易正義》、《周易集解》皆引向秀言；《史記集解》、《史記‧索隱》亦嘗引之，是其書唐初尚存。惟自《七錄》以下，隋唐諸《志》，皆不著錄。蓋偶漏列也。其書、朱彝尊《經義考》題《周易義》；馬國翰《玉函山房輯佚書》題《周易向氏義》；文廷式、秦榮光、黃逢元三家《補晉書藝文志》、吳士鑑《補晉書經籍志》、姚振宗《《隋書‧經籍志》考證》並題為《易義》，蓋為《周易義》之省稱。獨丁國韵《補晉書藝文志》題《周易注》為異。茲亦題《周易義》者，尊張璠《集解》之首引而從眾家之題名也。

向秀《易義》早佚，卷數亦不可考。馬國翰、孫堂、黃奭皆自《釋文》、《正義》、《集解》、《史記集解》、《史記索隱》輯得佚文一卷。孫、黃所輯，均十二條；馬氏則得二十一條。所多九條悉為《釋文》所引張璠本之異文。《玉函山房輯佚書‧

序》云：「張璠用二十二家《易》爲《集解》，依秀爲本，亦復傳者絕少。唯《正義》、《釋文》及李氏《集解》引秀及張氏，茲採輯爲一卷。凡諸引張作某字者，蓋即向本，故亦入向《義》中；而張氏之論說則仍歸張氏。」考《釋文》引諸家異文，有「向本」（見佚文坎卦檢且枕條），則題「張本」者，非復「向本」可知。馬氏混併向本張本異文，統歸向氏，非也。文廷式以「馬國翰有集本不盡足據」者，倘亦指援張入向而言乎！茲篇所輯，張氏者仍歸張氏，向氏者則歸向氏。故所輯僅十二條，而每條佚文與馬輯亦略有異同焉。

考向秀《易義》之文字，凡與弼異者，皆從鄭玄。如《坎》六三「檢且枕」，檢字虞翻、王弼皆作「險」。古文及鄭玄作「檢」。枕字，《九家》作「玷」，古文作「沈」，鄭虞弼作「枕」。向秀作「檢且枕」，與古文、虞、弼、《九家》皆有出入，唯與鄭玄悉合。又《明夷・象傳》「《文王》以之」「箕子以之」，以字向作似。從鄭玄、荀爽；與王肅、王弼異。

向秀《易義》之釋義，喜就象而言理，於《易》卦《易傳》多有所依據。如：釋《益》卦卦名，曰：「明王之道，志在惠下，故取下謂之損，與下謂之益。」合《易》卦先下後上之大則，得先民民本思想之奧旨。又如：《大畜》大《象》曰：「天在山中大畜。」向秀釋之云：「止莫若山，大莫若天。天在山中，大畜之象。天爲大器，山則極止，能止大器，故名大畜也。」蓋本《說卦》「乾爲天艮爲山」及《象傳》、《說卦》、《序卦》、《雜傳》「艮止」之義而發揮。再如：《大過・象傳》：「棟橈，本末弱也。」向秀云：「棟橈則屋壞，主弱則國荒。所以橈，由於初上兩陰爻也。初爲善始，末是令終，始終皆弱，所以棟橈。」本於《繫辭傳》下：「其初難知，其上易知：本末也。」故以本末爲初上。與虞翻「初上陰柔，本末弱，故棟橈也」義同。然虞翻復以卦變解之，向秀則由象而言理，其趣迥殊矣。

試以向秀《易義》與漢魏諸家相較，則其異同可得而知。前已言向秀《易》文字異弼者多從鄭；然其釋字義則頗與鄭違。如：《豫》六三「盱豫悔」，向秀云「睢盱小人喜悅佞媚之貌」，與鄭玄「盱誇」異義；《復》六五小《象》「中以自考也」，向秀云「考察也」，與鄭玄「考成也」異義；此向秀義與鄭玄有異同也。《泰》六四「翩翩不富」，向秀云：「翩翩輕舉貌」，既取虞翻「飛故翩翩」之義矣，然於翻「二五變時四體離」之說又有所不取。其釋《大過・象傳》，既取虞翻「初上陰柔本末弱故棟橈」之說矣，然於翻「《大壯》五之初或兌三之初」卦變說又有所不取。此向秀義與虞翻有異同也。《乾》九二「利見大人」，向秀以「聖人在位謂之大人」，既與王肅「大人聖人在位之目」同矣；而《豫》六三「盱豫悔」，向秀「睢盱」之義則又與王肅「盱大」義異。此向秀義與王肅義有異同也。《坤》初六「馴

致其道」，向秀云「馴從也」；《豫》六三「盱豫悔」，向秀云「睢盱」，皆王弼義也。
而《困》上六「曰動悔」，向秀云「言其無不然」；《井》九三「井渫不食」，向秀
以「渫者浚治去泥濁也」，復與王弼立異。此向秀義與王弼有異同也。《向秀別傳》
言《秀》「注《周易》，大義可觀，而與漢世諸儒有彼此。」其實向秀《周易義》
不唯與漢《易》言象數者異趣；與漢魏之際《易》學諸大師如鄭玄、虞翻、王肅、
王弼亦同異互見。師法破壞，勝見競出，亦此時代學風有以致之也。

第三節　佚　文

周易上經

☰ 乾下
　　 乾上　**乾**

九二，見龍在田，利見大人。

《義》：聖人在位，謂之大人。（史記司馬相如列傳大人賦下索隱引向秀云，
馬國翰、孫堂、黃奭皆輯之。）

案：《易緯·乾鑿度》：「孔子曰：《易》有君人五號也。」其五為「大人者聖明德
　　備。」是聖明德備之君人者謂之大人也。《乾鑿度》又云：「大人者，聖人之
　　在位者也。」意並同。《禮記·曲禮》下「君天下曰天子」孔穎達《疏》引「《易》
　　孟京說」之「《易》有君人五號」其五亦曰：「大人者，聖明德備。」《周易釋
　　文》引王肅曰：「大人，聖人在位之目。」以及向秀義：「聖人在位謂之大人。」
　　三說皆淵源於《乾鑿度》也。詳見王肅章。

☷ 坤下
　　 坤上　**坤**

初六

象曰：

馴致其道。

《義》：馴，從也。（釋文：「馴，似遵反；向秀云：從也。徐音訓，此依鄭義。」
三家皆輯。）

案：馴爲馬順（《說文》：「馴，馬順也」），故有順從之意。《釋文》言「馴，似遵反」，下即引向義，殆以馴音似遵反者其義爲從也。《廣韻》平聲《諄》韻「似遵切」（似詳皆邪紐）有「馴」爲「擾也，從也，善也。」音義與《釋文》同。《釋文》下又云：「徐音訓，此依鄭義。」者，謂徐邈馴音訓爲依鄭義；非謂向秀「從也」之義依鄭也。丁杰《後定周易鄭注》曰：「姚士粦《跋》，引《釋文》『馴，從也。』爲鄭《注》，惠本用之。臧在東云：『《釋文》：「馴，似遵反，向秀云：從也。」此釋王弼義也。又曰：「徐音訓，此依鄭義。」謂徐仙民音馴爲訓，是依鄭義，《史記‧五帝本紀》：「能明馴德。」徐廣曰：「馴，古訓字。」又〈五帝本紀〉：「百姓不親，五品不馴。」《周禮‧地官‧司徒注》：「教所以親百姓，訓五品。」此鄭以馴爲訓之驗。』」是鄭、向義微異也。

䷊ 乾下
坤上 **泰**

六四、翩翩不富以其鄰。（翩翩，釋文作篇篇，詳下。）

《義》：翩翩，輕舉貌。（釋文：「篇篇，如字，子夏傳作翩翩，向本同。云輕舉貌，古文作偏偏。」三家皆輯。）

案：字作翩翩者，除《釋文》所錄《子夏傳》及向秀本外，《集解》所引虞翻本及宋衷本亦作翩翩。《釋文》主王弼（序錄云：「今以王爲主，其繫辭以下王不注，相承以韓康伯注續之，今亦用韓本」），其出「篇篇」字，疑據弼本；然今所傳《石經》、岳本、閩監毛本及阮元刻注疏本，字皆作翩翩，未審後人依子夏本改抑弼本原果如此也。翩翩之義，虞翻云：「二五變時，四體離飛，故翩翩。」謂泰之九二變陰，六五變陽，成《既濟》**䷾**；於是《既濟》之三四五爻互體離，《說卦》「離爲雉」，有飛象，故言「翩翩」。乃由卦變互體立說。宋衷云：「四互體震，翩翩之象也。」則舍卦變而專言互體者也。向秀於卦變互體皆不採，故唯言「翩翩輕舉貌」而已。

䷏ 坤下
震上 **豫**

六三，盱豫，悔；遲有悔（釋文：「盱，子夏作紆，京作汗，姚作旴。」）

《義》：盱盱，小人喜悅佞媚之貌也。（集解引向秀曰，釋文引无「佞媚」二字。孫黃據集解輯；馬氏據釋文輯。）

案：盱字，《說文》云「張目也」，鄭玄訓「誇」，王肅訓「大」，義皆相承。及王弼以爲「睢盱」，向秀遂云：「睢盱，小人喜說佞媚之貌也。」爲《正義》「睢盱者喜說之貌」一言之所本。其後朱震《漢上易傳》引向秀義而申之云：「四豫之主，三以柔順承之……睢盱上視，佞媚以求。」惠棟《周易述》亦引向秀義而詳之云：「三張目仰視上之顏色爲佞媚，所謂上交諂也。」唯皆涉及象，不如向秀僅言理之純耳。

震下
坤上 **復**

六五

象曰：敦復无悔，中以自考也。

《義》：考，察也。（釋文：「鄭云：考，成也。向云：察也。」三家皆輯。）

案：「考」字之義，自鄭玄訓「成」，後儒多從其說。如：《正義》：「自考成其身。」（據宋本、錢本有成字；閩監毛本及阮刻本無）。《口訣義》：「考成其行。」《伊川易傳》：「以中道自成也。」以及《漢上易傳》，朱熹《本義》，惠棟《周易述》均謂：「考，成也。」惟《周易義海撮要》引「胡」（當是胡瑗安定先生，著有周易口義十卷）曰：「以中道察己之思慮，有不善未嘗不復於善。」又引「介」（當是石介徂徠先生，亦有周易口義十卷）曰：「考，自省考；能以中道自考，則動作不離於中。」乃用考察之義。

乾下
艮上 **大畜**

象曰：天在山中，大畜。

《義》：止莫若山，大莫若天，天在山中，大畜之象。天爲大器，山則極止，能止大器，故名大畜也。（集解引向秀曰。三家皆輯。）

案：《說卦》：「乾爲天」「艮爲山」。《艮・象傳》、《說卦》、《雜卦》並云：「艮，止也。」《序卦》云：「艮者止也。」向秀義即依此而發揮，其言象之例見此。

巽下
兌上 **大過**

彖曰：大過，大者過也；棟橈，本末弱也。

《義》：棟橈則屋壞；主弱則國荒。所以橈，由于初上兩陰爻也。初為善始，末是令終，始終皆弱，所以棟橈。（集解引向秀曰，三家皆輯。）

案：本末指初上兩爻，《繫辭傳》下：「其初難知，其上易知；本末也。」是初上稱本末之證。《集解》於《大過》卦引虞翻曰：「《大壯》五之初，或兌三之初。棟橈謂三，巽爲長木稱棟；初上陰柔，本末弱，故棟橈也。」以「初上陰柔」爲「本末弱」，與《繫辭傳》合，誠是。然既用卦變之說，復未能肯定之；故所言「《大壯》五之初，或《兌》三之初。」語嫌游移。且以「棟橈謂三，巽爲長木稱棟。」則與全卦何涉？與「上」又何涉？九四爻辭「棟隆」又作何解耶？不知《大過》一卦，初上爲陰，中四爻皆陽，似長棟之中央隆兩端卑，此《象傳》所以言「棟橈」也。全卦之象既似中高兩端低之長棟，故九三亦可言「棟橈」，九四亦可言「棟隆」矣。王弼此注，取虞之菁而去其蕪，唯曰：「初爲本而上爲末也。」向秀之《義》，復本《繫》依弼，詳乎言之。譬喻恰當，辭藻尤美。

坎下
坎上　習坎。

六三，來之坎坎，檢且枕。（檢，弼本作險。釋文：「險，如字。古文及鄭向本作檢，鄭云：木在手曰檢。枕，鄭玄云：木在首曰枕。陸云：閑礙險害之貌，九家作玷，古文作沈，沈，直林反，」三家皆輯之。）

案：「檢」字，虞翻本，王弼本皆作「險」（虞翻云：「三失位乘二則險。」王弼云：「出則无之，處則无安，故曰：險且枕也」）。古文及鄭玄、向秀皆作「檢」。「枕」字，九家作「玷」；古文作「沈」；虞翻本，王弼本作「枕」（虞翻云：「枕，止也。」王弼云：「枕著枕枝而不安之謂也」），《釋文》不言鄭玄、向秀有異文，則同弼本也。然則向秀本此二字與古文、虞翻、王弼皆有所異同，惟與鄭玄悉合。鄭云：「木在手曰檢，木在首曰枕。」儻向秀亦依其義乎？考《坎》六三爻辭：「來之坎坎」者，謂《坎》三當坎下坎上之交，有坎陷重險之象，來內爲坎，之外亦坎，故言「來之坎坎」也。又：「檢且枕」者，檢當從虞本弼本作「險」，枕當依古文作「沈」，謂處此來坎之坎之境，涉險有沈溺之虞也。又六三爻辭下文云：「入于坎窞」者，窞爲坎底，謂沈溺于坎底也。又：「勿用」者，謂宜靜待時機，不可妄動也。疑鄭玄、向秀字作「檢且枕」者，誤也。

䷣ 離下
坤上 　**明夷**

彖曰：明入地中，明夷。內文明而外柔順，以蒙大難，文王似之。利
艱貞晦其明也，內難而能正其志，箕子似之。（似，弼本作以。釋文：「文
王以之，王肅云：唯文王能用之，鄭荀向作似之，下亦然。」三家皆輯。）

案：《明夷・彖傳》「文王以之」「箕子以之」，向秀以作似者，從鄭玄、荀爽也。
　　古己以似三字相通；作以作似，義亦相足。程頤《易傳》：「昔者文王如是，
　　故曰文王以之。」「箕子所用之道也，故曰箕子以之。」「如是」即「似之」
　　之義；「所用」即「以之」之義。爲「似」「以」互足並通之證。詳見王肅章。

䷩ 震下
巽上 　**益**

《義》：明王之道，志在惠下，故取下謂之損，與下謂之益。（正義：「益
者增足之名，損上益下，故謂之益。下已有矣，而上更益之，明聖人利物之无己
也。損卦則損下益上，益卦則損上益下，得名皆就下而不據上者，向秀云：『明王
之道，志在惠下，故取下謂之損，與下謂之益。』既上行惠下之道，利益萬物，
動而无違，何往不利，故曰利有攸往。以益涉難，理絕險阻，故曰利涉大川。」
孫黃輯同，馬氏輯至「故曰利涉大川。」誤將正義語輯入，茲不從。）

案：各秀此義，實得先民民本思想之奧旨，並合龜卜與《易》卦先下後上之習慣。
　　考民本思想，淵源甚早，今人恆言「上下」，先民則言「下上」。甲文有「下
　　上若」（乙四〇五五，柏二五，金三八九，存二・二九三，前四、三七、六，
　　前四、三八、一，存一・六八七，林一、三〇、六，存一・六八七，林一、三
　　〇、六，存一、五九三，庫一五五四，存二、三三一，拾一〇・八），其意猶
　　「下上順利也。」又有「下上弗若」（乙四〇五五，佚一一六，林二、九、六，
　　戩十一、十三，存二、二九〇，前五、二二、二，後上一六、八，續一、三六、
　　五，鐵二四四、二，佚一八，後上一六、十二，柏四，庫一五九二，林、一、
　　四、七。以上甲文皆自日本人島邦男所編殷墟卜辭綜類轉引），其意猶「下上
　　順利乎？」上者爲天，下者民也。先下後上，先民後天，其觀點實同於《尚
　　書》「天聰明自我民聰明；天明畏自我民明畏」（皋陶謨）、「民爲邦本，本固
　　邦寧」諸語。董彥堂先生于《大龜四版考釋》一文論及貞卜次第五例，其三
　　爲「先下後上」，屈翼鵬先生〈易卦源於龜卜考〉更言牛骨刻辭由下而上之例

俯拾皆是。又易卦六爻曰初、二、三、四、五、上；不曰上、五、四、三、
二、初，亦由下而上。此等似亦與先民先下後上之習慣有關。向秀之義，於
先民「民本」思想及甲骨刻辭與《易》卦先下後上之習慣似均有所體會，故
所言如是，不得以平平視之也。

 坎下
兌上　困

上六

曰動悔，有悔，征吉。

《義》：曰動悔，言其無不然。（釋文：「曰動悔，音越，向云：言其無不然。」
三家皆輯。）

案：「曰」字，弼前無注。弼云：「曰，思謀之辭也。謀之所行，有隙則獲。言將
　　何以通至困乎？曰動悔，令生有悔，以征則濟矣。故『曰動悔有悔征吉』也。」
　　《正義》，《口訣義》亦並以曰為思謀之辭，蓋從弼注。《釋文》曰音越，《爾
　　雅》：「粵、于、爰，曰也。」郭璞注：「詩曰：對越在天。」粵越義同，與于
　　爰曰皆發語辭。《釋文》或有感弼注之支吾，其言「曰音越」，蓋不從弼注而
　　以為發語辭也。又引向秀云：「言其無不然。」乃釋「曰動悔」三字，其意蓋
　　為：言凡動無不悔也。義與《釋文》相成。宋儒如朱震作《漢上易傳》，云：
　　「曰，發聲；兌，口象。上六自謀曰：動則失正，失正則悔，故安於困，然
　　不動乃有悔，不知征則吉。」漢上言「曰，發聲。」即本《釋文》「曰音越」
　　為發語辭之訓。又言：「上六自謀曰：動則失正；失正則悔。」則同向秀「言
　　其（指動也）無不然（謂悔也）。」之義。此外，若蘇軾《東坡易傳》：「曰不
　　可動，動且有悔。而不知其不動乃所以有悔也。」納蘭成德《合訂刪補大易
　　集義粹言》引藍田呂氏云：「曰，自謂也。當是時也，自謂動必有悔，雖有悔
　　也，不可苟安而不行，困極必能，行則吉矣。故『曰動悔有悔征吉』。」皆同
　　向秀之義，可供參考。

巽下
坎上　井

九三，井渫不食。

《義》：渫者，浚治去泥濁也。（史記屈賈列傳：「易曰：井渫不食，為我心惻，

可以汲,王明並受其福。」集解:「向秀曰:『渫者,浚治去泥濁也。』張璠曰:『可爲惻然,傷道未行也。』易象曰:『求王明受福也。』」索隱:「向秀字子期,晉人,注易。張璠亦晉人,注易也。按京房易章句:言我道可汲而用也。上有明王,汲我道而用之,天下並受其福。」三家並輯。)

案:向秀以「渫者」爲「浚治去泥濁」,此純釋字義也。《說文》:「渫,除去也。」《文選》王仲宣〈登樓賦〉注引鄭玄曰:「謂己浚渫也。」《周易集解》引荀爽曰:「渫,去穢濁;清潔之意也。」是先儒並以「渫」爲「浚渫」「去穢」之意,向秀之義,實有所本。唯王弼《周易注》云:「渫,不停污之謂也。」則取「泄漏」之引申義。然細較之,不如浚渫去穢義之妥貼。故孔穎達《正義》不從弼注,云:「渫,治去穢污之名。」仍依鄭、荀、向秀之注釋也。又案:《史記集解》引向秀外,復引張璠、京房。裴駰所據,似爲張璠《集解》本。向秀義、京房注皆自張氏《集解》轉錄,非徑從原書引用之也。